U0274207

短线量化交易
实战技巧

周　峰　编著

清华大学出版社
北　京

内 容 简 介

为了使更多的投资者掌握短线量化交易的实战技巧,作者将近十年来在实际操作中总结和提炼的交易方法进行了归纳。本书首先讲解短线量化交易的基础知识及如何才能成为短线量化交易的高手;接着讲解短线量化交易中的分时图实战技巧,如分时图的量能应用技巧、分时图的角度应用技巧、分时图的价格波动规律、分时图价格继续上涨的判断技巧、分时图的做多技巧;然后讲解短线量化交易中的各种实战技巧,如 K 线实战技巧、趋势实战技巧、EXPMA实战技巧、MACD 实战技巧、BOLL 实战技巧、KDJ 实战技巧;最后讲解短线量化交易中的资金管理技巧、管理策略技巧和心理控制策略。本书在讲解过程中,既考虑读者的阅读习惯,又通过具体实例剖析短线量化交易中的热点问题、关键问题以及各种难题。

本书适用于不同水平的股票投资者,如新手投资者、经验丰富的股票投资者、量化分析师、金融专业人士、学术研究人员、对股票量化交易感兴趣的学生。总之,本书结合股票投资理论与实践,为不同层次的读者提供了丰富的证券知识和实用的技巧,无论是初学者还是专业人士,都能从中获得宝贵的信息和启发。

图书在版编目(CIP)数据

短线量化交易实战技巧 / 周峰编著 . —北京:清华大学出版社,2024.6(2025.3重印)
ISBN 978-7-302-66271-6

Ⅰ.①短⋯ Ⅱ.①周⋯ Ⅲ.①股票交易—基本知识 Ⅳ.① F830.91

中国国家版本馆 CIP 数据核字(2024)第 096503 号

责任编辑:李玉萍
封面设计:王晓武
责任校对:张彦彬
责任印制:刘海龙

出版发行:清华大学出版社
　　　　　网　　　址:https://www.tup.com.cn,https://www.wqxuetang.com
　　　　　地　　　址:北京清华大学学研大厦 A 座　　　　　邮　　编:100084
　　　　　社 总 机:010-83470000　　　　　　　　　　　邮　　购:010-62786544
　　　　　投稿与读者服务:010-62776969,c-service@tup.tsinghua.edu.cn
　　　　　质 量 反 馈:010-62772015,zhiliang@tup.tsinghua.edu.cn
印 装 者:北京鑫海金澳胶印有限公司
经　　销:全国新华书店
开　　本:170mm×240mm　　　印　　张:17.25　　　字　　数:359 千字
版　　次:2024 年 7 月第 1 版　　　印　　次:2025 年 3 月第 2 次印刷
定　　价:59.80 元

产品编号:103133-01

前　言

　　成功的短线量化交易者在一周内获得的利润，往往超过一个普通投资者一年内所期待的回报。然而，短线量化交易者必须具备瞬间作出抉择的能力，学会"一针见血"的本领，方能"一交易便获利"。但如果你连短线量化交易的门槛都没找到，获利就成为别人的事情。本书就帮你迈出第一步，为你解读短线量化交易的动力、真谛以及操作方法。

　　在股票投资市场中，中小资金每年翻倍增长的奥秘就是高胜率的盈利模式加上铁的执行纪律。只要严格遵守既定纪律，按一定的程序操作，每年资金成倍增长并不是难事，这就是本书的写作主旨。

▓ 本书特点

特　点	特 点 说 明
12 章实战精讲	本书体系完整、由浅入深地对短线量化实战交易进行了 12 章专题精讲。其内容涵盖了短线量化交易的基础知识、分时图的量能应用技巧、分时图的角度应用技巧、分时图的价格波动规律、分时图价格继续上涨的判断技巧、分时图的做多技巧、K 线实战技巧、趋势实战技巧、EXPMA 实战技巧、MACD 实战技巧、BOLL 实战技巧、KDJ 实战技巧、资金管理技巧、管理策略技巧、心理控制策略等

特　　点	特点说明
108 个实战技巧	本书结合短线量化交易的实战应用，讲解了 108 个实战技巧。其内容涵盖了分时图的均价线应用技巧、分时图的量能应用技巧、分时图的角度应用技巧、分时图的三波上涨法则、分时图的三波下跌法则、分时图价格继续上涨的判断技巧、分时图的双底做多技巧、分时图的头肩底做多技巧、分时图的 V 形底做多技巧、分时图的均价线支撑做多技巧、分时图的新高突破做多技巧、单根 K 线量化实战技巧、见底 K 线组合量化实战技巧、见顶 K 线组合量化实战技巧、看涨 K 线组合量化实战技巧、看跌 K 线组合量化实战技巧、趋势线买入量化实战技巧、趋势线卖出量化实战技巧、支撑和压力量化实战技巧、通道线量化实战技巧、黄金分割线量化实战技巧、60 分钟图的 EXPMA 赚钱技巧、EXPMA+ 分时图短线赚钱技巧、MACD 实战做多技巧、MACD 实战做空技巧、BOLL 实战做多技巧、BOLL 实战做空技巧、KDJ 实战做多技巧、KDJ 实战做空技巧、30 分钟和 60 分钟 KDJ 实战应用经验、海龟资金管理法则、江恩资金管理法则、墨菲的资金管理要领、止损的最佳方法与技巧、止盈的方法与技巧。
90 多个实战案例	本书在讲解理论知识的过程中，列举了 90 多个实战案例，从而让广大投资者在学习理论知识的同时，更准确地理解其意义及其在实践中的应用
80 多个技能提醒	本书对短线量化交易中遇到的热点问题、关键问题及种种难题，以技能提醒的方式呈现出来，其中包括分时图短线量化交易的实战技巧、趋势短线量化交易的实战技巧、各种技术指标短线量化交易的实战技巧等
语言特色	本书从基础知识和基本操作开始讲解，读者无须参照其他书即可轻松入门。另外，充分考虑无基础读者的实际情况，在文字表述方面尽量避开专业术语，用通俗易懂的语言讲解每个知识点的应用技巧，从而突出容易学、上手快的特点

‖‖‖ 本书结构

章节介绍	内容体系	作用
第 1 章	首先讲解短线量化交易的目的、周期、原则、技术要求、风险,然后讲解短线量化交易的目标、素质要求及如何才能成为短线量化交易高手	从整体上认识短线量化交易,为后面章节的学习打下良好的基础
第 2 章到第 3 章	讲解短线量化交易的分时图应用技巧和分时图做多技巧	分时图是短线量化交易的主要战场,只有熟知并掌握分时图的各种实战技巧,才能成为短线量化交易高手
第 4 章到第 9 章	讲解短线量化交易的 K 线、趋势、EXPMA 指标、MACD 指标、BOLL 指标、KDJ 指标的应用技巧	要想成为真正的短线量化交易高手,必须熟练掌握日线图、60 分钟图或 30 分钟图的各项技术指标,并能灵活应用
第 10 章到第 11 章	讲解短线量化交易的资金管理技巧、管理策略技巧	熟练掌握短线量化交易的资金管理技巧和管理策略技巧,才能在股票市场中成为最终赢家
第 12 章	讲解短线量化交易的心理控制策略	如果投资者的心理不够强大,即使短线量化交易的技术和策略再好,也会以失败告终。因此,短线量化交易的心理控制策略相当重要

‖‖‖ 本书附送资料

本书赠送的资料均以二维码形式提供,读者可以使用手机扫描下面的二维码下载并观看。

免费赠送资料分四大部分,具体如下:

第一部分:同花顺软件下载安装及使用技巧。具体包括内容:同花顺炒股软件的下载与安装、同花顺炒股软件的用户注册与登录、同花顺炒股软件的应用技巧、同花顺模拟炒股的方法。

第二部分：买卖盘口实战看盘技巧。具体包括内容：分析个股分时图的注意事项、如何看明白买卖盘口信息、分时走势图中的重要时间段、如何看明白突发性的大单、做空方法及空单止赢方法、分时图的幅度等长法则和幅度不等长法则、价格继续下跌的判断技巧。

第三部分：分时图看盘及做空技巧。具体包括内容：盘中量峰看盘技巧、尾市急拉看盘技巧、分时图做空技巧。

第四部分：常用 K 线组合量化实战技巧。具体包括内容：大阳线量化实战技巧，T 字线、倒 T 字线和一字线量化实战技巧，身怀六甲和穿头破脚量化实战技巧，好友反攻和曙光初现量化实战技巧，圆底和塔形底量化实战技巧，黑云压阵和乌云盖顶量化实战技巧，塔形顶和圆顶量化实战技巧，射击之星和绞弄线量化实战技巧，暴跌三杰和双飞乌鸦量化实战技巧，两红夹一黑和多方尖兵量化实战技巧，下探上涨形和上涨二颗星量化实战技巧，空方尖兵和降势三鹤量化实战技巧，两黑夹一红和下跌三颗星量化实战技巧。

第一部分　　第二部分　　第三部分　　第四部分

|||| 创作团队

本书由周峰编写，下列人员对本书的编写提出过宝贵意见并参与了部分编写工作，他们是周凤礼、陈宣各、周令、张瑞丽、王征、周俊庆等，在此一并表示感谢。

由于时间仓促，加之作者水平有限，书中的缺点和不足之处在所难免，敬请读者批评指正。

编者

目　录

第 1 章　初识短线量化交易 1

1.1　初识短线量化交易 2

　　1.1.1　什么是短线量化交易 2

　　1.1.2　短线量化交易的目的 2

　　1.1.3　短线量化交易的周期 2

1.2　短线量化交易的大盘条件 3

1.3　短线量化交易的原则 3

　　1.3.1　不要频繁操作 4

　　1.3.2　择时胜于择股 4

　　1.3.3　重势不重价 4

　　1.3.4　不能把短线变成中线 5

　　1.3.5　短线量化交易不是目的 5

1.4　短线量化交易的技术要求 5

1.5　短线量化交易的风险 6

　　1.5.1　盘中走势陷阱 7

　　1.5.2　盘中技术分析不足 7

　　1.5.3　盘中策略欠缺 7

　　1.5.4　错过大幅盈利机会 8

1.6　短线量化交易的目标 8

1.7　短线量化交易的素质要求 8

1.8　如何才能成为短线量化交易高手 ... 9

第 2 章　短线量化交易的分时图
**　　　　应用技巧 11**

2.1　大盘分时图 12

　　2.1.1　粗横线 12

　　2.1.2　红绿柱 13

　　2.1.3　白黄线 13

　　2.1.4　成交量 14

2.2　个股分时图 14

　　2.2.1　分时线和均价线 15

　　2.2.2　成交量 16

　　2.2.3　盘口数据 16

2.3　分时图的均价线应用技巧 20

　　2.3.1　均价线的助涨功能 20

　　2.3.2　均价线的助跌功能 22

2.4　分时图的量能应用技巧 22

　　2.4.1　上涨量能分析技巧 23

　　2.4.2　下跌量能分析技巧 24

2.5　分时图的角度应用技巧 24

　　2.5.1　变大的上涨角度是
　　　　　买入的好时机 24

　　2.5.2　同样上涨角度的
　　　　　买入策略 26

　　2.5.3　减小的上涨角度多单
　　　　　注意止盈 27

　　2.5.4　上涨后的小反向角度
　　　　　积极做多 28

　　2.5.5　上涨后的相同反向角度
　　　　　多单注意止盈 29

2.6 分时图的价格波动规律 31
　　2.6.1 分时图的三波上涨法则.... 31
　　2.6.2 分时图的三波下跌法则.... 32

2.7 价格继续上涨的判断技巧 33
　　2.7.1 利用调整时间判断价格
　　　　　是否会继续上涨的技巧 ... 33
　　2.7.2 利用调整空间判断价格
　　　　　是否会继续上涨的技巧 ... 34
　　2.7.3 利用调整时的量能变化
　　　　　判断价格是否会继续
　　　　　上涨的技巧 35

第 3 章　短线量化交易的分时图
　　　　　做多技巧.................37

3.1 分时图的双底做多技巧............ 38
3.2 分时图的头肩底做多技巧 39
3.3 分时图的圆弧底做多技巧 40
3.4 分时图的 V 形底做多技巧 41
3.5 分时图的低点不断抬高
　　做多技巧 42
3.6 分时图的均价线支撑做多技巧 ... 43
3.7 分时图的放量做多技巧 44
3.8 分时图的新高突破做多技巧 46
3.9 分时图的均价线突破做多技巧 ... 47

第 4 章　短线量化交易的 K 线
　　　　　实战技巧.................49

4.1 初识 K 线及量化分析 50
　　4.1.1 K 线的由来 50
　　4.1.2 K 线的构成 50
　　4.1.3 K 线的作用 51
　　4.1.4 K 线的量化分析 52

4.2 单根 K 线量化实战技巧 52
　　4.2.1 大阴线量化实战技巧........ 52
　　4.2.2 长十字线量化实战技巧.... 56
　　4.2.3 螺旋桨量化实战技巧........ 62

4.3 见底 K 线组合量化实战技巧 67
　　4.3.1 希望十字星和早晨之星量化
　　　　　实战技巧 67
　　4.3.2 旭日东升和平底量化
　　　　　实战技巧 75

4.4 见顶 K 线组合量化实战技巧 80
　　4.4.1 黄昏十字星和黄昏之星量化
　　　　　实战技巧 81
　　4.4.2 倾盆大雨和平顶量化
　　　　　实战技巧 86

4.5 看涨 K 线组合量化实战技巧 92
　　4.5.1 上升三部曲和红三兵量化
　　　　　实战技巧 92
　　4.5.2 蛟龙出海量化实战技巧.... 97

4.6 看跌 K 线组合量化实战技巧 99
　　4.6.1 黑三兵和高位出逃形量化
　　　　　实战技巧 100
　　4.6.2 断头铡刀量化实战技巧.. 105

第5章 短线量化交易的趋势实战技巧 109

5.1 初识趋势...........................110
5.1.1 什么是趋势.....................110
5.1.2 趋势的方向.....................110

5.2 趋势线买入量化实战技巧 111
5.2.1 趋势线........................112
5.2.2 利用上升趋势线
买入案例 112
5.2.3 利用下降趋势线
买入案例 114

5.3 趋势线卖出量化实战技巧 115
5.3.1 利用上升趋势线
卖出案例 115
5.3.2 利用下降趋势线
卖出案例 117

5.4 支撑和压力量化实战技巧 118
5.4.1 什么是支撑和压力...........118
5.4.2 支撑是怎么形成的...........118
5.4.3 压力是怎么形成的...........119
5.4.4 支撑和压力量化
实战案例 120
5.4.5 支撑与压力的转换........... 127

5.5 通道线量化实战技巧 129

5.6 黄金分割线量化实战技巧 132
5.6.1 什么是黄金分割线......... 132
5.6.2 黄金分割线量化
实战案例 133
5.6.3 黄金分割线对强势股
股性的实战分析 136

5.6.4 黄金分割线对弱势股
股性的实战分析 137

第6章 短线量化交易的 EXPMA实战技巧 139

6.1 初识EXPMA 140
6.1.1 EXPMA概述................... 140
6.1.2 EXPMA的设置.............. 140

6.2 60分钟图的EXPMA
赚钱技巧 142
6.2.1 EXPMA金叉做多技巧... 143
6.2.2 EXPMA多头行情中的
短期EXPMA附近做多
技巧 145
6.2.3 EXPMA多头行情中的
短期EXPMA假跌破做多
技巧 145
6.2.4 EXPMA死叉卖出技巧... 147
6.2.5 EXPMA空头行情中的
短期EXPMA附近卖出
技巧 148
6.2.6 EXPMA空头行情中的
短期EXPMA假突破做空
技巧 149

6.3 EXPMA+分时图短线赚钱技巧 150
6.3.1 EXPMA+分时图短线
做多技巧 150
6.3.2 EXPMA+分时图短线
做空技巧 152

第7章 短线量化交易的 MACD 实战技巧......155

7.1 初识 MACD 156
- 7.1.1 MACD 概述.................... 156
- 7.1.2 MACD 的设置................. 157

7.2 MACD 实战做多技巧............. 159
- 7.2.1 MACD 金叉做多技巧..... 159
- 7.2.2 MACD 指标底背离做多技巧 164
- 7.2.3 MACD 指标的绿柱底背离做多技巧 165
- 7.2.4 MACD 指标的二次金叉做多技巧 167

7.3 MACD 实战做空技巧.............. 168
- 7.3.1 MACD 死叉做空技巧..... 168
- 7.3.2 MACD 指标顶背离做空技巧 172
- 7.3.3 MACD 指标的红柱顶背离做空技巧 173

第8章 短线量化交易的 BOLL 实战技巧.......175

8.1 初识 BOLL........................... 176
- 8.1.1 BOLL 概述 176
- 8.1.2 BOLL 的设置 177

8.2 BOLL 实战做多技巧............. 180
- 8.2.1 BOLL 缩口向上发散的做多技巧 180

- 8.2.2 价格站上 BOLL 中轨后的做多技巧 182
- 8.2.3 价格处在 BOLL 中轨上方的做多技巧 184

8.3 BOLL 实战做空技巧 186
- 8.3.1 BOLL 缩口向下发散的做空技巧 186
- 8.3.2 价格跌破 BOLL 中轨后的做空技巧 188
- 8.3.3 价格处在 BOLL 中轨下方的做空技巧 189

第9章 短线量化交易的 KDJ 实战技巧.................191

9.1 初识 KDJ 192
- 9.1.1 KDJ 概述 192
- 9.1.2 KDJ 的设置 193

9.2 KDJ 实战做多技巧................ 195
- 9.2.1 KDJ 指标的 D 值跌破 20 后的做多技巧 195
- 9.2.2 KDJ 指标的金叉的做多技巧 197
- 9.2.3 KDJ 底背离的做多技巧 200

9.3 KDJ 实战做空技巧................ 202
- 9.3.1 KDJ 指标的 D 值突破 80 后的做空技巧 202
- 9.3.2 KDJ 指标的死叉的做空技巧 204

9.3.3 KDJ 顶背离的
做空技巧 206

9.4 30 分钟和 60 分钟 KDJ
实战应用经验 208

第 10 章 短线量化交易的
资金管理技巧 209

10.1 初识资金管理 210
10.1.1 什么是资金管理 210
10.1.2 资金管理的作用 210

10.2 资金管理的三个方面 211
10.2.1 投资组合：投入方向... 212
10.2.2 投资仓位：投入多少... 212
10.2.3 投资时机：如何进出... 213

10.3 报酬与风险比及获胜率 214

10.4 获胜率与入市资金 215

10.5 三位一体的盈利策略 216
10.5.1 寻找高胜率的机会 216
10.5.2 寻找大回报的机会 216
10.5.3 合理加大资金投入 217

10.6 如何建仓、加仓和减仓 217
10.6.1 建仓的方法 217
10.6.2 加仓或减仓的方法 218

10.7 资金管理的一致性 221

10.8 知行合一是投资的最高境界... 222

10.9 国际投资大师的资金
管理技巧 222
10.9.1 海龟资金管理法则 223
10.9.2 江恩资金管理法则 223
10.9.3 墨菲的资金管理要领... 224

第 11 章 短线量化交易的管理策
略技巧 227

11.1 新股民交易的五个阶段 228
11.1.1 无知阶段 228
11.1.2 盲目求胜阶段 228
11.1.3 潜心研究阶段 229
11.1.4 稳定盈利阶段 230
11.1.5 无为而治阶段 230

11.2 计划你的交易，交易你的计划... 231
11.2.1 机会品种的
胜算分析 231
11.2.2 进场计划 231
11.2.3 随机应对策略 232
11.2.4 出局的策略 232
11.2.5 纪律执行保障 232

11.3 止损的最佳方法与技巧 233
11.3.1 为什么要止损 233
11.3.2 寻求真正合理而
恰当的止损 233
11.3.3 止损的方法 234
11.3.4 止损的注意事项 244

11.4 止盈的方法与技巧 245

第 12 章 短线量化交易的
心理控制策略 247

12.1 短线量化交易要"稳、忍、
准、狠" 248
12.1.1 稳 248
12.1.2 忍 248
12.1.3 准 248
12.1.4 狠 249

112.2 克服内心的贪婪 249

　12.2.1 欲望与贪婪 250

　12.2.2 贪婪使人损失惨重 250

　12.2.3 克服贪婪才能
　　　　投资成功 251

12.3 克服内心的恐惧 252

　12.3.1 恐惧及其类型 252

　12.3.2 股市中的恐惧 253

　12.3.3 如何克服恐惧 253

12.4 克服内心的冲动 255

　12.4.1 冲动是犯错的
　　　　根本原因 255

　12.4.2 如何克服冲动 256

12.5 克服内心的骄傲 257

　12.5.1 为什么你会骄傲 257

　12.5.2 自信与骄傲 258

　12.5.3 骄傲使你损失惨重 258

　12.5.4 如何克服骄傲 259

12.6 遵守规则 260

　12.6.1 遵守规则才能
　　　　稳定盈利 261

　12.6.2 自我规则 261

12.7 敢于收益 263

　12.7.1 收益和风险 263

　12.7.2 勇于收益 263

第 1 章
初识短线量化交易

　　短线量化交易是非常重要的获利方式，它是所有临盘实战交易的基础。无论是长线交易，还是波段交易，均建立在动态的即时短线技术操作之上。本章首先讲解短线量化交易的目的、周期、原则、技术要求、风险，然后讲解短线量化交易的目标、素质要求及如何才能成为短线量化交易高手。

1.1 初识短线量化交易

很多投资者都喜欢短线量化交易，那么到底什么是短线量化交易呢？只有了解专业意义上的短线量化交易概念，才会从业余投资者晋升到专业投资者，才能有资本进场与庄家一较高低。

◢ 1.1.1 什么是短线量化交易 ----------------------●

凡是利用短线周期技术系统进行的临盘实战分析和临盘实战操作，都称为短线量化交易。短线周期技术系统具体是指日线及日线级别以下的交易周期技术系统，包括日线、60 分钟、30 分钟、15 分钟、5 分钟等。

需要注意的是，由于我国股市实行 T+1 的交易制度，所以短线量化交易通常是指隔夜交易，即当日完成进场交易，次日完成出场交易。但有时，如果行情继续看涨，短线量化交易可能继续持有几个交易日，直到一波强势涨幅完结为止。

◢ 1.1.2 短线量化交易的目的 ----------------------●

在股市中，投资获利的方式有很多种，短线量化交易只是其中的一种。如果你的性格不适合短线量化交易，却坚持进行短线量化交易，那么就会增加交易成本和交易压力，使自己常常处于深度疲惫状态，最终失去市场感觉，从而让自己的交易处在巨大的风险之中。

短线量化交易的目的是在熊市后期及震荡行情中，以短线持股的策略来规避趋势无法继续上涨的风险和诸多不确定性因素，同时以高抛低吸的方式随机获取收益。它的作用在于即时保证资金的安全，避免深度套牢情况的发生。

◢ 1.1.3 短线量化交易的周期 ----------------------●

短线量化交易的周期因人而异。有的投资者在买进后的第二天，只要股票不继续上涨，就会逢高卖出；有的投资者喜欢根据自己的量化止损位提前设立出局条件，如果股价继续上涨，就会上浮止损位，直至止损位被跌破为止；还有的投资者喜欢进场后，就一直盯着某一重要均线（如 5 日均线），只要股价不跌破该均线，就一直持股。

在熊市或震荡行情中，个股之所以会形成短期上涨的走势，是因为当时入场的资金属于短线性质。这些资金的操作常常很快，只需一两天即可完成建仓，除非大盘同期出现了连续上涨行情，导致短线主力改变了战术，否则这些被操控的股票很难有超过 10 个交易日的连续上涨行情。

1.2　短线量化交易的大盘条件

投资者需要注意的是，并不是在什么时候都可以进行短线量化交易的。只有当大盘处于以下三种时期才能进行短线量化交易。

（1）大盘处于牛市末期。在牛市末期，市场上部分主力资金仍非常活跃，大量资金还敢于频繁进出，但我们需要注意警惕趋势突然反转的行情。

（2）大盘处于横向盘整阶段。在横向盘整阶段，市场上各种主力都有机会进行试盘的动作，各类资金也常常处于躁动不安的状态。

（3）熊市中大盘出现大幅下跌（如连续下跌 20% 以上）或暴跌现象时（如一日内急跌 8%）。此时往往是各类游资抢反弹的时机，市场跟风比较活跃。

当大盘处于牛市上涨阶段或进入明显的下降通道时，是不宜进行短线量化交易的。因为牛市上涨阶段做短线量化交易不划算，而在明显的下降通道做短线量化交易很容易被套。

即使大盘处于能够做短线的市场环境下，短线量化交易也不是天天都可以操作的。当市场氛围不佳并且跟风不足时，连主力都会自身难保，跟风交易就更难获利了。只有当大盘环境出现以下三种情况时，才能提高短线量化交易的成功率。

第一，要能看到政策面和消息面的实质性利好。这在大盘处于盘整行情或熊市时极其重要，一旦政策利好出现，个股反弹往往马上开始。

第二，要能看到某一板块集体启动的现象。这是大资金共同作用的结果，说明热点集中于某一板块，资金大量涌入该板块，跟进的风险自然较小。

第三，要能看到某只股票出现基本面的重大利好。这往往是个股短期内暴涨的根本原因。虽然投资者个人很难及时参与，但后期还是有机会介入的。

当行情启动的环境不具备时，短线量化交易往往看似美好，实际难以操作。所以从某种角度来说，等待就是盈利，因为它节约了可能亏损的资金，同时赢得了投资的主动权，使投资者保持随时伺机而动的机会。

1.3　短线量化交易的原则

短线量化交易所累积的收益是令人羡慕的，但是其风险也是很大的。投资者要想成为一名稳定的短线盈利高手，就要遵循以下五项原则，如图 1.1 所示。

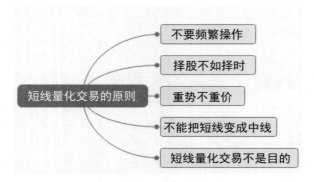

图 1.1　短线量化交易的原则

◤ 1.3.1　不要频繁操作 ----------------------●

做任何事情，要想成功就必须讲究天时、地利、人和，顺势而为，短线量化交易也是如此。即使在熊市末期和震荡市，也不是天天都有交易机会的。

只有当我们所预期的交易环境出现时，当市场所提供的机会远大于风险时，才值得我们进场交易。

短线量化交易的目的是寻求最佳的市场机会，而不是捕捉所有的市场机会。对于这一点，投资者一定要注意。

◤ 1.3.2　择时胜于择股 ----------------------●

"择时胜于择股"是股市中的箴言，它意味着投资者只有等到某概念出现、某板块崛起、某资金流激进等有利时机时，才可顺势而为地进场交易。至于投资者选择什么股票反而是第二位的考虑因素，因为能获利的低风险机会，往往来自整个市场或某一板块的崛起，而不是某一只股票的单独行为。

做投资的大忌是心浮气躁、瞎猜乱撞，这会使投资者失去理智，决策失误。所以，投资者做短线量化交易时一定要有耐心，要能气定神闲地等待介入时机的到来。但在等待的时间里，一定要随时注意行情的变化，多进行分析与思考。

◤ 1.3.3　重势不重价 ----------------------●

短线量化交易必须密切关注趋势，包括大盘趋势和个股走势，但不要过多地关注股票价格。即使已经涨得较高的股票，如果通过综合分析发现其还有继续上涨的能力，那么作为短线量化交易产品，该股票仍然可以买进；反之，即便价格便宜的股票，如果没有出现上涨的趋势，也不要轻易介入。

自然界和股市都遵循"强者恒强，弱者恒弱"的规律，一些股票之所以能维持上涨趋势，是因为"上涨"本身把它的股性激活了，因此只需少许推动力量就可使其继续走强；而另一些股票之所以长期不涨，则是因为股性呆滞，缺乏市场追捧的人气。

◤ 1.3.4　不能把短线变成中线

有不少投资者，一旦被套就会把短线量化交易变成中线交易，为的只是不将账面亏损转化为实际亏损。这种做法很不明智，原因有以下四点。

第一，这是明显违反短线量化交易原则的做法，投资者一旦有了第一次违反，就会有第二次违反，这样会形成破坏交易规则的恶性循环。

第二，短线量化交易看重的是个股的"势"，既然市场人气和资金优势都不存在了，那么继续持股往往会导致巨大的亏损。

第三，如果被套的股票将来可以解套，其他个股往往会在同期上涨得更多，因为它们早已把市场人气吸引过去了。

第四，短线量化交易一般是追高建仓，这和做中长线交易的逢低吸纳是两回事，这样的追高建仓行为一旦被套，就会导致解套的时间更加漫长，使投资者本该流动的资金困死一方。

◤ 1.3.5　短线量化交易不是目的

在股市中，有"长线是金，短线是银"的说法。其实长线既不是金，短线也不是银，它们都只是一种获利的方法。用得好，则都是金；用不好，则都是银。

我们不能为了"做短线"而做短线，短线量化交易仅仅是一种获利的方法，而不是我们交易的目的。也就是说，我们一定要根据大势来展开短线操作，当情况更有利于中线交易时，应该采取中线交易；如果大势变成震荡盘整，那么短线量化交易最好；如果大势变成窄幅震荡，最好空仓观望。

▌▌ 1.4　短线量化交易的技术要求

短线量化交易对技术要求极高，投资者要经过系统、专业、严格的训练，否则是很难成功的。

第一，要对股价运行规律和各种经典的拉升、出货图形相当熟悉，特别是要对盘中股价的即时攻击态势和股价短期的组合攻击态势非常熟悉，做到看图形像看连环画一样简单。

第二，对于各类市场主力的操盘手法要相当熟悉，包括其在建仓、拉升、洗盘、出货各阶段所采用的各类方法，也包括其使用的常规技术和非常规技术、常规心态和非常规心态等。

第三，对于个股所属板块、股票质地要比较熟悉，同时，要有很好的综合分析能力，包括K线分析、均线分析、盘口分析、量价分析、分时图分析等，都能快速应用。

第四，对于游资和基金风格的主力性质要有清楚的认识，并能快速识别个股行情背后的主力性质，作出个股行情周期和走势特征的判断。

第五，对于集合竞价阶段及其后续的板块走势要有较好的感知力，能快速摸准板块启动的脉搏，有效识别主流概念、非主流概念、中期题材、短线题材等板块行情的性质。

第六，对于大盘近期市道和当日趋势的判断，要能达到80%的准确率，即能大致估算出大盘当日会收阳线、阴线，还是收十字星。大盘背景的好坏直接制约着短线操作的成败。

第七，对于个股出现的当日公告中的消息，要有比较丰富的判别经验，能感知它们出现后，对个股的影响方向和影响力度。

第八，对于突然发生的事件，要有敏感的神经和丰富的应对经验，能快速分析盘中的突发性行情，及时处理突发性交易。

1.5　短线量化交易的风险

每位投资者面对当天的涨停板都会心动，对于连续的涨停板更是羡慕不已。但是，自己一旦涉足，则常常亏损累累，不堪重负。一般来说，短线量化交易往往会面临四方面的风险，如图1.2所示。

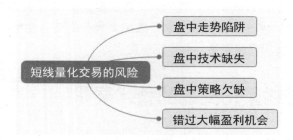

图1.2　短线量化交易的风险

1.5.1　盘中走势陷阱

贪婪和恐惧是绝大多数投资者的弱点。盘中主力常常利用投资者的贪婪心理，将初始小盈利而又自信满满的投资者送入"云端"；又往往利用投资者的恐惧心理，将胆战心惊而又懵懂无知的投资者踢出"电梯"。

只要我们能够看到的指标，主力都有做假的机会，包括 K 线、成交量、内外盘、分时走势图等，都会在主力的资金、信息、技术等优势下，变得扑朔迷离和诡秘难辨。

1.5.2　盘中技术分析不足

身处一个随时可能被主力操控的短暂趋势中，我们常用的分析技术会受到很大的考验。对于中长线投资者来讲，无论主力在短暂趋势中如何反复，最终股价还是会向着既定的方向前进，市场主力骗得了一时，骗不了一世。

对于短线投资者来讲，在临盘时需要具备四方面的能力，具体如下。

第一，短线投资者要有极敏感的信息处理能力。

第二，短线投资者要有整体性和连贯性的思考方式。

第三，短线投资者要有较高的技术分析水平。

第四，短线投资者要有极丰富的辨析识伪能力。

显然，这样的技术要求，只有少数勤奋钻研的投资者才能具备，而大多数投资者则由于种种原因导致了盘中分析技术的不足。

1.5.3　盘中策略欠缺

在中长线交易方式中，如果投资者错过了进、出场时机，以后往往还有机会。可是在短线量化交易中，容不得投资者有丝毫的犹豫，一步错，可能步步错，一招失，可能招招失。

有的短线投资者，只会买，不会卖；有的只会持仓，不会止损。这些都是其交易技术体系不完善的表现，也是其盘中交易策略欠缺的体现。

盘中短线量化交易要求具备完整而严密的技术体系，投资者必须要有明确的进场位、出场位、加仓位和止损位，以及良好的交易心态和交易素质。没有这种严谨的短线量化交易体系作为保障，短线量化交易的失败率就会大幅提高。

1.5.4 错过大幅盈利机会

由于短线投资者是冲着股票可以突飞猛涨而去的，一旦股价出现了预期中的调整，投资者就会抛弃该股票而另择机会；但是，投资者往往还没有来得及在其他个股上获益，被抛弃的股票却快速度过整理期后一路狂涨，从而导致投资者错过更大的盈利机会。

另外，在投资者不断进行短线操作时，会遇到盈利、持平、亏损三种局面，再扣除频繁交易所应付出的印花税和交易佣金后，真正能够获得的利润往往不会太多。但如果是在牛市，至少会有 10 只股票的年度盈利在 500% 以上，于是当牛市来临时，短线操作的策略就会变得不合时宜。

1.6 短线量化交易的目标

短线量化交易的目标要求具体简介如下。

（1）以月来计算，短线量化交易的盈利率要高于大盘同期涨幅，跑赢大盘是最低要求。如果投资者的盈利率能超过当月最大涨幅股票的盈利率，则为最佳。

（2）要求投资者买入股票后，60% 的时候处于当日盈利的状态，30% 的时候处于当日持平的状态，否则，就说明投资者的进场时机有问题。

（3）达到买进就涨、卖出就跌的状态为理想状况。即交易日当日的买卖点始终处于当日最佳买卖时机。同时，买进时始终处于个股近期的低点，而卖出时又始终处于个股近期的高点。

（4）由于短线量化交易是在弱市里的交易，亏损的风险较大，所以要求投资者的操作成功率在 80% 以上。即在严格止损的基础上，80% 的交易是能够获利的，否则就说明投资者不适合做短线量化交易。

可见，成功的短线量化交易并非仅仅是买进能够上涨的股票，而是买进短期内上涨幅度最大的股票，这是检验投资者短线量化交易技术是否过硬的标准。

1.7 短线量化交易的素质要求

导致短线量化投资者一再犯下低级错误的原因往往是投资者的心理严重失衡，使其投资决策和实施过程均处于一种非理性的状态，从而导致投资交易行为的扭曲变形。可见，理性的投资交易心理和良好的投资交易素质是短线量化交易成功的重要前提和保证。

短线量化投资者如何清除一些思想上的障碍呢？下面具体讲四点要求。

第一，投资者要明白，高手之间的较量已不再是一些纯粹的技巧，而是心态和素质的比拼。这意味着投资者在进行短线量化交易时，要有四心。

（1）机会来临前的耐心。

（2）机会出现时的细心。

（3）进场时的决心。

（4）出局时的果断。

第二，在股市中，看对了行情却做不对的投资者比比皆是，而看错了却总能化险为夷、反败为胜的投资者寥寥无几。因为对于投资者来说，能否看对行情并不重要，能否做对和应对才是至关重要的。

第三，真正的短线高手只安心赚取自己操作系统中能够到手的钱，而不会贪心于所有个股涨幅，也不会妄图把每一件事都做到最好。凭技术和原则赚钱、不依靠小道消息、杜绝侥幸心理、反思幸运获利、看淡常规盈利、审视每次失败等，是短线量化交易高手必须坚持的基本原则。

第四，一个人的自信来自于内心而非外界，更深层次的是来自于内心的原则和对原则的遵守。同样，短线量化投资高手衡量自己是否成功的标准往往不是盈利目标是否实现，而是自己是否按照市场规则投资交易，并坚定不移地遵守了自己的交易准则。后者才是投资者获得成功的法宝。

1.8 如何才能成为短线量化交易高手

真正的短线量化交易高手是万里挑一的，并且必须是经过真枪实弹的操盘一步一步成长起来的。到底该如何训练自己，才能使自己成为真正的短线量化交易高手呢？

首先建议投资者拿小额资金在股市中进行训练。例如，拿 5000 元进行交易训练，5000 元能买到 200 股 25 元的股票（不含交易成本），很多短线量化交易的股价不超过 25 元，该金额能够满足训练要求。

在训练阶段，多数投资者是亏损的，即使有盈利也往往不知所以然。所以投资者一开始不要贪大，等技术成熟了，经验丰富了，再加大资金也不迟。

具体训练方法如下。

第一，训练自己对大盘的分析和感悟能力，看看每日大盘实际走势和自己在盘前、盘中预测的有什么不同。如果投资者对大盘没有 80% 的正确判断率，介入任何个股的风险都会比较高。

第二，训练自己对消息的反应能力和反应速度，以及对板块行情的识别能力和把握能力。板块内个股出现联动时是股市里操作短线的最小风险时机，而同时又是利润最大的时机。

第三，训练自己的进场速度和进场质量，将自己实际进场的点位和事后个股的走势进行比较，找出自己成功或失败的原因，进行全面而深刻的剖析，并做好每场交易的分析记录。

第四，训练自己的出场速度和出场质量，将自己实际出场的点位和事后个股的走势相比较，找出自己成功和失败的原因，进行全面而深刻的剖析，并做好每场交易的分析记录。

第五，观察主力在个股上翻云覆雨的动作和手法，设想如果自己是主力，会不会这样操作，或者如果自己是主力，将如何进行下一步操作。长此以往，投资者就会与主力思维产生共鸣了。

第六，投资者必须意识到，自己和主力始终是一种对立关系，他要行骗，而你要识别骗局。如果你始终只能识别骗局而无法行骗，那么你最多也只是散户高手，无法成为真正的操盘手。

第七，每日进行收盘后的复盘分析，不仅要对自己现在的操作和关心的股票进行深刻分析，同时还要反复揣摩沪深两市涨 / 跌幅排在前十名的股票走势。

第八，每日进行操作日记的总结，一方面跟踪自己的交易质量，另一方面反思自己的行为缺陷和思维盲点，以快速提高自己的操作水平和研判能力。

第九，刻苦训练、深刻领悟是成为短线量化交易高手的唯一途径，而反复看盘、悟盘、记盘是形成条件反射般交易的根本。投资者必须在快、狠、准上下功夫，同时坚守自己的操作理念。

短线量化交易的高成功率来自严格的系统化训练，投资者只有胜过 9999 人，才能成为万里挑一的高手。对各种股市规律及操作理念反复思考，对各种经典股价走势反复记忆并不断总结，对主力的各类操盘模式做到了如指掌等，是短线量化高手必须要经历的过程，这个过程至少要历时半年以上。

第 2 章
短线量化交易的分时图应用技巧

股票的日 K 线图都是柱状图，注意即使是同样的 K 线图和同样的成交量，但其形成的过程也不会相同。分时走势图诠释了日 K 线的形成过程和由来，对于盘后分析和盘中交易具有重要的参考价值。对于短线量化投资者或决定当日交易的投资者来说，分时走势图是其主要的参考依据。本章首先讲解大盘和个股的分时图，然后讲解分时图中的均价线、量能、角度应用技巧，最后讲解分时图的价格波动规律和价格继续上涨的判断技巧。

2.1　大盘分时图

　　大盘分时图，又称大盘即时走势，即沪深指数的分时走势图，是影响国内 5000 多只股票走势的重要因素，又是 5000 多只股票走势的综合性反映。大盘不是个股的简单集合，个股走势合成大盘走势后，就会产生众木成林的综合效应。

　　分时图是最原始的价格图，将每分钟的最后一笔成交价格依次连接起来，在一个交易日中就能得到由 240 个点组成的价格走势曲线图，这就是分时走势图。图 2.1 显示的是上证指数（1A0001）2023 年 6 月 16 日的分时图。

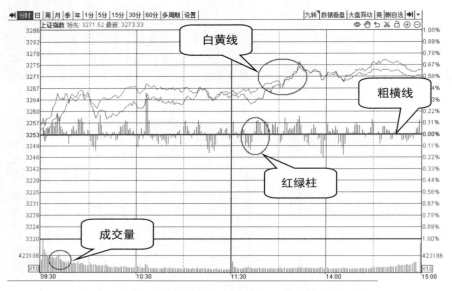

图 2.1　上证指数（1A0001）2023 年 6 月 16 日的分时图

　　📧　提醒：大盘分时图的原理和现象同个股分时图走势几乎是一样的，大起大落也是常有的事情，只是比个股分时图在转变时稍微平滑一些。

2.1.1　粗横线

　　在大盘分时图的中间，有一条较粗的水平线，它的左端显示的是前一日的收盘价格，右端显示的是 0.00%，这条线代表着前一日收盘价的水平位置。看当日的开盘价位时，主要是看第一笔成交价格是落在该水平线的上方还是下方，或者正好落在线上。

开盘价落在水平线上方，则预示着多头占优，开得越高说明多头主动上攻的意愿越强，但要警惕主力制造多头陷阱，即高开后出货；开盘价落在水平线下方，则预示着空头占优，开得越低说明空头主动抛售的意愿越强，但要警惕主力制造空头陷阱；开盘价落在水平线上，则意味着平开，是前一日收盘价的正常延续。

> 提醒：开盘的每个细节都很重要，因为没有主力会拿自己的资金开玩笑。另外，开盘价会对后面的股价运行起到支撑或压力作用。

每个交易日自 9:30 之后，不管有没有成交，都会进入连续竞价的阶段，此时投资者应密切关注价格每分钟的变动方向，即是向上、向下还是横向延伸。向上走的价格有可能忽然向下，向下走的价格也可能忽然向上，这些变化会随着时间的变化而产生。

2.1.2 红绿柱

在前一日收盘价之上显示的是红色柱状线，在前一日收盘价之下显示的是绿色柱状线，这些红、绿柱状线反映上证指数当前上涨或下跌的强弱程度。

当红色柱状线的长度向上延伸时，表示上涨力量在逐渐增强；当红色柱状线的长度向下缩短时，表示上涨力量在逐渐减弱；当绿色柱状线的长度向下延伸时，表示下跌力量在逐渐增强；当绿色柱状线的长度向上缩短时，表示下跌力量在逐渐减弱。

如果绿色柱状线的长度在向上缩短后，还没有来得及翻红就开始成为绿色柱状线并向下延伸，预示着连续的下跌行情即将来临；反之，当红色柱状线的长度在向下缩短后，还没有来得及翻绿就又开始成为红色柱状线并向上延伸，预示着不断上涨行情的来临。此外，红色柱状线越长，表示上涨的动能越充分，大盘越容易向上涨；绿色柱状线越长，表示下跌的动能越强，大盘越容易往下跌。

2.1.3 白黄线

黄线表示不加权的上证指数走势图，是由行情分析软件公司自行编制，常体现中小盘股的价格变动轨迹；白线表示加权的上证指数走势图，是由上海证券交易所发布并编制，常体现大盘股的价格变动轨迹。

当上证指数上涨时，如果白线在上方，说明大盘的上涨主要是由大盘股的整体上涨引起的，大盘股的整体涨幅要比中小盘股的整体涨幅大；如果黄线在上方，说明大盘的上涨主要是由中小盘股的整体上涨引起的，中小盘股的整体涨幅要比大盘股的整体涨幅大。当上证指数下跌时，如果白线在下方，说明大盘的下跌主要是由大盘股的整体下跌引起的，大盘股的整体跌幅要比中小盘股的整体跌幅大；如果黄线在下方，说明大盘的下跌主要是由中小盘股的整体下跌引起的，中小盘股的整体跌幅要比大盘股的整体跌幅大。

黄线表示大多数股票的涨跌情况，并且黄线对白线有牵引作用，即当黄线上涨而白线下跌时，随着时间的推移，白线就会跟着调头上涨。需要注意的是，白线对黄线有压制作用，即当白线上涨时，黄线就会下跌，并且白线涨幅越大，则黄线下跌的速度越快。

◤ 2.1.4　成交量

成交量是推动股指变化的重要因素，其大小反映了市场的活跃程度，暗示着大盘强弱的转换。当大盘处于缩量整理时，多空双方处于交战的平衡点，如果成交量开始温和放大且股指上涨，则表明新资金进场，大盘将转强，适用于"量增价涨"的判断；当大盘处于连续上涨阶段，如果成交创下巨量却不能维持股指继续上涨，则表示多头能量消耗过大，大盘有可能盛极而衰。

▌▌ 2.2　个股分时图

个股分时图的走势受两个因素的影响：第一个是市场因素，即受大盘或板块的影响；第二个是非市场因素，即受主力控制。

个股分时图是由分时线、均价线、成交量和盘口数据组成的。图2.2显示的是贵州茅台（600519）2023年6月16日的分时图。

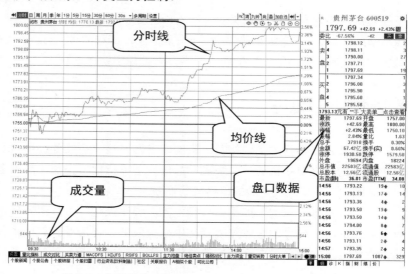

图 2.2　贵州茅台（600519）2023 年 6 月 16 日的分时图

2.2.1 分时线和均价线

分时线和均价线占据了分时图的大部分界面，显然是最重要的分析内容。无论投资者是进行短线量化交易，还是进行趋势性波段交易，分时线和均价线都是分析的重点，并且要关注它们的位置关系。

> 提醒：如果分时线始终在均价线之下，要及时以逢高卖出为主。如果分时线始终在均价线之上，以逢低买入为主。

1. 分时线

把每分钟最后一笔的成交价格连接起来，就得到了分时线。

在价格波动过程中，每分钟之内都会有多笔交易成交。所以，这一分钟没有过去，分时线就会处于波动状态，直到这一分钟过去之后，这个点才可以确定下来。

因此，分时线无法显示价格在这一分钟之内的变化，只能显示这一分钟最后一笔的成交价格。

注意，由于分时线忽略了每分钟内的其他成交价格，所以分时线有一定的片面性，这个缺陷需要投资者利用成交明细加以弥补。

2. 均价线

均价线的计算公式是：每分钟的平均价格＝每分钟的成交额÷成交量。因此，由每分钟的平均价格所代表的点连接而成的曲线就是均价线。它反映的是当日每分钟内入市资金的平均持仓成本。均价线好比企业或商品的价值，分时线好比企业或商品的价格，因此，分时线围绕均价线上下波动，反映了均价线对价格走势的支撑和打压作用。

1）均价线的支撑作用

当分时线处于均价线上方时，它每次向下回落触及均价线后受到支撑，就会重新上涨。

2）均价线的压制作用

当分时线处于均价线下方时，它每次向上反弹触及均价线后受到压制，就会重新回落。

注意，利用均价线的支撑和压制作用，可以进行短线操盘。当分时线处于均价线上方时，若回落到均价线后重新起涨，可以买入，以获取更大的利润；相反，当分时线处于均价线下方时，若反弹到均价线后重新回落，应立即卖出，以避免更大的损失。

▌ 2.2.2　成交量

　　成交量显示的是每分钟内的所有成交手数，注意其单位不是金额，而是成交手数。成交量柱体的高低反映了资金交易的积极性。成交量柱体越高，表明多空交战的激烈程度越大；成交量柱体较低，表明多空都处于休整状态。

　　从贵州茅台（600519）2023 年 6 月 16 日的分时图可以看出，成交量柱体时而放大，时而缩短，这表明资金一会儿集中介入，一会儿又处于暂缓交易状态。

　　对成交量的分析，主要关注其放量的程度以及柱体放大时的连续性，也就是通常所说的是否放量，以及量能放大时是否可以延续。

> 　　📶 提醒：成交量所衡量的是市场迫切性，它反映了市场上投资者的交易需求，因为在市场上没有比亏损位来得更紧迫的事情。通过对成交量图形的分析，可以观察到市场输家的行动方向在做什么，因此技术操作者都会密切监视市场中的迫切性（也就是成交量），以评估当前价格走势的强度（上涨、下跌或盘整）。

▌ 2.2.3　盘口数据

　　下面来看一下盘口数据。

1. 委比

　　委比位于股票名称和代码的下方，是衡量某一段时间内买卖盘相对强弱的一种指标，其计算公式如下：

　　　　委比 =（委买手数 − 委卖手数）÷（委买手数 + 委卖手数）×100%

　　其中，委买手数是现在委托买入下三档的总数量；委卖手数是现在委托卖出上三档的总数量。

　　委比值的变化范围为 −100% ～ +100%。一般来说，当委比为正值，特别是数值较大时，表示买方的力量比卖方的力量强，股价上涨概率大；当委比为负值，特别是其绝对值很大时，表示卖方的力量比买方的力量强，股价下跌概率大。委比值从 −100% 变化至 +100% 的变化是卖盘逐渐减弱、买盘逐渐增强的过程。

2. 五档卖盘等候显示栏

　　五档卖盘等候显示栏位于委比的下方，是五个挂卖出委托单队列，即从卖 1 到卖 5，如图 2.3 所示。

　　卖盘是按照"价格优先，时间优先"的原则，谁卖出的报价低谁就排在前面，

卖盘			
	5	1798.12	2
	4	1798.11	3
	3	1798.00	27
	2	1797.71	1
	1	1797.69	19

图 2.3　五档卖盘等候显示栏

如果卖出价格相同，谁先报价谁就排在前面，并且是由计算机自动排序，是绝对公平的。卖盘1后面的数值是卖出价格（1797.69），再后面的数值是卖出的股票手数（19）。

> 📶 提醒：每手等于100股，即以1797.69元的价位卖出的贵州茅台（600519）股票有19手。

五档卖盘是空头主力的前沿阵地，是投资者委托卖出筹码的交易数据动态显示区。五档卖盘中实时出现的卖出委托单量的动态变化，可以清楚地反映当时盘中卖出力量的变化。

当五档卖盘的委托单量小于五档买盘的委托单量时，说明卖方力量弱，股价可能出现上涨；当五档卖盘的委托单量大于五档买盘的委托单量时，说明卖方力量强，股价可能出现下跌；当五档卖盘的委托单量等于五档买盘的委托单量时，说明买卖双方力量均衡，股价很可能出现僵持局面。

> 📶 提醒：五档卖盘的上述意义仅适用于常规行情，并不能真实地反映股价在主力控盘状态的真实意图，所以在临盘实战中，还要结合其他分析技术。

3. 五档买盘等候显示栏

五档买盘等候显示栏位于五档卖盘等候显示栏的下方，是五个挂买入委托单队列，即从买1到买5，如图2.4所示。

买盘也是按照"价格优先，时间优先"的原则，谁买入的报价高谁就排在前面，如果买入价格相同，谁先报价谁就排在前面。买盘1后面的数值是买入价格（1797.34），再后面的数值是买入的股票手数（1）。

五档买盘是多头主力的前沿阵地，是投资者委托买入筹码的交易数据动态显示区。五档买盘中实时出现的买入委托单量的动态变化，可以清楚地反映当时盘中买入力量的变化。

4. 盘口名词解释

在五档买盘等候显示栏下方有很多盘口名词，如图2.5所示。

买	1	1797.34	1
	2	1796.60	3
	3	1795.90	1
盘	4	1795.60	1
	5	1795.58	4

最新	1797.69	开盘	1757.00
涨跌	+42.69	最高	1800.00
涨幅	+2.43%	最低	1750.10
振幅	2.84%	量比	1.63
总手	37918	换手	0.30%
金额	67.42亿	换手实	0.66%
涨停	1930.50	跌停	1579.50
外盘	19694	内盘	18224
总市值	22583亿	流通值	22583亿
总股本	12.56亿	流通股	12.56亿
市盈(静)	36.01	市盈(TTM)	34.08

14:56	1793.22	19⬆	10
14:56	1793.13	17⬆	14
14:56	1793.36	4⬆	2
14:56	1793.50	19⬆	9
14:56	1793.50	14⬆	5
14:56	1794.00	8⬆	7
14:56	1793.76	6⬆	4
14:56	1793.11	2⬆	4
14:57	1793.35	2⬆	2
15:00	1797.69	1087⬆	329

图 2.4　五档买盘等候显示栏　　　图 2.5　五档买盘等候显示栏下方的盘口名词

下面对这些盘口名词分别进行解释。

最新：即最新价，是指刚刚成交的一笔交易的成交股价。

开盘：即开盘价，是指当天第一笔交易的成交股价。

涨跌：是指现在的最新股价与前一日收盘价相比，涨跌的金额。

最高：是指当天开盘以来各笔成交价格中最高的成交股价。收盘时"最高"后面显示的是当日成交的最高价格。

涨幅：是指现在的最新股价与前一日收盘价相比，涨跌幅度的百分比。

最低：是指当天开盘以来各笔成交价格中最低的成交股价。收盘时"最低"后面显示的是当日成交的最低价格。

振幅：是指当天开盘以来最高价格和最低价格之差的绝对值与最低价格的百分比。其计算公式如下：

$$振幅＝（最高价格－最低价格）÷最低价格×100\%$$

> 📶 **提醒**：振幅越大，表明股价波动越剧烈，交易越倾向于单极趋势方向。

量比：是指当天开盘以后每分钟平均成交量与过去 5 个交易日每分钟平均成交量之比。其计算公式如下：

$$量比＝现成交总手÷[过去 5 个交易日每分钟平均成交量×开盘以来累计$$
$$开盘时间（分钟）]$$

> 📶 **提醒**：量比在 0.5 ～ 1 之间为正常；在 1.5 以上为温和放量；在 3 以上为明显放量；在 5 以上为剧烈放量。

总手：是指当天开盘以来成交的总股数。

换手：即换手率，是指当天开盘以来股票转手买卖的频率，可以反映股票流通性的强弱。其计算公式如下：

$$换手率＝开盘以来的成交量÷可流通总股数×100\%$$

> 📶 **提醒**：换手率越高，意味着交易越活跃，买卖意愿越强。如果股价在底部，突然换手率上升，意味着股价很可能要开始拉升，但如果股价已有一大段升幅，突然换手率上升，很可能是主力在出货。

金额：是指当天开盘以后成交的总金额，以万元为单位。

换手（实）：是指开盘以来的成交量与股市中实际可交易的自由流通股本数量的比值。其计算公式如下：

换手率（实）＝开盘以来的成交量 ÷ 股市中实际可交易的自由流通股本数量 × 100%

> 提醒：自由流通股本数量与可流通总股数不同，不要混淆。自由流通股本中不包括控股股东、公司管理层、战略性股东等持有的长期不流通的股份，因此，自由流通股本较真实地反映了市场上流通股份的情况，是投资者实际能够交易的股份数量。

涨停：是指比前一日的收盘价增加 10%。如贵州茅台（600519）前一日收盘价为 1755 元，则其涨停价为 1755 × 1.1 = 1930.50（元）。

跌停：是指比前一日的收盘价减少 10%。如贵州茅台（600519）前一日收盘价为 1755 元，则其跌停价为 1755 × 0.9 = 1579.50（元）。

外盘：又称主动性买盘，是以买入的报价成交。当外盘累计数量比内盘累计数量大很多，并且股价上涨时，说明很多人在抢着买进股票。

内盘：又称主动性卖盘，是以卖出的报价成交。当内盘累计数量比外盘累计数量大很多，并且股价下跌时，说明很多人在争先恐后地卖出股票。

总市值：是指上市公司发行的股票根据当前股价计算出来的总价值。

流通值：是指在某一时间段内上市公司可交易的流通股股数与当前股价得出的流通股票总价值。

> 提醒：一般情况下，上市公司的总市值要大于或等于流通值，这是因为总市值包括限售股、非流通股等，流通值则不包括。

总股本：是指上市公司流通在二级市场上的股票数量与限售股票的数量之和。

流通股：是指上市公司流通在二级市场上的股票数量。

市盈（静）：即静态市盈率，是指股价除以上一年每股收益的比率。

市盈（TTM）：即动态市盈率，是指股价除以最近四个季度每股收益的比率。

> 提醒：无论是静态市盈率还是动态市盈率，都是越低越好。市盈率代表了在每股收益不变的情况下，投资者要收回买股票的价钱所需要的时间。比如 20 倍的市盈率，如果每股盈利每年不变，投资者要 20 年才能收回买股票的价钱。

最近几分钟成交显示栏可以显示当前几分钟内连续成交情况。如图 2.6 所示，在最近几分钟成交显示栏中显示了最近几笔成交信息，即成交时间、成交价格、成交量和成交笔数。

14:56	1793.22	19↑	10
14:56	1793.13	17↓	14
14:56	1793.36	4↑	2
14:56	1793.50	19↓	9
14:56	1793.50	14↓	5
14:56	1794.00	8↑	7
14:56	1793.76	6↑	5
14:56	1793.11	2↓	4
14:57	1793.35	2↑	2
15:00	1797.69	1087↑	329

图 2.6　最近几分钟成交显示栏

2.3　分时图的均价线应用技巧

均价线虽然仅仅是一条平滑的线，但它在即时短线量化分析中具有很重要的参考作用。另外，均价线还是当天结算价在盘中不断变化的体现，由于涉及资金的持仓成本，所以它具有很多重要特征。

2.3.1　均价线的助涨功能

均价线代表了当天某一时刻入场资金的平均持仓成本，而当天操作的资金数量由于主力占据了绝大多数的份额，因此，均价线可以说是主力持仓成本线。

如果价格已形成明显的上涨趋势，场外资金会积极进场做多，新入场的资金不断促进价格上涨，并抬高了市场的平均持仓成本。

由于均价线是多方资金的平均最低持仓成本，所以，多方肯定不希望价格跌破自己的持仓成本。因此，每当价格回落到均价线附近时，多方就会介入，从而把价格拉升。当价格远离均价线时，多方会主动获利了结，从而造成价格回落。当价格回落到均价线附近时，多方会再度介入，这样价格就形成了良性循环，不断震荡上行。

价格上涨时，进场做多，就好比顺水行舟，如果再遇上顺风，小舟自然会更快速地前行。这个顺风就可以理解为均价线的助涨功能。

图 2.7 显示的是华润三九（000999）2022 年 8 月 25 日至 10 月 13 日的日 K 线图。

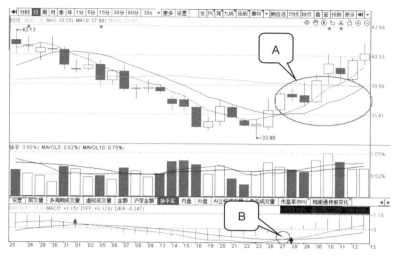

图 2.7　华润三九（000999）2022 年 8 月 25 日至 10 月 13 日的日 K 线图

在 A 处，华润三九（000999）的股价已站上 5 日均线、10 日均线和 30 日均线，并且均线已形成多头排列。在 B 处，华润三九（000999）的 MACD 指标已形成黄金交叉，这是做多信号。

总之，当前华润三九（000999）的股价已形成明显的趋势性上涨，投资者只需沿着 5 日均线看多做多即可。

图 2.8 显示的是华润三九（000999）2022 年 10 月 14 日的分时走势图。

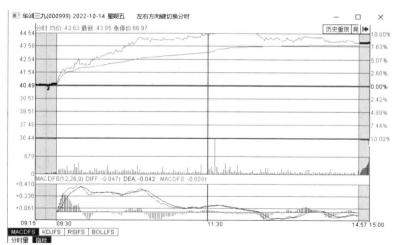

图 2.8　华润三九（000999）2022 年 10 月 14 日的分时走势图

华润三九（000999）2022年10月14日出现了单边上涨行情，价格自开盘就开始不断上涨，这为投资者提供了较好的盈利机会。

从分时走势图来看，从上午9:30开盘以来，价格就保持单边上涨格局，虽然也有回调，但回调力度很小，而且每当价格回调到均价线附近，价格就会得到支撑再度上行。

当然，随着价格的不断上行，均价线也形成了明显的上涨趋势，一旦均价线形成了某种趋势，那么，它的方向就很难逆转。

在价格震荡上涨时，如果均价线形成了明显的上涨趋势，这时的均价线就起到明显的支撑作用。即每当价格回调到均价线附近时，就会有新资金进场做多，这时的均价线就有助涨功能。

所以，当分时线和均价线保持同步上行时，做多是唯一的选择，这样操作是最安全的，并且可以获利丰厚。

▌ 2.3.2　均价线的助跌功能

在价格处于明显的上涨趋势之中，均价线具有助涨功能；而在价格处于明显的下跌趋势之中，均价线具有助跌功能。

在均价线形成明显的下跌趋势时，就会促使分时线价格继续下跌，并且很容易出现快速下跌行情。其原因是：均价线的下行，表明市场平均持仓成本在不断降低，场内的多头由于亏损不断加大，心中非常恐慌，在这种状态下，多头很容易止损出局，从而加大卖方力量，使价格快速下跌。

如果均价线和分时线都处在明显的空头趋势中，就要坚持逢高卖出的思维，千万不要看到价格低了，就急着进场抄底。如果你抄底就会发现，低了还能更低，特别是被套后，不及时出局，很容易被套得越来越深。

▌▌ 2.4　分时图的量能应用技巧

量价关系是"量是因，价是果；量在先，价在后"，成交量是价格变动的内在动力。所以，我们在分析分时图的分时线、均价线走势时，不能忽略对成交量的分析。

> 📶　提醒：价格波动时，如果没有成交量的有效配合，那么当前价格的趋势性就一定不会很强。

▌2.4.1　上涨量能分析技巧

如果价格在上涨过程中得到成交量的有效配合，那么价格就会持续上涨，此时若投资者持有多单仓位，就会获得丰厚的投资回报。那么在上涨过程中，成交量的有效配合到底是什么呢？其实就是两点，具体如下。

第一，在价格上涨时，成交量要求连续并且温和地放大，价格涨得越高，成交量放得越大。

第二，在上涨途中，价格出现调整走势时，成交量要明显地萎缩，调整结束，价格再度上涨时，要求成交量再度温和、连续放量。

价格在上涨过程中，只要成交量保持这种技术形态，投资者就应该耐心持有手中的多单，直到成交量的形态发生明显改变，这样投资者就可以实现盈利最大化。

图 2.9 显示的是甘李药业（603087）2023 年 4 月 7 日的分时走势图。

甘李药业（603087）的股价在 2023 年 4 月 7 日出现了大幅上涨的走势，很难想象，如果没有成交量的有效配合，价格会出现这样的上涨行情。

上午 9:30 开盘后，价格先是快速上涨，然后沿着均价线震荡上涨。尽管涨幅有限，但可以明显看出，上涨是放量的，而回调是缩量的，这说明上涨量能形态非常完美，即 A 处、B 处和 C 处。像这样的量能形态预示着价格仍会继续震荡上涨。

价格经过较大幅度的上涨之后在高位震荡，但在震荡过程中仍保持上涨时放量、下跌时缩量，即 D 处、E 处、F 处、G 处、K 处。需要注意的是，此时量价配合得很好，说明价格还会上涨，所以多单仍可以继续持有。

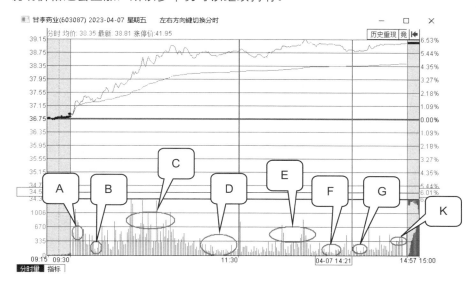

图 2.9　甘李药业（603087）2023 年 4 月 7 日的分时走势图

价格上涨时，成交量出现放大的状态，并且价格涨得越高，成交量放得越大，这种量能形态说明资金高度认可价格的上涨。因此，每一次价格上涨，都会吸引一批资金入场做多，而新入场的资金又会给价格提供了新的上涨动力，从而形成一种量价良性循环的状态。

在价格上涨时，成交量不断放大，这只是量能有效配合的一部分。价格上涨时，难免会出现回调走势，调整时成交量是否萎缩也是相当关键的。从图 2.9 来看，每次调整，成交量都出现不同程度的缩小现象，即缩量。

上涨放量、调整缩量、调整结束时成交量再度放大，这是价格上涨时成交量有效配合的形态特征。

▌ 2.4.2　下跌量能分析技巧

如果价格在下跌过程中得到成交量的有效配合，价格就会持续下跌。那么下跌过程中，成交量的有效配合到底是什么呢？其实只有两点，具体如下。

第一，在价格下跌时，成交量要求连续并且温和地放大，价格跌得越低，成交量放得越大。

第二，在下跌途中，价格出现反弹走势时，成交量要明显地萎缩，反弹结束，价格再度下跌时，要求成交量再度温和、连续放量。

价格在下跌过程中，只要成交量保持这种技术形态，投资者应该耐心等待，不要轻易进场抄底做多，直到成交量的形态发生明显的改变，才可以进场做多。

▌ 2.5　分时图的角度应用技巧

不同的角度反映了主力不同的操盘力度，不同的操盘力度折射出不同的操盘思路和操盘意图。因此，我们在学习时，通过研究分时走势图，可以读懂主力的操盘意图，从而制定更有效的实战策略。

▌ 2.5.1　变大的上涨角度是买入的好时机

变大的上涨角度是指价格在第一波上涨之后，出现了调整，调整之后再度上涨，第二波上涨的角度明显大于第一波上涨的角度。

> 📶 提醒：通过比较两波上涨行情的角度，可以判断出盘中资金做多力量的增减情况。

如果出现变大的上涨角度，意味着资金在盘中更加坚定、更加积极地进行做多操作。上涨角度变大时，价格上涨的速度将会明显加快，上涨幅度也会更大，这是投资者进行交易的大好时机，只要勇敢介入，短时间内就可能有不错的交易收益。

图 2.10　变大的上涨角度

变大的上涨角度如图 2.10 所示。

第一波上涨行情的上涨角度相对平缓，经过调整后，第二波上涨角度明显变得陡峭，这是资金加大力度进行做多操作的表现。

图 2.11 显示的是富信科技（688662）2023 年 6 月 14 日的分时走势图。

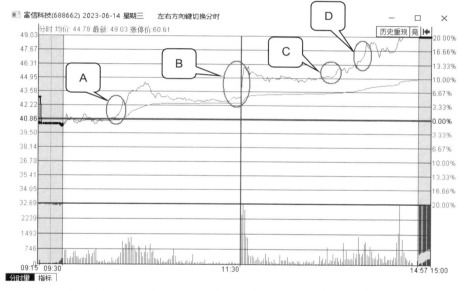

图 2.11　富信科技（688662）2023 年 6 月 14 日的分时走势图

2023 年 6 月 14 日，富信科技（688662）开盘后围绕着均价线宽幅震荡后开始上涨，第一波上涨角度较平缓，但上涨时是明显放量的，然后出现了调整，调整幅度不大，并且成交量缩量，这意味着调整后仍有上涨的可能。

这里可以发现，第二波上涨的角度要大一些，即上涨的力量比较大，上涨更为陡峭，即 A 处。

同理，在 B 处也是，第一波上涨角度相对比较平缓，而第二波上涨角度就比较陡峭，这往往是短线最佳获利时机，所以投资者只要敢于介入多单，短时间内就会有较大的盈利。

同理，在 C 处和 D 处也是。

在上涨角度加大时，不仅价格的上涨速度更快，而且上涨的幅度也更大。在这个区间进行做多操作，投资者在很短的时间内，就可以实现较大的投资收益。上涨角度之所以变大，与成交量的进一步放大密不可分，资金更加积极地交易，出现上涨角度增大的现象就很自然了。

在上涨角度明显变大时，投资者要果断、勇敢、积极地参与交易，因为这时价格进入真正的主升浪阶段，这时短线的盈利空间很大。

2.5.2　同样上涨角度的买入策略

同样的上涨角度是指价格在第一波上涨之后，出现了调整，调整之后再度发力上涨，第二波上涨行情的上涨角度与第一波上涨行情的上涨角度相比，完全相同或非常接近。

如果出现同样的上涨角度，意味着做多资金的力量基本一致。

在判断上涨角度是否一致时要有灵活性，在视觉上进行分辨，只要两波上涨角度大致相同即可，略有误差也是很正常的事。

同样的上涨角度如图 2.12 所示。

第一波上涨行情的上涨角度与第二波上涨行情的上涨角度基本相同，说明资金在这两波上涨行情中的做多力度几乎一致，所以这两波行情的上涨空间也会基本一致。

图 2.12　同样的上涨角度

图 2.13 显示的是中国移动（600941）2023 年 3 月 13 日的分时走势图。

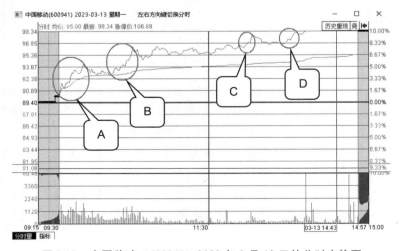

图 2.13　中国移动（600941）2023 年 3 月 13 日的分时走势图

2023年3月13日，中国移动（600941）开盘就出现一波上涨行情，即A处。需要注意的是，这一波上涨是小三波上涨。

A处上涨结束后出现调整，充分调整后在均价线附近企稳，又开始第二波上涨，即B处。第二波上涨角度与第一波上涨角度几乎相同，上涨的高度也基本相同。

同理，C处和D处这两波上涨，上涨的角度也相同。

面对同样的上涨角度走势时，投资者仍然可以在场中继续做多，上涨力量只要没有减弱，价格的波动就会给投资者带来盈利。

2.5.3　减小的上涨角度多单注意止盈

减小的上涨角度是指价格在出现第一波上涨后开始调整，调整结束后再度上涨，但第二波上涨行情的上涨角度与第一波上涨行情的上涨角度相比明显减小。

如果出现减小的上涨角度，意味着盘中做多资金的态度不太积极，做多不坚决，这样后期价格往往不是下跌，就是调整的时间较长并且调整的空间较大。因此，在上涨角度减小的上涨波段中，投资者的多单要注意止盈，而不要再重仓介入多单。

减小的上涨角度如图2.14所示。

图2.14　减小的上涨角度

第一波上涨行情的上涨角度较大，而第二波上涨行情的上涨角度与第一波上涨行情的上涨角度相比明显减小，这种波动体现了资金在盘中做多的积极性在降低，所以手中还有仓位的投资者要注意止盈了。

图2.15显示的是旭升集团（603305）2023年6月16日的分时走势图。

2023年6月16日，旭升集团（603305）开盘低开后就快速上涨，然后略做回调，再度上涨，注意第一波上涨角度和第二波上涨角度几乎相同，所以第二波上涨是第一波最佳的盈利时机，投资者敢于积极地介入多单，短时间内就会有不错的盈利。

第二波上涨完成后再度回调，回调结束后再度上涨，注意这一波上涨的角度没有第二波大，这意味着第一波上涨的力量较弱，价格有较大回调的可能性，所以投资者手中如果还有多单，在第三波上涨时要注意先止盈出局，即A处。

从其后的走势来看，价格三波上涨后，出现了较大回调，回调到前一日收盘价附近价格再度上涨，但上涨幅度不大，并且反弹到均价线附近再度下跌，即B处。这表明均价线对价格有较强的压制作用，所以B处也是不错的卖出机会。

同理，C处也是反弹到均价线附近再度下跌，所以C处也是卖出机会。

随后价格在均价线以下反复震荡下跌，就没有明显的做多机会了。

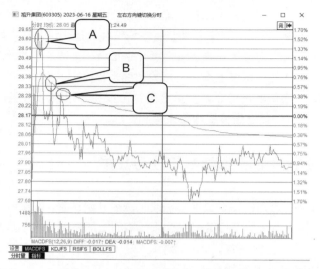

图 2.15　旭升集团（603305）2023 年 6 月 16 日的分时走势图

▌ 2.5.4　上涨后的小反向角度积极做多

上涨后的小反向角度是指价格在出现一波上涨行情之后开始调整，与上涨时的角度相比，调整时的角度明显平缓。上涨后的小反向角度如图 2.16 所示。

如果出现上涨后的小反向角度，意味着后市价格继续上涨的概率非常大，投资者可以在调整过程中积极地做多。

图 2.16　上涨后的小反向角度

> 📶　提醒：调整时若形成较小的反向角度，说明空头的力量很弱，不足以与多方抗衡。所以一旦调整结束，后市将迎来更大角度的上涨。

图 2.17 显示的是西藏药业（600211）2023 年 3 月 13 日的分时走势图。

2023 年 3 月 13 日，西藏药业（600211）开盘低开后，先是两小波下跌，然后价格开始反弹上涨，先是站上均价线，然后略作回调。注意与上涨时的角度相比，调整时的角度明显平缓，即 A 处。所以 A 处是一个做多位置。

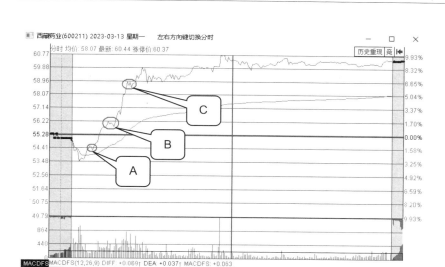

图 2.17 西藏药业（600211）的 2023 年 3 月 13 日的分时走势图

随后价格继续上涨，先是站上前一日的收盘价，然后继续上涨，这一波上涨后出现回调，但回调时的角度明显平缓，即 B 处。所以 B 处仍是一个做多位置。

B 处调整结束后继续上涨，快速上涨后再度回调，但回调时的角度明显平缓，即 C 处。需要注意的是，由于后市仍看涨，虽然价格已有较大的上涨幅度，但是投资者以持有多单为主。

从其后的走势可以看到，价格在 C 处调整结束后继续震荡上涨，但涨幅不大，再度震荡，但始终在均价线之上，所以多单可以继续持有。

> 提醒：在多方力量较强大、空方力量较弱小的情况下，价格进一步上涨是大概率的事。上涨的小反向角度常出现在强势上涨的中途，这是资金加大力度做多的表现。如果投资者错过了初期上涨的做多机会，那么在上涨后的小反向角度出现时，就要好好把握住机会，不要错过价格后期上涨带来的盈利机会。

2.5.5 上涨后的相同反向角度多单注意止盈

上涨后的相同反向角度是指价格在第一波上涨之后出现了回调，此时对比上涨的角度与回调的角度，可以发现两者的波动角度几乎一致。

分时线的角度变化，体现出多空双方力量的变化，角度一致，说明多空双方力量相当。在这种情况下，多单就要注意止盈。在价格调整时，要对调整的幅度进行跟踪，如果调整幅度较小，说明多方力量仍然很强，价格调整后还会有继续上涨的动力；如果调整幅度较大，就不宜再介入多单，并且手中的多单还要注意止盈。

上涨后的相同反向角度如图 2.18 所示。

价格上涨的角度与上涨后的调整角度相比，如果几乎一致，那么两者的波动幅度就是要重点分析的内容了。在角度一致的情况下，谁的波动幅度大，谁就能控制后期价格的趋势方向。

图 2.18　上涨后的相同反向角度

图 2.19 显示的是中国移动（600941）2023 年 2 月 16 日的分时走势图。

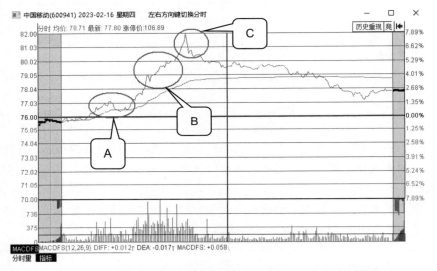

图 2.19　中国移动（600941）2023 年 2 月 16 日的分时走势图

2023 年 2 月 16 日，中国移动（600941）开盘略低开后，在前一日收盘价之下震荡，然后出现一波上涨，接着出现回调，但回调幅度不大，并且正好回调到均价线附近企稳，又再度上涨，即 A 处，所以 A 处是做多位置。

价格在 A 处企稳后，出现一波较大幅度的上涨，在整个上涨过程中，虽有回调，但回调幅度很小，然后继续上涨，即 B 处，所以 B 处多单仍可以继续持有。

价格经过较大幅度的上涨之后，又加速上涨，即 C 处。加速上涨之后，出现快速回调，即 C 处。需要注意的是，C 处的快速回调，与前面的快速上涨具有相同的反向角度，所以 C 处是多单止盈的位置。

从其后的走势可以看出，价格在 C 处短线见顶后就开始震荡下跌，最后跌破均价线，继续下跌。

2.6 分时图的价格波动规律

金融市场是风险市场，价格千变万化，但也有一些明显的规律不断重复出现。掌握价格波动的基本规律，对提高操作成功率是很有帮助的。

▌ 2.6.1 分时图的三波上涨法则

分时图的三波上涨法则，是指价格连续出现三波上涨之后，要么直接短线见顶，要么出现较长时间或形态较复杂的调整走势。所以在分时图中价格出现三波上涨之后，就不要再盲目追涨了，否则很容易把自己套在短线顶上，如果不及时止损，可能会损失惨重。

分时图的三波上涨法则来源于艾略特的波浪理论。价格的标准上涨浪形是一浪上涨、二浪调整、三浪上涨、四浪调整、五浪上涨，即三个推动上涨浪，两个调整浪。

图 2.20 显示的是双汇发展（000895）2023 年 2 月 23 日的分时走势图。

图 2.20 双汇发展（000895）2023 年 2 月 23 日的分时走势图

2023 年 2 月 23 日，双汇发展（000895）开盘略高开，然后开始上涨，这一波上涨具有明显的技术性规律，价格正好连续上涨三波，即 A 处。这一波上涨是最容易赚钱的机会。需要注意的是，第一波上涨本身也是一个小三波上涨。

从其后的走势可以看出，价格在三波上涨后就开始震荡下跌，并且跌破均价线，这意味着上涨结束，所以如果投资者手中还有多单，应在第一时间出局。

掌握了分时图的三波上涨法则，投资者就不容易出现明显的追涨错误操作了，并且价格的上涨高点区间也很容易判断出来。

当然，并不是所有的上涨都必然会形成三波。在整体市场多头迹象非常明显，资金做多力度极大或量能配合很好的情况下，这种规律可能会被打破。但只要把握住三波上涨法则，就算错过了后期的上涨机会也没有什么，毕竟市场中的机会到处都有。

◤ 2.6.2　分时图的三波下跌法则

分时图的三波下跌法则，是指价格连续出现三波杀跌之后，要么直接短线见底，要么出现较长时间或形态较复杂的反弹走势。所以在分时图中价格出现三波杀跌之后，就不要再盲目看空了。

分时图的三波下跌法则对我们来说作用是比较大的，具体有以下三点。

第一，在价格没有跌到位时，我们可以耐心持有空单，并且可以顺势加空，从而实现利润最大化。

第二，在价格基本杀跌到位时，不再盲目地追空，而是及时地获利了结，从而确保利润到手。

第三，价格经过三波下跌之后，由于做空力量很弱了，所以在控制好风险的前提下，可以轻仓介入多单。

> 📶 提醒：如果价格处于明显的下跌行情之中，价格出现三波下跌之后，也不要轻易抄底，否则很容易被套。如果价格处于震荡行情之中，价格出现三波下跌之后，可以尝试抄底，但要控制好仓位和风险，毕竟交易要顺势而为。

图 2.21 显示的是舍得酒业（600702）2023 年 3 月 9 日的分时走势图。

2023 年 3 月 9 日，舍得酒业（600702）开盘略高开后，就开始宽幅震荡，先是围绕着前一日收盘价震荡，然后缓慢下跌，接着出现三波明显的下跌行情，即 A 处。

从其后的走势来看，价格在三波下跌之后就开始反弹，虽然仍没有改变趋势，但若不及时止盈，盈利也会持续减少。

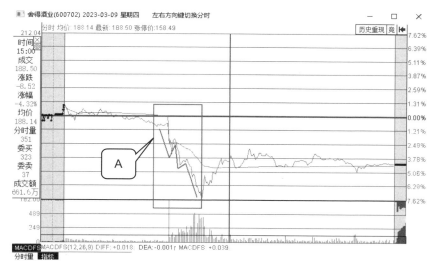

图 2.21　舍得酒业（600702）2023 年 3 月 9 日的分时走势图

2.7　价格继续上涨的判断技巧

当价格处在明显的上涨行情中时，投资者最关心的是，价格是否还会继续上涨。如果判断能继续上涨，则可以继续持有多单，让利益最大化，还可以继续加仓做多，进一步增加投资收益。

如何判断价格是否还会继续上涨呢？这需要从三个方面入手，具体如下。

第一，关注上涨后的调整时间。

第二，关注上涨后的调整空间。

第三，关注价格调整时的量能变化。

2.7.1　利用调整时间判断价格是否会继续上涨的技巧 ------●

在分时图中，价格经过一波上涨之后出现回调是必然的，因为价格经过一波上涨，短线获利单有主动止盈的，也有逆势做空的（即本来看空或想猜顶，看价格上涨了，就做空了）。

在价格调整时，我们就要看做多力量和做空力量的对比情况了。如果做多力量很强大，那么就不会调整太长时间，因为调整时间太长，做多力量就不坚定了，所以做多主力会用很短的时间略做调整，然后继续上涨。

图 2.22 显示的是舍得酒业（600702）2023 年 6 月 14 日的分时走势图。

2023 年 6 月 14 日，舍得酒业（600702）开盘略高开，然后快速上冲。价格上冲后再度回调，然后开始三波上涨，及时介入的投资者都会有不错的投资收益。

在价格三波上涨途中，投资者可以对价格调整时的时间进行分析，因为价格调整时间的长短，代表了多方交易的积极性和力量强弱。如果调整时间较长，说明空方有一定能力压住价格，在这种情况下，后期继续上涨的难度会比较大。如果调整时间短暂，就说明空方根本没有还手之力，多方力量超强，那么价格继续上涨的概率就较大。所以只要及时介入多单，是很容易盈利的。

通过图 2.22 可以看出，价格在上涨过程中出现了两次回调，回调时间都比较短暂，这体现了多方力量强大和空方力量弱小，因此后期继续上涨的概率较大。

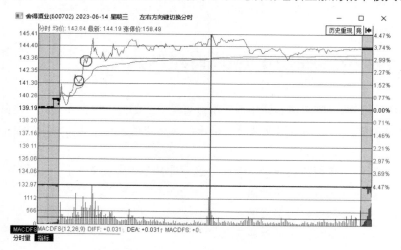

图 2.22　舍得酒业（600702）2023 年 6 月 14 日的分时走势图

▌ 2.7.2　利用调整空间判断价格是否会继续上涨的技巧

价格经过一波上涨之后出现了调整，如果调整时间较短，那么就可以继续看涨。但如果调整时间略长，就需要结合调整时的空间进一步分析了。

调整时的空间就是价格出现回调时的幅度大小。一般情况下，回调的幅度越小，说明调整的力量越弱，价格继续上涨的概率越大；回调的幅度越大，说明调整的力量越强，价格越不容易继续上涨。

图 2.23 显示的是保利发展（600048）2023 年 5 月 5 日的分时走势图。

2023 年 5 月 5 日，保利发展（600048）开盘略低开，然后开始震荡上涨，经过几波震荡上涨之后，价格开始较长时间的调整，即 A 处。需要注意的是，尽管价格调整时间较长，但相对于上涨幅度来说，调整的幅度并不大。另外，从均价线来看，价格始终在均价线上方，所以上涨力量仍较强。

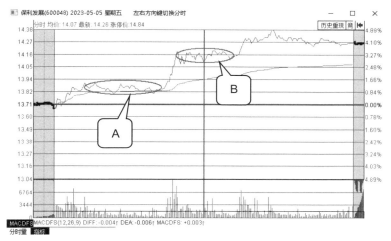

图 2.23　保利发展（600048）2023 年 5 月 5 日的分时走势图

所以，在价格快速突破横盘调整区间的上边界时，投资者仍可以继续介入多单。

价格又经过快速上涨后，开始较长时间的调整，即 B 处。需要注意的是，价格虽然调整时间很长，但相对于上涨幅度来说，调整的幅度并不大，几乎是一个横盘调整。另外，从均价线来看，价格始终在均价线上方，所以上涨动力仍然较强。

所以，在价格快速突破横盘调整区间的上边界时，投资者仍可以继续介入多单。

总之，在对调整进行分析时，调整时的空间最能反映多空双方的力量对比。只要调整的空间不大，哪怕调整的时间略长一些，价格也能继续上涨。因为价格调整的空间较小，意味着空方力量不强，也意味着做多主力是为了清洗短线多单，以便更好地推动价格上涨。

所以，通过价格调整的力度变化，便可以更准确地判断出后期上涨是否会延续，这样一来就不会错过后期的主升浪行情。

▌ 2.7.3　利用调整时的量能变化判断价格是否会继续上涨的技巧

在判断价格是否会继续上涨时，我们不仅要关注调整的时间和空间，还要进行成交量分析。因为量为价先，没有成交量的有效配合，价格想要继续上涨也是很难的。

在价格调整时，对成交量的要求是，成交量应该萎缩，并且缩量缩得越小越好。成交量在调整区间明显萎缩，意味着之前的做多资金没有大规模平仓，并且调整期间也没有大资金进场做空，因此，价格后期继续上涨的概率就会很大。

将调整的时间、空间及量能变化进行综合分析，就可以全面了解盘中多空力量的对比情况，从而更加精准地判断价格是否会继续上涨。

图 2.24 显示的是特变电工（600089）2023 年 5 月 8 日的分时走势图。

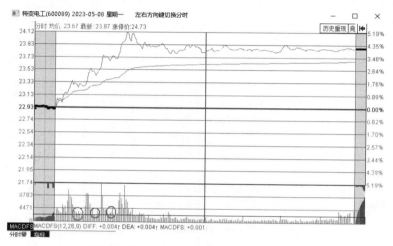

图 2.24　特变电工（600089）2023 年 5 月 8 日的分时走势图

2023 年 5 月 8 日，特变电工（600089）开盘就开始震荡上涨。需要注意的是，价格上涨使成交量连续放大，而回调时缩量，并且回调的时间和空间都很小，这意味着价格仍会继续上涨，所以多单可以耐心持有，并且投资者可以继续介入多单。

从其后的走势可以看出，价格连续上涨之后出现了横盘整理，但价格始终在均价线之上，并且成交量是缩量，所以多单可以耐心持有。

> 🔖 提醒：在价格上涨时，成交量明显地连续放大，而在调整时，成交量明显地萎缩，并且调整的时间和空间都很小，这是完美的价格继续上涨的技术特征，价格继续上涨的概率会在 95% 以上，所以面对这种完美的技术特征，投资者要敢于大胆进场做多。当然，在价格实际波动过程中，并不会每次都出现完美的技术特征，但只要满足两个技术特征，就可以进场做多。另外，在实战过程中，有时价格波动太快，不会给我们太多的思考时间，稍一犹豫，就会错失机会。所以，我们一定要多学习、多实战，把对价格是否会继续上涨的判断过程培养成一种习惯性的反应。

第 3 章
短线量化交易的分时图做多技巧

股价如果已形成明显的上涨趋势，投资者都希望在合适的位置进场做多，从而实现盈利。到底该在什么位置介入多单呢？本章将详细讲解分时图做多技巧，即分时图的双底、头肩底、圆弧底、V 形底、低点不断抬高、均价线支撑、放量、新高突破、均价线突破等做多技巧。

3.1 分时图的双底做多技巧

双底，又称 W 形底，因其价格走势像字母"W"而得名。它是一种比较可靠的盘中反转形态，对这种形态的研判重点是价格在形成右边的底部时，成交量是否会出现底背离特征。如果成交量不产生背离，W 形底就可能向其他形态转化，如多重底。转化后的形态即使出现涨升，其上攻动能也会较弱。这类盘中底部形态的研判比较容易，形态构成时间长，可操作性强，适用于短线爱好者操作或普通投资者选择买点时使用。

双底的第二个低点往往略高于第一个低点，也是最佳进场做多的位置。因为这是空方力量最弱的位置，即空方已无力再创出新低。所以这个位置也最容易形成连续反弹的走势，如果投资者在这个位置敢于介入，往往会获利丰厚。当然如果价格跌破第一个低点，投资者就要及时止损出局。

> 提醒：成交量底背离是指在下跌过程中，价格比上一波低，但反弹时的成交量却比上一波反弹时高。这种情况表明市场需求并未跟随价格一同下跌，而是出现了成交量增加的趋势。

图 3.1 显示的是腾景科技（688195）2023 年 6 月 16 日的分时走势图。

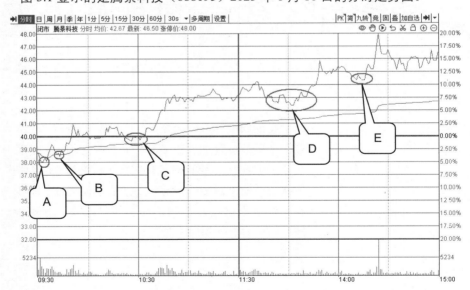

图 3.1 腾景科技（688195）2023 年 6 月 16 日的分时走势图

2023 年 6 月 16 日，腾景科技（688195）开盘略低开，然后快速下跌，接着在低位震荡，即在 A 处出现双底。

随后价格出现一波拉升，站上了均价线，然后再度调整，但回调到均价线附近，价格企稳了，即 B 处，所以 B 处是一个不错的做多位置。

随后价格又开始一波上涨，先是站上前一日收盘价，然后围绕前一日收盘价横盘整理，但始终在均价线之上，这表明价格有继续上涨的动力。

在围绕前一日收盘价横盘整理后期，又出现了双底，即 C 处，所以 C 处仍是一个不错的买入点。

价格震荡结束后再度拉升，经过一波拉升后再度横盘整理，但始终在均价线之上，这表明价格还有上涨的动力，所以多单仍可以继续持有。

在 D 处，价格出现较复杂的头肩底形态，所以这里仍可以做多。

同理，在 E 处，价格回调出现双底，仍可以继续做多。但需要注意的是，价格上涨的幅度越大，做多的风险就越大，所以在 E 处做多要注意控制仓位，即轻仓介入多单。

 ## 3.2　分时图的头肩底做多技巧

头肩底的形状呈现三个明显的低谷，位于中间的一个低谷比其他两个低谷的低位更低。对头肩底的研判重点是量比和颈线，量比要处于温和放大状态，右肩的量要明显大于左肩的量。如果在有量配合的基础上，价格成功突破颈线，则是该形态在盘中的最佳买点。参与这种形态的投资要注意价格所处位置的高低，偏低的位置往往会有较好的参与价值。

需要注意的是，在头肩底中，最低那个点常常就是假突破走势。即当价格处于底部区间时，做多主力为了获得更多的低位筹码，往往会再创新低，从而让散户卖出手中的多单。当散户卖出手中的多单后，价格不跌，反而快速拉升，开始一波上涨行情。

图 3.2 显示的是光库科技（300620）2023 年 6 月 16 日的分时走势图。

2023 年 6 月 16 日，光库科技（300620）开盘略低开并下行，接着就反转上涨，先是站上均价线，然后又站上前一日收盘价，随后价格开始横盘整理，虽然调整时间较长，但回调幅度很小，并且成交量是缩量的，所以横盘整理后仍会继续上涨。

价格在横盘整理的过程中，在 A 处出现头肩底形态，这是一个做多信号，投资者可以在 A 处做多。另外还要注意，头肩底的最低点恰好在均价线之上。

价格震荡结束后，又出现一波上涨，接着再度回调，这次回调的时间较短，回调幅度略大，但价格始终在均价线之上。这一波回调再次出现头肩底形态，在价格突破头肩底颈线时，仍是较好的做多机会。

从其后的走势可以看出，价格突破头肩底颈线后，一波一波地上涨，最终以涨停收盘，及时介入多单的投资者短时间内就会有不错的投资收益。

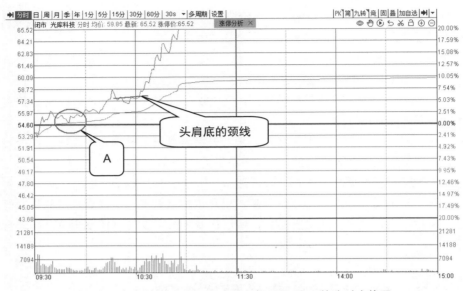

图 3.2　光库科技（300620）2023 年 6 月 16 日的分时走势图

3.3　分时图的圆弧底做多技巧

圆弧底是指价格运行轨迹呈圆弧形的底部形态。这种形态的形成原因是，有部分做多资金正在少量地逐级温和建仓，表示价格已经探明阶段性底部的支撑。它的理论上涨幅度通常是最低价到颈线位的涨幅的一倍。

图 3.3 显示的是百胜智能（301083）2023 年 6 月 16 日的分时走势图。

2023 年 6 月 16 日，百胜智能（301083）开盘略向上冲后开始下跌，先是跌破均价线，然后又跌破前一日收盘价。需要注意的是，这是一个明显的三波下跌，三波下跌之后不应再盲目看空了。

三波下跌之后，价格开始横盘整理，经过较长时间的盘整之后，在 A 处出现圆弧底，这是一个看多信号。在 A 处做多的投资者，可以以圆弧底的最低点为止损位。

在 A 处价格见底后，开始上涨，由于成交量没有放大，所以上涨速度很慢。价格站上均价线后出现了一小波上涨，然后再度震荡。

需要注意的是，随后的震荡，价格始终在均价线之上，这表明价格震荡后上涨的概率很大。震荡后期，在 B 处又出现圆弧底，这是一个极佳的做多位置。随后价格开始放量上涨，拉升速度很快，介入多单的投资者短时间内就会有较大的投资收益。

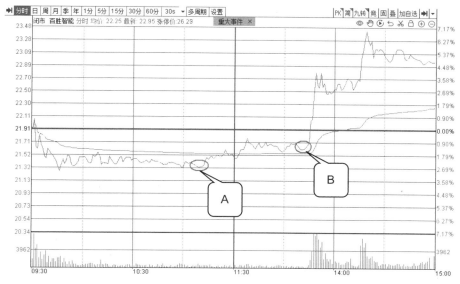

图 3.3　百胜智能（301083）2023 年 6 月 16 日的分时走势图

3.4　分时图的 V 形底做多技巧

V 形底，俗称"尖底"，形态呈 V 形。其形成时间最短，是研判最困难、参与风险最大的一种形态。但是这种形态的爆发力最强，把握得好，可以在短时间内迅速获取利润。它的形成往往是由于主力刻意打压造成的，使得价格暂时性地过度下跌，从而产生盘中的报复性上攻行情。

图 3.4 显示的是燕东微（688172）2023 年 6 月 16 日的分时走势图。

2023 年 6 月 16 日，燕东微（688172）上午 9:00 开盘后就直接下跌，并且出现明显的三波下跌。在最后一波下跌时出现 V 形底，即 A 处。

> 提醒：经过三波下跌，手中有空单（融券）的投资者盈利丰厚，要学会把账户利润变成真金白银，所以及时止盈是很必要的。

在 A 处，空单止盈后，价格开始快速反弹，先是站上均价线，然后继续上涨到前一日收盘价附近，再度震荡，然后在 B 处又出现 V 形底。

在 B 处出现 V 形底后，价格又上涨一波。需要注意的是，这一波上涨虽有放量，但放出的量不大，这表明上涨幅度不会太大。

从其后的走势可以看出，这一波上涨幅度不大，然后就开始回调，正好回调到均价线附近，出现 V 形底，即 C 处。

价格在 C 处企稳后，再度震荡上涨，但成交量没有增加，这意味着没有资金入场，所以行情不会太大。

经过较长时间的震荡之后，在 D 处再度出现 V 形底。需要注意的是，这时价格在均价线之上，表明多头占优，所以手中有多单的投资者仍可以继续持有。没有多单的投资者在这里可以介入多单。

价格在 D 处出现 V 形底后，就开始上涨，并且出现了放量上涨，拉升速度很快，及时介入多单的投资者短时间内就会盈利丰厚。

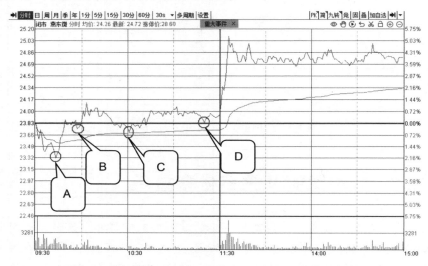

图 3.4　燕东微（688172）2023 年 6 月 16 日的分时走势图

3.5　分时图的低点不断抬高做多技巧

低点不断抬高做多，是指盘中的走势已形成明显的上涨趋势，但分时图的波动幅度却较小，即频繁地上下震荡。如果对震荡的低点进行分析，则可以发现价格波动的低点呈现明显抬高迹象。这对投资者来说，就提供了不错的做多机会。

价格波动的低点不断抬高，意味着做多力量不断介入，虽然分时图暂时没有形成强劲的上涨态势，但价格后期继续上涨的概率非常大。所以投资者可以在抬高的低点处介入多单，或在价格向上突破时积极入场做多。

图 3.5 显示的是鼎捷软件（300378）2023 年 6 月 16 日的分时走势图。

2023 年 6 月 16 日，鼎捷软件（300378）开盘略高开，然后就快速上冲。这里可以看到，价格开盘就出现明显的三小波上涨。

三小波上涨之后，价格出现了较大幅度的回调，正好回调到均价线附近。随后价格再度震荡上涨，即 A 处。我们可以发现的规律是，调整的低点连续抬高，这意味着多方力量仍很强，空方根本无力与之对抗。在低点抬高的过程中，投资者可以进场做多。只要震荡的低点没有跌破，投资者就可以持有多单。

同理，在 B 处，又出现低点不断抬高的震荡上涨，多单继续持有即可。

从其后的走势可以看出，价格最终涨停收盘，所以多单可以继续持有，等待第二天价格继续上涨，这样可以实现利益最大化。

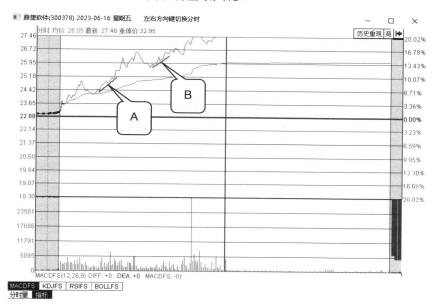

图 3.5　鼎捷软件（300378）2023 年 6 月 16 日的分时走势图

3.6　分时图的均价线支撑做多技巧

均价线是多空分界线，即如果价格在均价线上方，投资者就可以积极做多。特别是在分时线向下暂时回落接触或靠近均价线时，只要整体盘面保持明显的多头迹象，投资者就可以在此介入多单。

图 3.6 显示的是贵州茅台（600519）2023 年 4 月 13 日的分时走势图。

2023 年 4 月 13 日，贵州茅台（600519）开盘略低开，然后又快速下跌一波，接着就出现快速上涨，先站上均价线，然后站上前一日收盘价。

价格快速上涨之后，出现了快速回调，正好回调到均价线附近，即 A 处。所以 A 处是一个做多位置。

随后价格震荡上涨，由于成交量有所缩量，所以上涨幅度并不大。接着价格又开始震荡，然后在 B 处再度回调到均价线附近，所以 B 处也是一个不错的做多位置。

价格在 B 处企稳后，就出现一波放量上涨行情，在 B 处介入多单的投资者，短时间内就会有不错的盈利。

价格经过快速上涨之后再度震荡，然后在 C 处和 D 处再度回调到均价线附近。由于价格始终在均价线上方，所以当分时线接近均价线时，投资者就可以介入多单。因此，C 处和 D 处仍可以介入多单。

价格在 D 处企稳后，又出现一波放量上涨行情。从其后的走势可以看出，价格最终以最高价收盘，所以多单可以继续持有，等待第二天价格继续上涨，这样可以实现利益最大化。

需要注意的是，价格在接近均价线附近时，成交量一定不能连续放大，否则过多的资金入场做空，就会减弱均价线的支撑作用。如果价格无量回落至均价线附近，投资者就可以积极做多了。

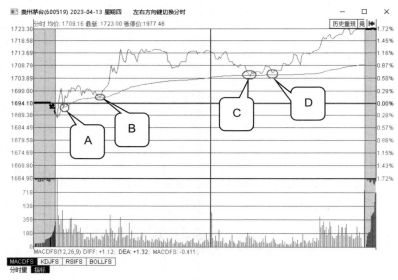

图 3.6　贵州茅台（600519）2023 年 4 月 13 日的分时走势图

3.7　分时图的放量做多技巧

在交易实战中，成交量的变化是相当重要的。量为价先，成交量体现了资金的操作方向和积极性，时常关注量能的经典变化形态，可以帮助投资者决定恰当的进场时机。

放量做多，是指价格在自由波动时，在成交量第一次形成明显放量、分时线上攻的时候入场进行做多操作。这种操作方法解决了价格盘中出现上涨时的介入时机问题。很多时候，价格在早盘期间没有什么表现，而在盘中却突然出现放量上涨。成交量的首次放大意味着资金突然介入，价格的上行意味着资金操作的方向向上，在资金刚刚入场的时候便跟进，这是放量买入最大的特点。

需要注意的是，放量买入也有一定风险，特别是第一次放量买入，在市场多头迹象并不是很明显的情况下，在初次放量区间介入，由于后期量能跟不上，容易使价格只形成一波上冲的走势。但只要对整体盘面进行了分析，在确定多方占优势的情况下使用这种交易方法，十有八九还是会实现盈利的。

图 3.7 显示的是文一科技（600520）2023 年 3 月 14 日的分时走势图。

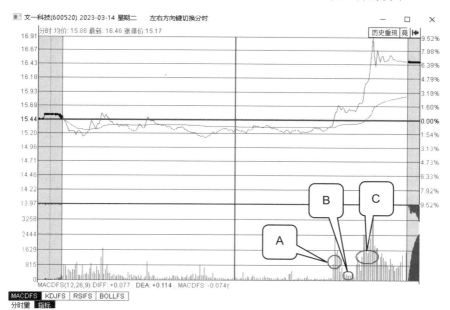

图 3.7　文一科技（600520）2023 年 3 月 14 日的分时走势图

2023 年 3 月 14 日，文一科技（600520）开盘就来一波下跌，然后反弹到前一日收盘价附近，再度震荡。需要注意的是，文一科技（600520）从开盘一直到下午 2:07，价格一直震荡，并且成交量不大，即整体处在缩量整理过程中。

下午 2:08，价格突破放量拉升，即 A 处，价格先是站上均价线，然后又站上前一日收盘价，并继续上涨。这是一波放量上涨行情，投资者可以及时介入多单，也可以耐心等缩量回调再介入多单。

价格放量上涨结束后出现回调，注意是明显的缩量回调，并且回调幅度不大，价格始终在均价线之上，所以缩量回调是较好的买入机会，即 B 处。

价格缩量调整结束后，再度放量大涨，即 C 处，这样买进的多单，短时间内就会有相当不错的投资收益。

从其后的走势可以看出，价格大幅拉升后虽有回调，但从回调的幅度和量能上看，下一个交易日仍会继续上涨，所以多单可以继续持有，等待第二天价格继续上涨，这样可以实现利益最大化。

3.8　分时图的新高突破做多技巧

价格如果处在明显的上涨趋势中，那么价格的高点就会不断被突破，新的高点不断出现。每一次新高走势的出现，往往意味着又一轮上涨行情的开始，所以我们一定要重视新高走势。

高点突破做多，是指价格在波动时，在成交量的推动下突破了前期盘中高点，在新高走势出现时，投资者应当积极地入场做多。

在新高突破做多时，投资者一定要注意以下两点。

第一，在突破走势出现时，成交量必须明显放大，如果没有得到资金的推动，价格很难有继续上涨的动能。

第二，要求整体盘面多头必须明显占上风，多头的力量越强越好。如果整体盘面不支撑，价格即使突破原来的高点，后期上涨的空间也不会太大。

图 3.8 显示的是锐明技术（002970）2023 年 5 月 26 日的分时走势图。

2023 年 5 月 26 日，锐明技术（002970）开盘出现一波上冲，然后快速回调，先跌破均价线，然后跌到前一日收盘价附近，接着开始窄幅震荡。经过较长时间的震荡之后，在 A 处，价格突破均价线，这意味着价格有可能上涨。

需要注意的是，价格突破均价线后，出现一波上涨，但上涨幅度不大，并且成交量没有明显的放量，所以投资者可以看多，但仍要谨慎一些。

随后价格再度震荡，但价格始终在均价线之上。在 B 处，价格出现放量向上突破，创出新高，所以 B 处可以做多。当然如果投资者在 A 处已买进多单，可以耐心持有。

> 提醒：主力资金想要价格在后期出现大幅上涨，就必须克服前期高点的重重压力，只有突破走势并不断延续，上涨趋势才能得以保持。价格形成新高突破比较容易确认，在新高突破走势形成时，投资者需要做的就是对整体盘面的多空性质进行确认，一旦确定当天的盘面多头迹象非常明显，出现新高时，就要大胆地进行做多操作。

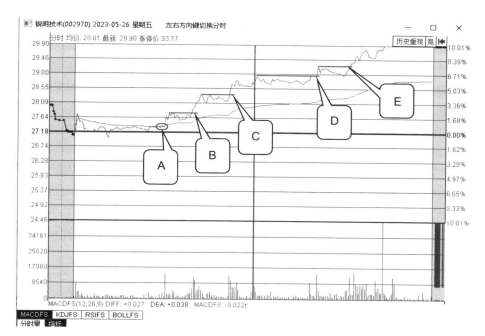

图 3.8　锐明技术（002970）2023 年 5 月 26 日的分时走势图

在 B 处，价格向上突破后出现一波快速上涨，随后再度震荡，但震荡时明显缩量，这意味着震荡结束后仍会继续上涨。

在 C 处，价格再度放量向上突破，创出新高，投资者仍可以介入多单。

同理，D 处和 E 处仍可以介入多单。但需要注意的是，价格上涨幅度越大，介入多单的风险就越大，所以在 D 处和 E 处介入多单，一定要控制好仓位。

3.9　分时图的均价线突破做多技巧

均价线突破做多，是指价格在盘中波动时，始终处在均价线下方，但随后在成交量不断放量的推动下，价格不断上涨，当分时线向上突破均价线压力时，投资者应当积极地入场做多。

在使用均价线突破做多时，需要注意以下三点。

第一，要求日线级别的 K 线图处于明显的上涨趋势。这是为了避免假突破的出现，即便价格后期暂时回落，在日线级别的 K 线图趋势向上的情况下，突破均价线开仓做多，风险也不大。

第二，要求当天整体盘面空方力量不能太大。如果跌幅过大，即使价格突破均价线，也不能进场做多，因为这样价格很容易重新回落。

第三，在分时线向上突破均价线时，要求成交量一定要连续放大。如果成交量不是放量突破均价线，则不能进场做多。

图 3.9 显示的是贝斯特（300580）2023 年 1 月 9 日至 5 月 25 日的 K 线图。

贝斯特（300580）经过一波明显的上涨行情，股价创出 27.74 元的高点，随后出现了较长时间的回调。

经过两个多月时间的调整，价格再度上涨，首先 MACD 指标在 0 轴下方出现黄金交叉，然后价格站上 5 日均线和 10 日均线，接着又站上 30 日均线。

随后价格沿着 5 日均线和 10 日均线开始震荡上涨，并且 MACD 指标位于 0 轴上方。总之，无论是从均线上看，还是从 MACD 指标上看，价格都处在上涨行情中。

这样下一个交易日，即 5 月 26 日，投资者继续关注逢低做多机会。

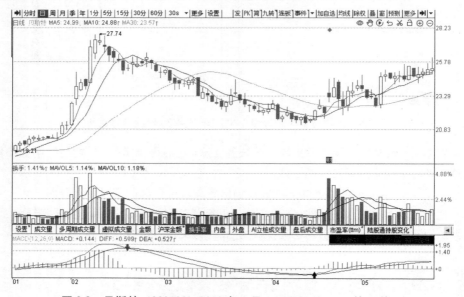

图 3.9　贝斯特（300580）2023 年 1 月 9 日至 5 月 25 日的 K 线图

第 4 章
短线量化交易的 K 线实战技巧

  K 线的作用很大，利用 K 线能够判断股票价格的运行趋势，结合其他分析技术，可以准确地把握买入和卖出的时机，从而成为股票市场中的赢家。本章首先讲解 K 线的由来、构成和作用；然后讲解单根 K 线量化实战技巧；接着讲解见底 K 线组合量化实战技巧、见顶 K 线组合量化实战技巧；最后讲解看涨 K 线组合量化实战技巧和看跌 K 线组合量化实战技巧。

4.1 初识 K 线及量化分析

　　K 线是对价格历史走势的记录，将每日的 K 线按时间顺序排列起来，就是一张 K 线图。通过对 K 线图的分析，可以得知当前股市多、空力量的对比状况，并能进一步判断出多、空双方谁更占优势，以及这种优势是暂时性的还是决定性的，从而预测股市未来的发展方向。下面讲解 K 线的由来、构成、作用及量化分析。

◤ 4.1.1　K 线的由来

　　K 线又称阴阳线、日本线、棒线，起源于 18 世纪日本德川幕府时代的米市交易，用来计算米价每天的涨跌，后被引用到股票市场，效果明显，随后逐渐流行起来。现在，K 线已成为最权威、最古老、最通用的技术分析工具。

　　通过 K 线，人们能够把每日或某一周期的市况表现完全记录下来。股价经过一段时间的盘档后，在图上形成一种特殊区域或形态，不同的形态表示不同的意思。人们通过这些形态的变化可以摸索出一些有规律的东西。

◤ 4.1.2　K 线的构成

　　K 线是由股票的开盘价、收盘价、最低价和最高价组成。打开同花顺炒股软件，按下键盘上的 F4 键，然后单击回车键，就可以看到深证成指的日 K 线图，如图 4.1 所示。

图 4.1　深证成指（399001）2023 年 2 月 9 日至 7 月 11 日的日 K 线图

由图 4.1 可以看出，K 线是一根柱状的线条，由实体和影线组成。在实体上方的影线称为上影线；在实体下方的影线称为下影线。实体有阳线和阴线之分，当收盘价高于开盘价时，实体部分一般用红色或白色表示，称为阳线；当收盘价低于开盘价时，实体部分一般用绿色或黑色表示，称为阴线，如图 4.2 所示。

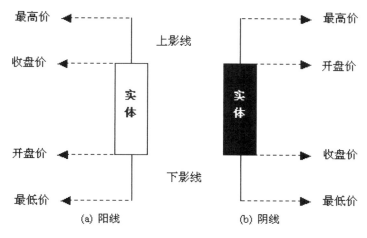

图 4.2　阳线和阴线

K 线具有直观、立体感强、信息量大的特点，它吸收了中国古代的阴阳学说，蕴含着丰富的东方哲学思想，能充分显示股价趋势的强弱，显示买卖双方力量平衡的变化，从而较准确地预测后市。

通过 K 线图，投资者可以对变化多端的股市行情一目了然。K 线图最大的优点是简单易懂，并且运用起来十分灵活；其最大的特点在于忽略了股价变化过程中的各种纷繁复杂的因素，而将其基本特征显示在投资者面前。

4.1.3　K 线的作用

K 线是一本无字天书，是一种阴阳交错的历史走势图，实际上包含着因果关系。从日 K 线图上看，上一个交易日是当前交易日的"因"，当前交易日是上一个交易日的"果"；当前交易日又是下一个交易日的"因"，而下一个交易日又是当前交易日的"果"。正是这种因果关系的存在，股评家才能根据 K 线的阴阳变化找出规律，并以此预测股价走势。

K 线的规律是：一些典型的 K 线或 K 线组合出现在某一位置时，股价或大盘指数将会按照某种趋势运行，当这些典型的 K 线或 K 线组合再次出现在类似位置时，就会重复历史的情况。如底部出现早晨之星，股价往往会由此止跌回升，掌握了这一规律后，当再遇到底部出现早晨之星时，就可以判断股价反转在即，认真分析行情后可以考虑择机建仓。

K线的规律是股民在长期的实战操作中摸索出来的，作为新股民，需要在学习他人经验的基础上，通过实战来提高自己观察和分析K线的能力，只有这样才能掌握K线的规律，从而灵活地应用K线。

◤ 4.1.4　K线的量化分析

量化分析就是将一些不具体、模糊的因素用具体的数据来表示，从而达到分析比较的目的。K线的量化分析，是指在利用K线进行股票交易时，把买进的位置、止损的位置、止盈的位置都详细具体地用数字表示出来，然后严格地按照这些量化数据进行交易操作，忠实地执行交易计划，不受主观情绪（如恐惧、贪婪、赌气等）影响。

▌ 4.2　单根K线量化实战技巧

单根K线量化实战技巧主要包括大阴线量化实战技巧、长十字线量化实战技巧、螺旋桨量化实战技巧等。

◤ 4.2.1　大阴线量化实战技巧

按实体和影线的特征，大阴线一般可分为光头光脚大阴线、光头大阴线、光脚大阴线、穿头破脚大阴线。大阴线的图形如图4.3所示。

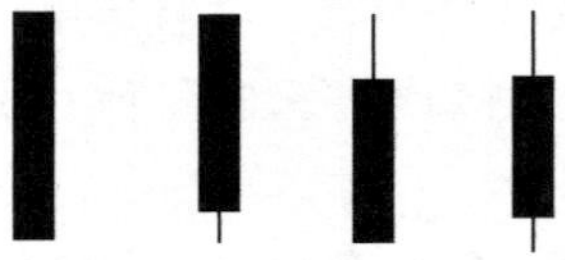

图4.3　大阴线

1. 大阴线的图形概述

某个交易日股价大幅下跌，收盘价明显低于开盘价，就会收出一根大阴线。通常单日大阴线的实体波动幅度在6%以上，它的实体非常长，而上下影线很短或者根本没有。它的出现一般表示卖盘强劲，空方始终占据优势。

2. 大阴线的技术意义

大阴线的力度大小与其实体长短成正比，即阴线实体越长，力度越大。大阴线的出现，对多方来说是一种不祥的预兆。但事情又不是那么简单，我们不能把所有的大阴线都看成是后市向淡的信号，有时大阴线出现后，股价不跌反涨。那么如何通过大阴线来判断后市呢？如果股价经过大幅拉升后出现大阴线，则表示股价回调或做头部，应该卖出股票；如果股价经过大幅下跌后出现大阴线，暗示做空能量已释放得差不多了，根据"物极必反"的原理，此时要弃卖而买，考虑做多。

3. 大阴线的实战操作注意事项

大阴线的实战操作注意事项具体如下。

第一，股价经过长时间的大幅上涨之后，出现了大阴线，这表明多方力量已衰竭，空方力量开始聚集反攻，所以及时减仓或清仓出局，观望为好。

第二，股价探明高点之后开始震荡下跌，在下跌过程中出现反弹，在反弹过程中出现大阴线，这表明市场主力出货完毕，投资者要及时出局观望。

第三，股价经过长时间大幅下跌之后，又开始加速下跌赶底，这时连续出现大阴线，表明主力在利用大阴线恐吓散户，这里不是卖点，反而是等待企稳信号，可以开始进场做多。

第四，股价已经过长时间的大幅下跌，探明了底部，开始震荡上升，在上升初期，如果出现了大阴线，短线可以减仓回避风险，中线可以持仓不动。

4. 大阴线量化实战案例

图 4.4 显示的是方正科技（600601）2020 年 6 月 30 日至 11 月 3 日的日 K 线图。

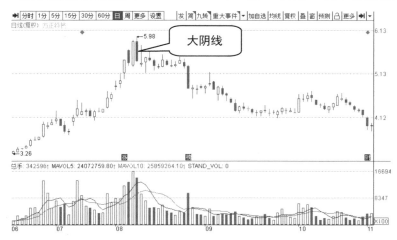

图 4.4　方正科技（600601）2020 年 6 月 30 日至 11 月 3 日的日 K 线图

方正科技（600601）的股价从 3.26 元一路上涨到 5.98 元，仅用了两个多月，上涨幅度高达 83.44%。需要注意的是，在创出最高点这一天，收了一根诱多大阳线，随后第二个交易日虽然创出 5.98 元的高点，但收盘却收了一根大阴线，这表明股价要下跌了。

从其后的走势来看，大阴线之后，价格在高位震荡 10 个交易日，然后就开始下跌了。

图 4.5 显示的是绿地控股（600606）2015 年 2 月 5 日至 6 月 29 日的日 K 线图。

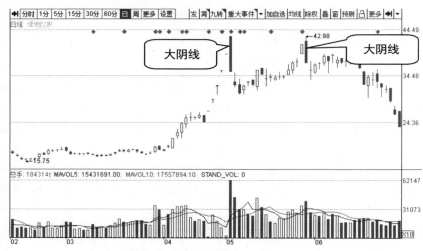

图 4.5　绿地控股（600606）2015 年 2 月 5 日至 6 月 29 日的日 K 线图

绿地控股（600606）的股价从 2013 年 6 月 25 日开始上涨，经过近两年的时间，最高涨到 42.98 元，上涨幅度高达 812.53%。下面来看一下高位顶部的形成，该股主力相当强悍，最后连续拉 5 个涨停，然后第 6 个交易日开盘涨停，收盘跌停，震荡幅度高达 20%。需要注意的是，这一天成交量放出了巨量，表明主力在出货。

价格连续下跌 3 天后，又开始震荡盘升，注意成交量仍较大，这是主力在拉高出货。连续震荡上涨 13 个交易日后，在第 14 个交易日，股价再度下跌，出现大阴线，表明主力出货差不多了，要开始真正的下跌行情了。

从其后的走势可以看出，股价在高位震荡之后，就开始快速下跌了。手中有筹码的投资者如果不及时出局，可能会把前期的盈利吐回去，甚至由盈利变成亏损，最后损失惨重。

图 4.6 显示的是广州浪奇（000523）2020 年 8 月 10 日至 2021 年 1 月 13 日的日 K 线图。

广州浪奇（000523）的股价经过一波反弹，创出 6.74 元的高点，即 A 处，注意这里是一根诱多大阳线，如果不及时出局就会损失惨重。

随后股价开始震荡下跌，然后又连续跌停。连续跌停之后，价格仍继续下跌，最低跌到 3.34 元，即 B 处。价格在 B 处企稳后，就开始震荡反弹，先是小幅上涨，最后来了两根涨停大阳线，这两根大阳线是诱多大阳线。两根大阳线之后，就是一根大阴线，即 C 处，该大阴线高开低走，是反弹大阴线，所以手中还有筹码的投资者要及时果断卖出。

随后价格继续震荡下跌，再次跌到前期低点附近，即D处，价格再度反弹，仍是大阳线反弹，然后大阴线杀跌，即E处，所以E处也是比较好的卖出位置。

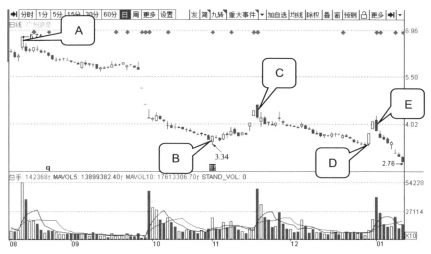

图 4.6 广州浪奇（000523）2020 年 8 月 10 日至 2021 年 1 月 13 日的日 K 线图

图 4.7 显示的是启迪环境（000826）2020 年 8 月 18 日至 2021 年 3 月 24 日的日 K 线图。

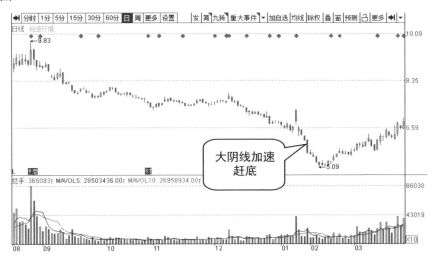

图 4.7 启迪环境（000826）2020 年 8 月 18 日至 2021 年 3 月 24 日的日 K 线图

启迪环境（000826）的股价从 2015 年 6 月的最高点 55.60 元开始下跌，到 2021 年 2 月，最低跌到 5.09 元，下跌幅度高达 90.85%。

下面来看一下最后一波下跌，2020 年 8 月 26 日，股价反弹创出 9.83 元的高点，然后开始震荡下跌。在震荡下跌过程中虽有反弹，但总的来说反弹力度很弱。反弹结束后继续下跌，最后连续 9 天阴线杀跌，从而创出 5.09 元的低点。创出低点后，价格在底部来回震荡，然后开始震荡上涨。所以最后的大阴线杀跌，是市场主力在恐吓散户，让散户交出低廉的筹码。主力一旦吸货完毕，就会大幅拉升。

图 4.8 显示的是青岛啤酒（600600）2020 年 9 月 17 日至 12 月 16 日的日 K 线图。

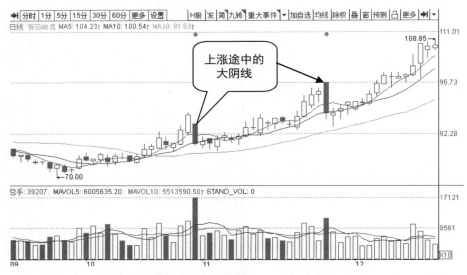

图 4.8　青岛啤酒（600600）2020 年 9 月 17 日至 12 月 16 日的日 K 线图

青岛啤酒（600600）的股价经过一波调整之后，创出 70.00 元的低点，然后开始震荡上涨，先是站上 5 日均线，然后站上 10 日均线，最后站上 30 日均线，这样均线呈多头排列。这表明股价已处于上涨行情中。

在明显的上涨行情中如果出现大阴线，投资者不要恐慌，这是主力在洗盘，即清除短线获利筹码，中长线投资者可以不理会这种阴线。

▶ 4.2.2　长十字线量化实战技巧

长十字线的特征是：开盘价和收盘价相同或基本相同，而上影线和下影线特别长。长十字线的图形如图 4.9 所示。

图 4.9　长十字线

1. 长十字线的技术意义

长十字线的开盘价和收盘价相同或几乎相同，但有很长的上、下影线，这表明该交易日多空双方进行了一场大激战。前期低位买进的人在向外卖出，而看好该股票的投资者在拼命地买进，这样在开盘价上方就出现抛压，股价上不去，在开盘价下方又有人不断买进，股价下不来，打成了一个平手。

长十字线是一种不同凡响的趋势反转信号，特别是当市场处在一个重要的转折点，或正处在牛市或熊市的末期阶段，或当时已有其他技术指标出现警告信号，这时宁可错过，也不能放过，因为遇上一个虚假的警告信号，总比放过一个真正的危险信号强得多。

在上升趋势中出现长十字线，特别是股价有了一段较大涨幅之后出现，暗示股价见顶回落的可能性大。在下跌趋势中出现长十字线，特别是股价有了一段较大跌幅之后出现，暗示股价见底回升的可能性大。

2. 长十字线的实战操作注意事项

长十字线的实战操作注意事项具体如下。

第一，股价经过长时间的大幅下跌之后，出现了长十字线，这表明空方力量已衰竭，多方力量开始聚集反攻，投资者可以轻仓介入，然后再顺势加仓。

第二，股价探明底部区域之后，开始震荡上升，在上涨过程中出现回调，在回调过程中出现长十字线，这表明短线获利筹码已被清洗完毕，主力重新入场做多，是投资者重仓买进的最好时机。

第三，股价经过长时间的上涨之后，进入了高位区域，然后又进行疯狂的最后拉升，在其末端出现长十字线，这表明上涨行情很可能要结束，投资者要及时获利出局观望。

第四，股价在高位震荡过程中出现长十字线，投资者如果手中还有筹码，也要及时出局观望。

第五，股价在高位区域震荡后开始下跌，特别是在下跌初期出现长十字线，投资者不要轻易进场抢反弹，最好的策略是观望。

3. 长十字线量化实战案例

图 4.10 显示的是康欣新材（600076）2020 年 12 月 7 日至 2021 年 4 月 9 日的日 K 线图。

图 4.10　康欣新材（600076）2020 年 12 月 7 日至 2021 年 4 月 9 日的日 K 线图

康欣新材（600076）的股价在 2015 年 6 月为 18.84 元，经过较长时间的下跌之后，在 2021 年 2 月 1 日，创出 3.09 元的低点，下跌幅度高达 83.6%。

无论是从时间上看，还是从下跌幅度上看，康欣新材（600076）的股价已接近下跌尾端，所以这时出现长十字线，即 A 处，是进场买入股票的位置。

从其后的走势来看，股价创出 3.09 元的低点后，就开始震荡上涨。需要注意的是，上涨行情的初期，不会上涨太快，常常是三步一回头走势。

图 4.11 显示的是河钢股份（000709）2020 年 12 月 18 日至 2021 年 4 月 12 日的日 K 线图。

图 4.11　河钢股份（000709）2020 年 12 月 18 日至 2021 年 4 月 12 日的日 K 线图

河钢股份（000709）的股价经过一波下跌，创出 2.03 元的低点，然后价格开始震荡上涨，先是站上 5 日均线，然后站上 10 日均线，最后站上 30 日均线，这样均线呈多头排列。随后价格沿着 10 日均线震荡上涨，经过十几个交易日的上涨之后，在 A 处出现长十字线，这表明多空双方开始有较大分歧，即多头力量不太强了，有回调要求，所以这里投资者可以减仓。但也不用过分紧张，毕竟股价才刚刚上涨，涨幅不大。

随后价格出现了回调，回调到 30 日均线附近，价格开始震荡，这表明价格在这里得到支撑，所以这里投资者可以把卖出的股票重新买回来。

从其后的走势来看，价格在 30 日均线附近企稳后，又开始一波上涨行情，所以及时买进的投资者在短时间内就会有不错的盈利。

图 4.12 显示的是浙江广夏（600052）2015 年 1 月 29 日至 9 月 2 日的日 K 线图。

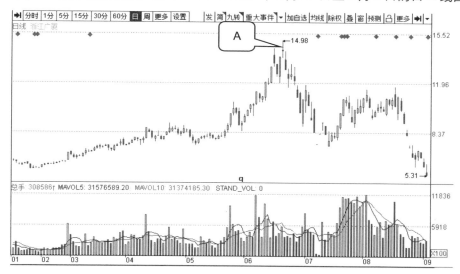

图 4.12　浙江广夏（600052）2015 年 1 月 29 日至 9 月 2 日的日 K 线图

浙江广夏（600052）的股价在 2013 年 6 月最低跌到 2.76 元，到 2015 年 6 月，最高上涨到 14.98 元，上涨幅度高达 442.75%。

无论是从时间上看，还是从空间上看，股价已上涨到高位。这样在高位出现长十字线，表明股价有反转的可能，所以在 A 处，投资者要及时卖出手中的股票。

从其后的走势来看，又经过 4 年时间的震荡下跌，最后跌到 2.50 元（见图 4.13），所以在高位一旦出现见顶信号，投资者就要果断卖出股票，否则盈利的单子最后可能变成亏损的单子，甚至损失惨重。

图 4.14 显示的是天坛生物（600161）2020 年 4 月 21 日至 10 月 28 日的日 K 线图。

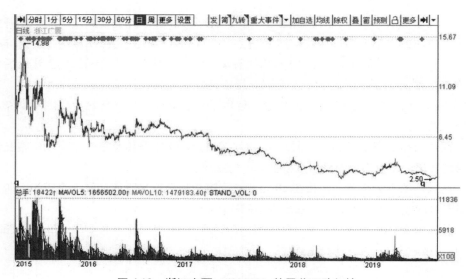

图 4.13　浙江广夏（600052）的震荡下跌行情

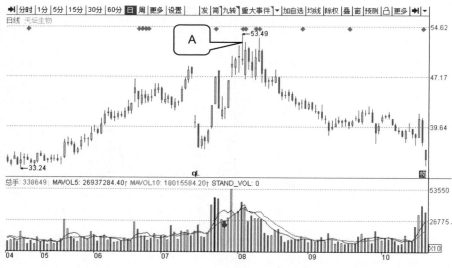

图 4.14　天坛生物（600161）2020 年 4 月 21 日至 10 月 28 日的日 K 线图

天坛生物（600161）的股价在 2018 年 9 月创出 16.80 元的低点，到 2020 年 8 月，最高上涨到 53.49 元，上涨幅度高达 218.39%。

无论是从时间上看，还是从空间上看，股价已上涨到高位。需要注意的是，股价在高位出现了震荡，在高位震荡中出现了长十字线，这是转势的信号，所以在 A 处，投资者要及时卖出手中的股票。

图 4.15 显示的是复星医药（600196）2020 年 7 月 17 日至 2021 年 3 月 11 日的
日 K 线图。

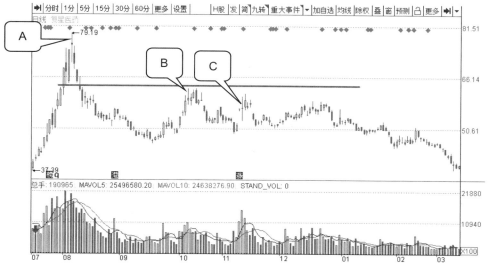

图 4.15　复星医药（600196）2020 年 7 月 17 日至 2021 年 3 月 11 日的日 K 线图

　　复星医药（600196）的股价经过连续大幅上涨之后，创出 79.19 元的高点，并且
在创出高点这一天收了一根长十字线，即 A 处，这表明价格很可能要反转。

　　从其后的走势来看，价格出现长十字线后就开始快速下跌，先是跌破支撑线（64
元附近），这样支撑线就由支撑变成压力。

　　价格快速下跌到 47 元附近便得到支撑，然后开始震荡反弹。需要注意的是，价
格虽然反弹时间很长，但始终在压力线之下，并且反弹到压力线附近，就出现长十
字线，即 B 处和 C 处，这表明压力很大，多方力量很难突破上方压力，所以 B 处和
C 处是卖出股票的位置。

　　需要注意的是盘久必跌，所以长时间盘整后，股价再度下跌。

　　图 4.16 显示的是冠农股份（600251）2020 年 8 月 17 日至 2021 年 3 月 4 日的日
K 线图。

　　冠农股份（600251）的股价经过一波上涨之后，创出 9.77 元的高点，然后开始
震荡下跌，经过近半年时间的下跌，最低跌到 5.20 元。需要注意的是，价格在跌到
5.20 元时收了一根长十字线，即 A 处，这是一个转势 K 线，即价格很可能由前期的
下跌趋势转为上涨行情。所以在 A 处手中还有该股筹码的投资者不要再卖出了，如
果手中还有资金，可以轻仓买进该股票。

图 4.16 冠农股份（600251）2020 年 8 月 17 日至 2021 年 3 月 4 日的日 K 线图

4.2.3 螺旋桨量化实战技巧

螺旋桨的开盘价、收盘价相近，其实体可以为小阳线，也可以为小阴线。螺旋桨的上影线和下影线都很长，看起来就像飞机的螺旋桨，故命名为"螺旋桨"，如图 4.17 所示。

1. 螺旋桨的技术意义

螺旋桨是一种转势信号。在上升行情中，特别是股价有了一段较大的涨幅之后，螺旋桨所起的作用是领跌。反之，在下跌行情中，特别是股价有了一段较大的跌幅之后，螺旋桨所起的作用是领涨。螺旋桨的实体是阳线还是阴线，实质上没有什么区别，但在上涨行情中，阳线比阴线力量要大；在下跌行情中，情形则正好相反。

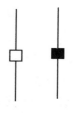

图 4.17 螺旋桨

2. 螺旋桨的实战操作注意事项

螺旋桨的实战操作注意事项具体如下。

第一，股价经过长时间的大幅下跌之后，出现了螺旋桨，这表明空方力量已经衰竭，多方力量开始聚集反攻，投资者可以轻仓介入，然后再顺势加仓。

第二，股价探明底部区域之后，开始震荡上升，在上涨过程中出现回调，在回调过程中出现螺旋桨，这表明短线获利筹码已被清洗完毕，主力重新入场做多，是投资者重仓买进的最好时机。

第三，股价经过长时间的上涨之后，进入了高位区域，然后又进行疯狂的拉升，在其末端出现螺旋桨，这表明上涨行情很可能要结束，投资者要及时获利出局观望。

第四，股价在高位震荡过程中出现螺旋桨，投资者如果手中还有筹码，也要及时出局观望。

第五，股价在高位区域震荡后开始下跌，特别是在下跌初期，出现螺旋桨，投资者不要轻易进场抢反弹，最好的策略是观望。

3. 螺旋桨量化实战案例

图 4.18 显示的是中视传媒（600088）2018 年 9 月 21 日至 2019 年 5 月 7 日的日 K 线图。

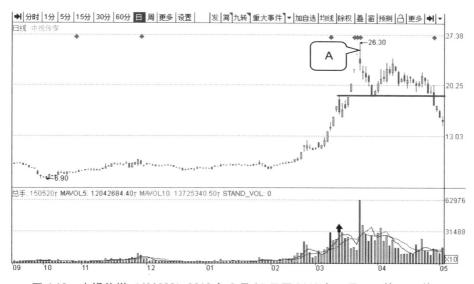

图 4.18　中视传媒（600088）2018 年 9 月 21 日至 2019 年 5 月 7 日的日 K 线图

中视传媒（600088）的股价在 2018 年 10 月创出 6.90 元的低点，在 2019 年 3 月创出 26.30 元的高点，涨幅高达 281.16%。

需要注意的是，股价在创出 26.30 元的高点这一天收了一根螺旋桨，这是一个见顶 K 线，是转势信号，所以手中还有该股筹码的投资者要及时卖出该股票。

从其后的走势来看，股价见顶后在高位震荡，震荡结束后，跌破下方支撑线开始快速下跌，所以不及时出局的投资者可能会盈利大减，甚至由盈利变成亏损。

图 4.19 显示的是浪莎股份（600137）2020 年 7 月 2 日至 2021 年 1 月 14 日的日 K 线图。

浪莎股份（600137）的股价经过较长时间、较大幅度的上涨之后，创出 20.35 元的高点，创出高点这一天收了一根螺旋桨转势 K 线。需要注意的是，价格随后并没有直接下跌，而是在高位震荡，在震荡过程中出现螺旋桨，即 A 处，所以这里投资者要注意减仓或清仓。

从其后的走势来看，股价在高位震荡近两个月之后，一根大阴线跌破支撑线，即 B 处，然后价格就开始震荡下跌。

图 4.19　浪莎股份（600137）2020 年 7 月 2 日至 2021 年 1 月 14 日的日 K 线图

图 4.20 显示的是国药现代（600420）2020 年 11 月 13 日至 2021 年 2 月 4 日的日 K 线图。

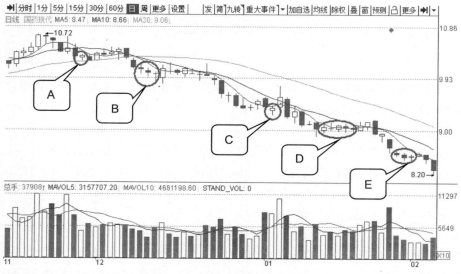

图 4.20　国药现代（600420）2020 年 11 月 13 日至 2021 年 2 月 4 日的日 K 线图

国药现代（600420）的股价经过一波上涨，创出 10.72 元的高点。需要注意的是，股价在创出高点这一天收了一根十字线，这表明多空双方有较大分歧。随后三天价格震荡下跌，先是跌破 5 日均线，然后跌破 10 日均线，并且价格继续下跌。

价格下跌到 30 日均线附近，出现了一根螺旋桨，即 A 处，这表明价格有反弹的可能，但反弹很弱。从其后的走势可以看出，反弹 6 个交易日，也没有突破前面那根中阴线。随后股价跌破 30 日均线，开始沿着 5 日均线下跌，所以这里出现十字线或螺旋桨，不能轻易进场做多，否则很容易被套，即 B 处。

在 C 处，再度出现螺旋桨，但投资者一定要明白，当前是空头行情，即明显的下跌趋势，最好不要乱动，否则很容易被套。

同理，D 处和 E 处也不能进场做多。

总之，在明显的下跌趋势中，投资者不要轻易进场做多，否则很容易被套，如果不及时止损，损失会越来越大，甚至绝望。

图 4.21 显示的是爱国建设（600643）2020 年 12 月 29 日至 2021 年 3 月 22 日的日 K 线图。

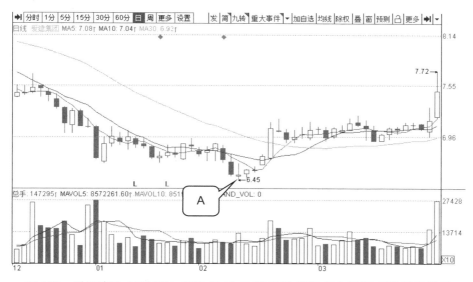

图 4.21　爱国建设（600643）2020 年 12 月 29 日至 2021 年 3 月 22 日的日 K 线图

爱国建设（600643）的股价在 2015 年 6 月创出 30.36 元的高点，在 2021 年 2 月 8 日创出 6.45 元的低点，跌幅高达 78.75%。

无论是从时间上看，还是从空间上看，股价已处于底部区域，所以如果出现转势 K 线，投资者就需要特别注意了。

股价在创出低点这一天收盘收了一根螺旋桨，即 A 处，这是一根转势 K 线，所

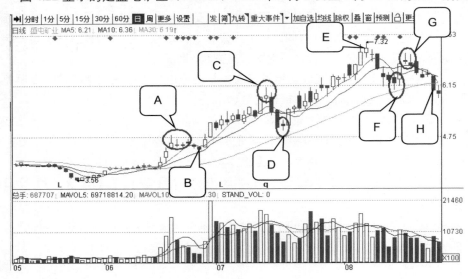

以投资者可以关注该股票了。

股价随后震荡上涨，先是站上5日均线，然后站上10日均线，最后一根大阳线站上30日均线，这表明股价开始上涨了，所以投资者可以进场做多了。

图4.22显示的是盛屯矿业（600711）2020年5月8日至8月26日的日K线图。

图4.22 盛屯矿业（600711）2020年5月8日至8月26日的日K线图

盛屯矿业（600711）的股价经过一波下跌，创出3.56元的低点，然后小阳线上涨，先是站上5日均线，然后站上10日均线，最后站上30日均线，这样均线就形成多头排列，即形成上涨趋势。

在上涨趋势中，股价连续三根阳线上涨后，最后一根阳线为螺旋桨K线，即A处。短线高手可以减仓，然后等待股价回调到支撑位再把仓位补回来，即在B处10日均线附近补回仓位。

股价在B处企稳后，就开始上涨，先是连续两根中阳线上涨，然后沿着5日均线震荡上涨，经过12个交易日的上涨之后，再度出现螺旋桨，即C处，所以这里投资者可以减仓。

随后股价下跌，下跌到30日均线附近，收了一根螺旋桨，即D处，所以这里是投资者补回仓位的位置。

随后股价继续上涨，最高上涨到7.32元，注意这里又出现螺旋桨，即E处，所以这里投资者要注意减仓。接着价格出现快速下跌，下跌到30日均线附近，再度出现螺旋桨，即F处，所以这里投资者可以把仓位补回来。

需要注意的是，股价仅上涨一天，再度出现螺旋桨，这表明上方压力较大，即G处。

随后价格开始震荡下跌，下跌三个交易日后，第四个交易日以大阴线跌破 30 日均线，即 H 处，这表明上涨行情结束，所以投资者手中的股票筹码要全部卖出，即清仓。

4.3　见底 K 线组合量化实战技巧

利用见底 K 线组合，投资者可以把握建仓或加仓的最佳时机，从而为盈利奠定良好的基础。

▍ 4.3.1　希望十字星和早晨之星量化实战技巧 ---------------●

下面讲解一下希望十字星和早晨之星的基础知识和量化实战应用技巧。

1. 希望十字星

希望十字星，又称早晨十字星，出现在下跌趋势中，是由三根 K 线组成的，第一根 K 线是阴线，第二根 K 线是十字星，第三根 K 线是阳线，并且第三根 K 线的实体深入到第一根 K 线的实体之内。希望十字星的标准图形如图 4.23 所示。

希望十字星的技术含义是：股价经过大幅回落后，做空能量已大量释放，股价无力再创新低，呈现见底回升态势，这是较明显的大市转向信号。希望十字星常见的变化图形如图 4.24 所示。

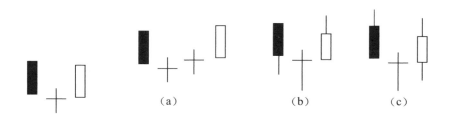

图 4.23　希望十字星　　　　　图 4.24　希望十字星常见的变化图形

希望十字星是见底信号，后市看涨。注意，第二根 K 线的上、下影线越长，见底信号越明显。

2. 早晨之星

早晨之星，又称启明星，市场开始处于下降趋势中，第一个交易日是一根大阴线，第二个交易日是一根小阳线或小阴线，第三个交易日是一根阳线，它将市场推到第一个交易日阴线的价格变动范围之内。在理想形态中，第二个交易日与第一个交易日的图形之间形成向下的跳空缺口，而第三个交易日的阳线与第二个交易日的小阳线或小阴线之间出现一个向上的跳空缺口。早晨之星的标准图形如图4.25所示。

早晨之星形成的心理分析：市场原本在已经确定的下降趋势中运行，一根大阴线的出现支持了这种趋势，这样市场将在这一行为的带动下继续走熊；但第二个交易日市场向下跳空开盘，全天价格波动不大，最后价格又回到收盘价，这表明市场主力对未来的发展趋势犹豫不决；第三个交易日市场高开，并且买盘踊跃，继续向上推高价格，市场趋势反转信号出现。

早晨之星常见的变化图形如图4.26所示。

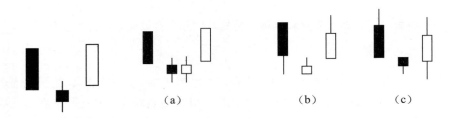

图 4.25　早晨之星　　　　　图 4.26　早晨之星常见的变化图形

在实战操作中，如果同时碰到出现希望十字星和早晨之星的个股，就应选择出现希望十字星的个股买入。虽然希望十字星和早晨之星都是见底信号，都有可能给投资者带来获利机会，但是希望十字星中间的那一根K线是"下字线"或"长十字线"，表明多空双方在该位置战斗激烈，股价处于十字路口，其转势信号比一般的小阳线、小阴线更强烈，所以，在相同条件下，应优先选择出现希望十字星的股票。

3. 希望十字星量化实战技巧

如果股价经过大幅度、长时间下跌之后，出现希望十字星见底K线组合，投资者就可以逢低跟进，止损位设在希望十字星的最低点即可。

图4.27显示的是桂东电力（600310）2020年12月23日至2021年4月12日的日K线图。

桂东电力（600310）的股价经过一波反弹，在A处出现一根转势K线，即螺旋桨。随后价格开始下跌，先是跌破5日均线，然后跌破10日均线，最后跌破30日均线。需要注意的是，股价虽然在快速下跌，但成交量不大，这表明卖出筹码的量不大。

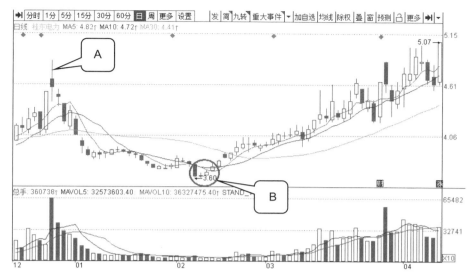

图4.27　桂东电力（600310）2020年12月23日至2021年4月12日的日K线图

随后价格震荡下跌，但跌幅不大，成交量很小，这表明持有该股票的投资者都不愿意卖出。

价格经过明显的三波下跌之后，在B处出现了希望十字星见底K线组合，即先是大阴线杀跌，随后收了一根十字线，然后又阳线上涨，这表明该股票有上涨的可能了，所以投资者手中如果还有未卖出的筹码，就不要卖出了。投资者如果手中还有资金，可以观察一下能不能站稳30日均线，均线能否形成多头排列，如果能，手中的筹码继续持有，并且可以沿着5日均线买入该股票，止损位设在希望十字星的最低点。

从其后的走势来看，股价站稳所有均线后，开始一波趋势性上涨行情，及时买进的投资者会有不错的投资收益。

如果股价已处于明显的上升趋势中，并且升幅不大，在短期回调过程中出现希望十字星见底K线组合，投资者就可以逢低跟进，止损位设在希望十字星的最低点即可。

图4.28显示的是华海药业（600521）2020年3月27日至8月28日的日K线图。

华海药业（600521）的股价在明显的上涨行情中，出现了回调。注意这一波回调很强势，几乎是横盘整理，没有大的回调空间，正好回调到30日均线附近，在A处出现希望十字星见底K线组合，这是比较好的做多位置，止损位设在希望十字星的最低点。从其后的走势可以看出，及时果断介入的投资者会有较大的投资收益。

如果股价已经过大幅上涨，然后在高位震荡，在震荡过程中出现希望十字星见底K线组合，这很可能是主力在诱多，投资者一定要小心，否则就会被套在高位。

图 4.28　华海药业（600521）2020 年 3 月 27 日至 8 月 28 日的日 K 线图

图 4.29 显示的是中国中免（601888）2020 年 11 月 25 日至 2021 年 7 月 28 日的日 K 线图。

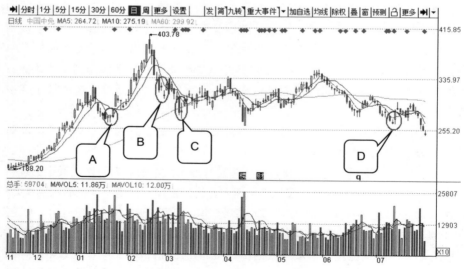

图 4.29　中国中免（601888）2020 年 11 月 25 日至 2021 年 7 月 28 日的日 K 线图

中国中免（601888）的股价经过长时间、大幅度上涨之后，在高位震荡。在高位震荡过程中出现希望十字星见底 K 线组合，投资者只能进行短线轻仓操作，并且一旦出现不好的信号，就要第一时间卖出手中的股票。

在 A 处，股价出现希望十字星见底 K 线组合，如果投资者及时买进该股票，就会有不错的投资收益。这一波行情创出 403.78 元的高点，需要注意的是，在创出高点这一天，股价收了一根中阴线，这表明上方压力较大。随后股价开始下跌，先是跌破 5 日均线和 10 日均线，在快速下跌过程中，出现希望十字星见底 K 线组合，即 B 处。由于当前下跌力量较大，所以最好不要抄底抢反弹，在这里可以看到如果在 B 处抄底，不及时出局，容易被套。

随后股价继续下跌，下跌到 30 日均线附近，又出现希望十字星见底 K 线组合，即 C 处。这时可以轻仓抄底抢反弹，但也要见好就收，否则也很容易被套。

同理，在 D 处，出现了早晨之星见底 K 线组合，轻仓抢反弹的，要见好就收，否则很容被套在高位。

在明显的下跌趋势中，特别是在下跌初期，出现希望十字星见底 K 线组合，这很可能是主力在诱多，要特别小心。

图 4.30 显示的是新希望（000876）2020 年 6 月 12 日至 12 月 25 日的日 K 线图。

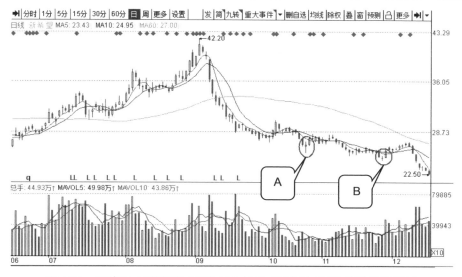

图 4.30　新希望（000876）2020 年 6 月 12 日至 12 月 25 日的日 K 线图

新希望（000876）的股价经过长时间、大幅度上涨之后，创出 42.20 元的高点，然后股价开始下跌，先是跌破 5 日均线，然后跌破 10 日均线，最后又跌破 30 日均线。需要注意的是，股价这一波下跌，连个反弹都没有，这表明股价很弱，不要去抢反弹。

在 A 处，股价出现了希望十字星见底 K 线组合，投资者要明白，当前是下跌行情，所以最好不要操作。如果管不住自己，就轻仓，并且见反弹无力，就要先出局观望。

同理，在 B 处，又出现希望十字星见底 K 线组合，最好不要操作，以观望为主。

4. 早晨之星量化实战技巧

如果股价经过大幅度、长时间下跌之后，出现早晨之星见底 K 线组合，投资者就可以逢低跟进，止损位设在早晨之星的最低点即可。

图 4.31 显示的是新希望（000876）2020 年 6 月 12 日至 12 月 25 日的日 K 线图。

新希望（000876）的股价经过快速下跌之后，在 A 处出现早晨之星见底 K 线组合，所以这时投资者可以抄底做多，止损位设在早晨之星的最低点，即 6.51 元即可。

从其后的走势可以看出，股价先是站上 5 日均线，然后站上 10 日均线，最后站上 30 日均线，所以敢于抄底做多的投资者会有不错的投资收益。

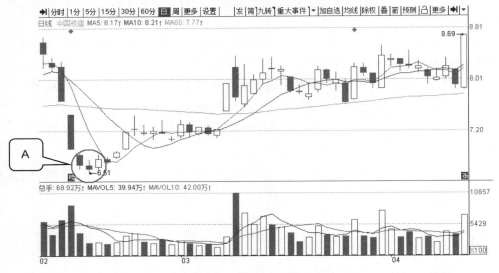

图 4.31　新希望（000876）2020 年 6 月 12 日至 12 月 25 日的日 K 线图

如果股价已处于明显的上升趋势中，并且升幅不大，在短期回调过程中出现早晨之星见底 K 线组合，投资者就可以逢低跟进，止损位设在早晨之星的最低点即可。

图 4.32 显示的是瀚蓝环境（600323）2020 年 3 月 23 日至 8 月 25 日的日 K 线图。

瀚蓝环境（600323）的股价经过一波下跌调整，创出 19.04 元的低点，然后开始震荡上涨，先是站上 5 日均线，然后站上 10 日均线，最后又站上 30 日均线，这表明股价要走高，所以手中还有筹码的投资者可以耐心持有，一直关注该股票的投资者要注意进场信号了。

在 A 处，股价跌破 30 日均线，但在第二个交易日就收了一根小阳线，第三个交易日就是中阳线上涨，重新站上所有的均线，这就是标准的早晨之星，是见底信号，所以这时投资者可以买进该股票。

同理，在 B 处，股价在 30 日均线附近出现变形的早晨之星，所以投资者可以进场做多。

在 C 处，股价也是先跌破 30 日均线，但随后收了一根十字线，接着就是一根中阳线上涨，重新站上所有均线，所以这里是新的做多位置。

同理，D 处也出现买入信号，即希望十字星，投资者仍可以轻仓介入多单。毕竟价格已上涨了一段时间，也没有充分的调整，获利盘一旦卖出，很容易回调。

如果股价已经过大幅上涨，然后在高位震荡，在震荡过程中出现早晨之星见底 K 线组合，这很可能是主力在诱多，投资者一定要小心，否则容易被套在高位。

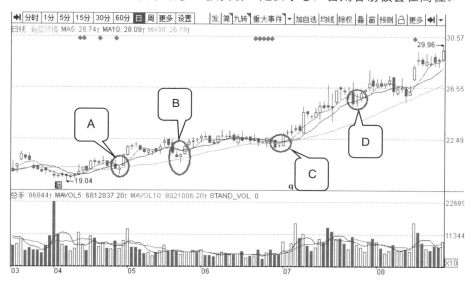

图 4.32　瀚蓝环境（600323）2020 年 3 月 23 日至 8 月 25 日的日 K 线图

图 4.33 显示的是中新药业（600329）2020 年 5 月 13 日至 9 月 16 日的日 K 线图。

中新药业（600329）的股价经过长时间大幅上涨之后，开始在高位震荡，低位支撑区域是 17 元附近，高位压力区间是 20 元附近。

在高位震荡行情中，如果在支撑区间出现见底 K 线，投资者可以轻仓买入股票，但一旦上方压力不能突破，就要及时出局。在这时可以看到，A 处变形早晨之星买进，B 处卖出，有盈利；C 处希望十字星买进，没有盈利机会，短线还容易被套；D 处希望十字星买进，有盈利机会，但如果不及时卖出，甚至在股价跌破支撑后仍不卖出，就会损失惨重。

在明显的下跌趋势中，特别是在下跌初期，出现早晨之星见底 K 线组合，这很可能是主力在诱多，投资者要特别小心。

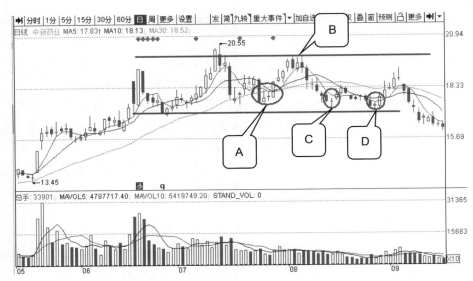

图 4.33　中新药业（600329）2020 年 5 月 13 日至 9 月 16 日的日 K 线图

图 4.34 显示的是华联综超（600361）2020 年 7 月 8 日至 12 月 24 日的日 K 线图。

图 4.34　华联综超（600361）2020 年 7 月 8 日至 12 月 24 日的日 K 线图

华联综超（600361）的股价经过一波上涨，创出 5.87 元的高点。需要注意，创出高点这一天，股价收了一根螺旋桨转势 K 线。随后价格开始下跌，先是跌破 5 日均线，然后跌破 10 日均线，最后下跌到 30 日均线附近，出现希望十字星见底 K 线组合，即 A 处，这时投资者可以做多，因为符合在支撑位出现见底 K 线组合买进的条件。

但需要注意，如果价格站不上 5 日均线，投资者就要及时出局。

从其后的走势来看，价格反弹到 5 日均线附近出现十字线，这表明上涨受到压力，所以投资者可以先止盈。随后价格开始下跌，这一波出现大阴线杀跌，跌破 30 日均线，这表明价格有可能要走下跌趋势了，所以投资者最好观望，不要轻易进场。

在 B 处，投资者最好不要做多，如果做多也要见好就收。

在 C 处，也出现希望十字星见底 K 线组合，所以这时投资者可以做多，但由于处在明显的下跌趋势中，所以也要见好就收。

4.3.2 旭日东升和平底量化实战技巧

下面讲解一下旭日东升和平底的基础知识和量化实战应用技巧。

1. 旭日东升

旭日东升出现在下跌趋势中，是由一阴一阳两根 K 线组成，先是出现一根大阴线或中阴线，接着出现一根高开的大阳线或中阳线，并且阳线的收盘价高于前一根阴线的开盘价。旭日东升的标准图形如图 4.35 所示。

旭日东升的阳线实体高出阴线实体的部分越多，则见底转势信号越强。旭日东升的见底转势信号比曙光初现和好友反攻的见底转势信号都要强。旭日东升常见的变化图形如图 4.36 所示。

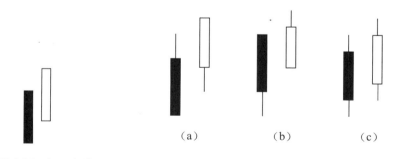

（a）　　　　　（b）　　　　　（c）

图 4.35　旭日东升　　　　　图 4.36　旭日东升常见的变化图形

2. 平底

平底，又称钳子底，出现在下跌趋势中，由两根或两根以上的 K 线组成，但这些 K 线的最低价在同一水平线上。平底的标准图形如图 4.37 所示。

平底是见底回升的信号，如果出现在较大的跌势之后，股价反转的可能性就很大。投资者见到此 K 线形态，可以考虑适量买进。平底的变化图形如图 4.38 所示。

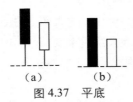

图 4.37　平底

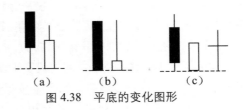

图 4.38　平底的变化图形

3. 旭日东升量化实战技巧

如果股价经过大幅度、长时间下跌之后，出现旭日东升见底 K 线组合，投资者就可以逢低跟进，止损位设在旭日东升的第一根阴线的低点即可。

图 4.39 显示的是中原高速（600020）2021 年 1 月 5 日至 5 月 14 日的日 K 线图。

图 4.39　中原高速（600020）2021 年 1 月 5 日至 5 月 14 日的日 K 线图

中原高速（600020）的股价经过长时间、大幅度下跌之后，创出 2.97 元的低点。需要注意的是，股价在创出低点这一天，收了一根带有下影线的中阴线，这表明有一部分投资者抄底了。

股价创出 2.97 元的低点之后，第二个交易日没有继续下跌，反而是高开高走，收了一根中阳线，即在 A 处出现了旭日东升见底 K 线组合，所以这时投资者可以抄底做多了，止损位设在 2.97 元即可。

如果股价已处于明显的上升趋势中，并且升幅不大，在短期回调过程中出现旭日东升见底 K 线组合，投资者就可以逢低跟进，止损位设在旭日东升的第一根阴线的低点即可。

图 4.40 显示的是万华化学（600309）2020 年 10 月 12 日至 2021 年 2 月 9 日的日 K 线图。

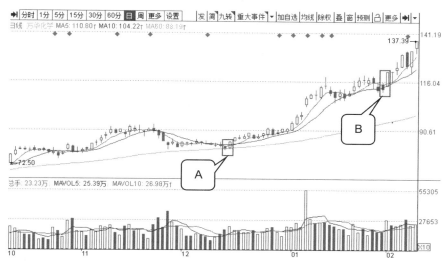

图 4.40　万华化学（600309）2020 年 10 月 12 日至 2021 年 2 月 9 日的日 K 线图

万华化学（600309）的股价在明显的上涨行情中出现了调整，在调整结束时出现旭日东升见底 K 线组合，是买进的好时机，即 A 处和 B 处都是较好的买入位置，止损位设在旭日东升的第一根阴线的低点即可。

如果股价已经过大幅上涨，然后在高位震荡，在震荡过程中出现旭日东升见底 K 线组合，这很可能是主力在诱多，投资者一定要小心，否则容易被套在高位。

图 4.41 显示的是招商银行（600036）2021 年 1 月 11 日至 7 月 27 日的日 K 线图。

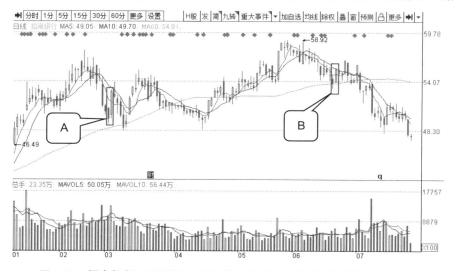

图 4.41　招商银行（600036）2021 年 1 月 11 日至 7 月 27 日的日 K 线图

招商银行（600036）的股价经过长时间、大幅度的上涨之后，在高位震荡，在震荡过程中出现了旭日东升见底 K 线组合，此时只可以轻仓做多，并且一旦有不好的信号，要第一时间出局观望。在 A 处，股价连续中阴线下跌之后，出现一根高开高走的大阳线，即出现了旭日东升见底 K 线组合，所以投资者买进股票，止损位设在旭日东升的第一根阴线的低点。从其后的走势来看，投资者如果介入多单后不及时卖出，就会损失惨重。

同理，在 B 处，出现了旭日东升见底 K 线组合，投资者如果在这时买进股票，不及时出局，容易被套在高位。

在下跌初期和下跌途中，如果出现旭日东升见底 K 线组合，投资者一定不要去抢反弹，这很可能是主力在诱多，一不小心就会被套。

图 4.42 显示的是中顺洁柔（002511）2021 年 3 月 11 日至 7 月 27 日的日 K 线图。

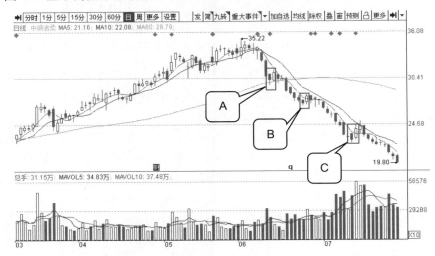

图 4.42　中顺洁柔（002511）2021 年 3 月 11 日至 7 月 27 日的日 K 线图

中顺洁柔（002511）的股价经过长时间、大幅度的上涨之后，创出 35.22 元的高点，然后在高位略作震荡就开始下跌，先是跌破 5 日均线和 10 日均线，然后继续下跌到 30 日均线附近，股价出现了反弹，即在 A 处出现了旭日东升见底 K 线组合。需要注意，这里如果投资者买进该股，就会被套，当股价跌破 30 日均线或旭日东升的第一根阴线的低点时，要及时止损。

同理，在 B 处和 C 处，股价再度出现旭日东升见底 K 线组合，这些位置最好不要抄底买进该股票，因为一旦买进又不能及时卖出，就会被套在高位。

4. 平底量化实战技巧

股价处在明显的上升趋势中，并且上涨幅度不大时，如果出现平底或回调过程中出现平底，是一个不错的买入时机，止损位设在平底的低点即可。

图 4.43 显示的是中信特钢（000708）2020 年 10 月 21 日至 2 月 10 日的日 K 线图。

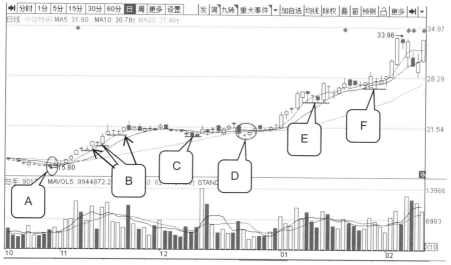

图 4.43　中信特钢（000708）2020 年 10 月 21 日至 2 月 10 日的日 K 线图

中信特钢（000708）的股价经过一波回调后，创出 15.80 元的低点，但创出低点这一天，出现了下影线，这表明多方有抄底买进该股票的。随后股价高开高走，出现了旭日东升见底 K 线组合，即 A 处。

随后股价继续上涨，最后站上所有的均线，即站上 5 日均线、10 日均线和 30 日均线，这表明股价要开始一波上涨行情了。如果投资者在 A 处抄底，就可以继续持有该股票；如果没有抄底，则可以关注该股票了。

随后股价继续沿着 5 日均线上涨，在上涨过程中，在 B 处连续出现平底，所以手中的筹码可以继续持有，没有该股票的投资者可以在平底处买进该股票。

经过一波上涨之后，股价开始横盘整理。在窄幅横盘整理过程中，在 C 处出现平底，这是买入信号。同理，在 D 处出现早晨之星，也是买入信号。

经过一个多月的横盘整理之后，价格再度上涨，在上涨过程中，在 E 处和 F 处出现平底，所以仍是买进股票的时机。

股价如果已经过较长时间，较大幅度的上涨，然后在高位震荡，这时出现平底，投资者可以轻仓跟进，但要注意控制风险，毕竟在高位。另外，需要注意，如果股价处在明显的下跌趋势中，出现平底，投资者最好不要轻仓进场，因为下跌趋势中的反弹力度有时很弱，进场被套的可能性很大。

图 4.44 显示的是时代出版（600551）2020 年 5 月 22 日至 11 月 4 日的日 K 线图。

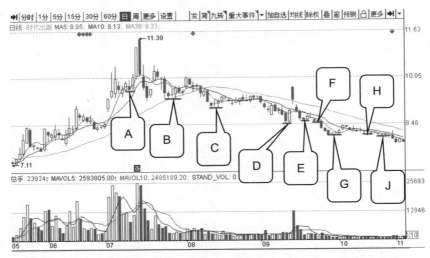

图 4.44　时代出版（600551）2020 年 5 月 22 日至 11 月 4 日的日 K 线图

　　时代出版（600551）的股价经过一波上涨之后，在高位震荡，在 A 处出现平底，所以投资者可以轻仓买入该股票。股价虽然创出 11.39 元的高点，但创出高点这一天收了一根大阴线，所以投资者要及时卖出股票。

　　在 B 处，股价再度出现平底，投资者仍可以轻仓买入股票，但上涨力量不强，所以当股价跌破 5 日均线时，最好卖出股票。

　　在 C 处，股价出现平底。需要注意的是，这里均线已形成空头排列，即当前行情很可能已是下跌趋势的初期。所以当股价反弹站上 30 日均线时，投资者要及时卖出股票。

　　随后股价开始震荡下跌，即进入明显的下跌行情。在这样的行情中，出现平底或其他见底 K 线，投资者最好以观望为主。从其后的走势来看，在 D 处、E 处、F 处、G 处、H 处、J 处任何一处买进股票，都会被套，如果不及时止损的话，损失是惨重的。

4.4　见顶 K 线组合量化实战技巧

　　逃顶是短暂的过程，散户只需几秒钟就可以卖出股票，但又有几位投资者能在高位顺利出逃呢？大多数投资者不是在低位被主力早早洗盘出局，就是在高位被牢牢套死。成功逃顶成了很多投资者心中的梦想。利用见顶 K 线组合，就能把握好卖出时机，从而踏准股市节奏，实现盈利最大化。

4.4.1　黄昏十字星和黄昏之星量化实战技巧

下面讲解一下黄昏十字星和黄昏之星的基础知识和量化实战应用技巧。

1. 黄昏十字星

黄昏十字星的特征是：股价经过一段时间的上涨后，出现向上跳空开盘，开盘价与收盘价相同或非常接近，并且留有上、下影线，形成一颗"十字星"，接着第二个交易日跳空拉出一根下跌的阴线。黄昏十字星的标准图形如图 4.45 所示。

黄昏十字星的出现，表示股价已经见顶或离顶部不远了，股价将由强转弱，一轮跌势将不可避免。投资者见到此 K 线图，清仓出局观望为妙。黄昏十字星常见的变化图形如图 4.46 所示。

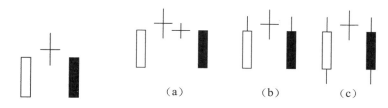

图 4.45　黄昏十字星　　　　　图 4.46　黄昏十字星常见的变化图形

股价经过长时间的大幅上涨之后，出现了黄昏十字星见顶信号，这表明多方力量已经衰竭，空方力量开始聚集反攻，所以这时要及时清仓出局观望，否则会把获得的收益回吐，甚至还会被套。

2. 黄昏之星

黄昏之星出现在上升趋势中，是由三根 K 线组成，第一根 K 线是一根实体较长的阳线；第二根 K 线是一根实体较短的阳线或阴线，如果是阴线，则其下跌力度要强于阳线；第三根 K 线是一根实体较长的阴线，并深入到第一根 K 线实体之内。黄昏之星的标准图形如图 4.47 所示。

黄昏之星是股价见顶回落的信号，预测股价下跌可靠性较高，达 80% 以上。所以投资者见到该 K 线组合，不宜再继续买进，应考虑及时减仓，并随时做好止损离场的准备。黄昏之星常见的变化图形如图 4.48 所示。

> 提醒：黄昏之星见顶信号没有黄昏十字星强。

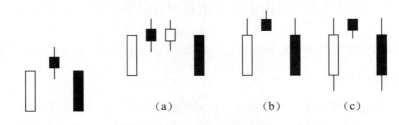

图 4.47　黄昏之星　　　　　　图 4.48　黄昏之星常见的变化图形

　　黄昏十字星和黄昏之星都是很明显的见顶信号，其技术意义是：盘中做多的能量，在拉出一根大阳线或中阳线后就戛然而止，随后出现一个冲高回落的走势，这反映了多方的最后努力失败了，然后从右边出现一根大阴线或中阴线，将左边的阳线吞吃，此时空方已完全掌握了局势，行情开始走弱。如果股价重心开始下移，那么就是明显的见顶信号，即接下来是慢慢的或快速的大幅回调。投资者还要注意，在形成黄昏十字星或黄昏之星时，如果成交量明显放大，或者关键的技术点位被其击破，那么见顶信号就更明显了，这时投资者要果断斩仓，否则就会出现重大的投资失误。

3. 黄昏十字星量化实战技巧

　　如果股价经过较长时间、较大幅度的上涨之后，在高位出现黄昏十字星见顶信号，投资者要及时出局观望，至少要减仓应对下跌风险。

　　图 4.49 显示的是新世界（600628）2020 年 1 月 20 日至 8 月 26 日的日 K 线图。

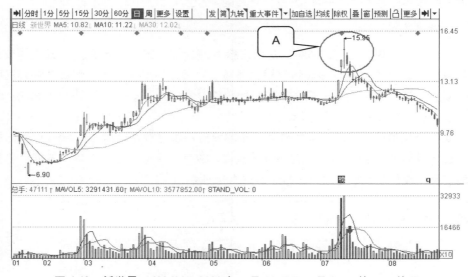

图 4.49　新世界（600628）2020 年 1 月 20 日至 8 月 26 日的日 K 线图

新世界（600628）的股价经过一波快速下跌后，创出 6.90 元的低点，但在创出低点这一天，却收了一根低开高走的大阳线，这表明股价已见底。

随后股价在低位震荡，震荡后开始上涨，经过两波上涨之后，开始在高位震荡。经过较长时间的震荡之后，股价再度快速上涨，然后在 A 处出现黄昏十字星见顶信号。由于股价经过三波明显的上涨行情后，已处于高位，这时出现黄昏十字星，表明后市下跌的概率很大，所以投资者要及时卖出手中的股票。

股价见顶后开始大幅下跌，然后又快速反弹，在反弹的末端如果出现黄昏十字星见顶信号，抄底多单要及时出局，否则容易被套在高位。

图 4.50 显示的是广汇物流（600603）2020 年 9 月 2 日至 2021 年 1 月 28 日的日 K 线图。

广汇物流（600603）的股价在创出 6.10 元的高点之后，在高位震荡，震荡之后开始快速下跌。经过两波明显的下跌之后，开始较长时间的震荡，震荡后再度反弹上涨。投资者一定要明白，当前很可能是反弹行情，所以一旦出现见顶 K 线，要第一时间卖出股票。所以在 A 处，出现黄昏十字星，投资者要及时卖出股票。

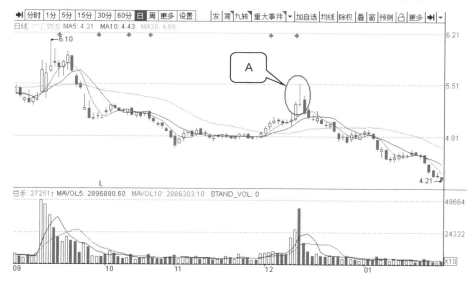

图 4.50　广汇物流（600603）2020 年 9 月 2 日至 2021 年 1 月 28 日的日 K 线图

提醒：可能有投资者会问，当前均线已处于多头行情，到底是新一波上涨，还是反弹行情呢？其实当前是日 K 线，这时看周 K 线或月 K 线，就可以看出当前还是空头行情。当然这里即使是新一波上涨，出现明显的见顶 K 线，投资者也要先卖出观望，等技术走好后，再进场做多。

4. 黄昏之星量化实战技巧

如果股价经过大幅上涨，并且出现快速拉升后又出现黄昏之星 K 线组合，则股价明显已见顶或即将见顶，投资者这时要果断逢高出局。

图 4.51 显示的是华鑫股份（600621）2020 年 5 月 6 日至 9 月 10 日的日 K 线图。

图 4.51　华鑫股份（600621）2020 年 5 月 6 日至 9 月 10 日的日 K 线图

华鑫股份（600621）的股价经过较长时间、较大幅度的上涨之后，在高位出现黄昏之星见顶 K 线组合，投资者要及时卖出手中的股票，否则盈利会回吐，甚至由盈利变为亏损。

如果股价见顶后快速下跌，再反弹，在反弹中出现黄昏之星 K 线组合，投资者要果断出局，否则会被深套。

图 4.52 显示的是锦江在线（600650）2020 年 8 月 12 日至 11 月 2 日的日 K 线图。

锦江在线（600650）的股价经过一波上涨后，创出 11.41 元的高点，然后在高位震荡，震荡后跌破所有的均线，这样均线呈空头排列。

股价经过一波下跌之后，又出现小幅反弹，反弹末端出现黄昏之星见顶 K 线，并且正好反弹到 30 日均线附近，即 A 处，所以如果投资者手中还有筹码，果断卖出为好。

如果股价已处于明显的上升趋势中，并且升幅不大，出现了黄昏之星 K 线组合，短线投资者要减仓，中长线投资者则可以持仓不动。

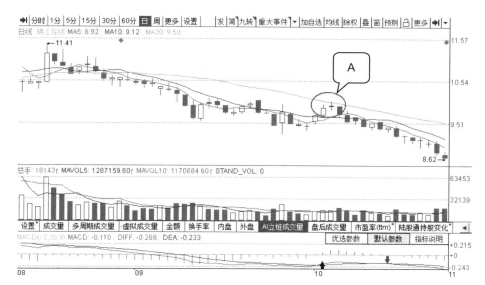

图 4.52　锦江在线（600650）2020 年 8 月 12 日至 11 月 2 日的日 K 线图

图 4.53 显示的是中国国贸（600007）2021 年 1 月 21 日至 5 月 10 日的日 K 线图。

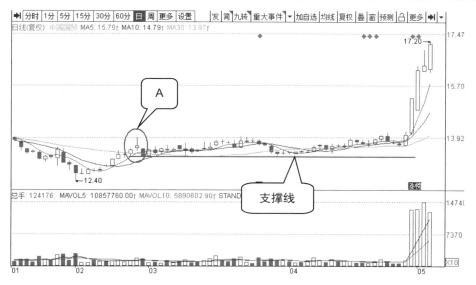

图 4.53　中国国贸（600007）2021 年 1 月 21 日至 5 月 10 日的日 K 线图

　　中国国贸（600007）的股价经过较长时间、较大幅度的下跌之后，创出 12.40 元的低点，然后股价开始震荡上涨，先是站上 5 日均线，然后站上 10 日均线，最后站上 30 日均线，但随后出现黄昏之星见顶 K 线，即 A 处。

在 A 处，投资者如何处理手中的股票筹码呢？短线买进的，可以卖出手中筹码；轻仓介入的，可以暂时持有。重点关注股价能否跌破 30 日均线或下方的支撑线，如果不跌破，可以继续持有；如果跌破，可能是新一波下跌行情。

从其后的走势来看，股价在这里出现较长时间的横盘整理，但始终没有跌破下方的支撑线。长时间横盘整理后，一根大阳线开始了新一波上涨行情，手中的筹码可以继续持有，没有筹码的或仓位轻的投资者，可以继续加仓做多。

4.4.2 倾盆大雨和平顶量化实战技巧

下面讲解一下倾盆大雨和平顶的基础知识和量化实战应用技巧。

1. 倾盆大雨

倾盆大雨的特征是：在股价有了一段升幅之后，先出现一根大阳线或中阳线，然后出现一根低开低收的大阴线或中阴线，其收盘价比前一根阳线的开盘价要低。倾盆大雨的标准图形如图 4.54 所示。

倾盆大雨，即股市要遭受暴雨袭击。这种 K 线组合，对多方极为不利，投资者应及时清仓观望。倾盆大雨常见的变化图形如图 4.55 所示。

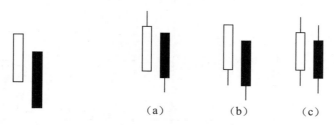

图 4.54　倾盆大雨　　　　　图 4.55　倾盆大雨常见的变化图形

> 提醒：倾盆大雨的杀伤力很强，因为该 K 线组合的第二根阴线已经穿了前面一根阳线的开盘价，形势一下子变得非常不妙。特别是股价已有大幅上涨，出现该 K 线组合，意味着行情已见顶，股价就要开始重挫了。

2. 平顶

平顶，又称钳子顶，出现在上涨行情中，由两根或两根以上的 K 线组成，但这些 K 线的最高价在同一水平位置上。平顶的标准图形如图 4.56 所示。

平顶是见顶回落的信号，预示着股价下跌的可能性大，特别是与吊颈线、射击之星等其他见顶 K 线同时出现时。投资者见到此 K 线，只有"三十六计，走为上策"，即赶快地躲开这个是非之地。平顶的变化图形如图 4.57 所示。

图 4.56　平顶

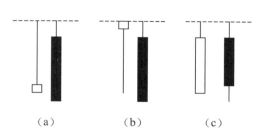

图 4.57　平顶的变化图形

> 提醒：平顶就是一根无形的直线封锁线，它像一道不可逾越的屏障，迫使股价掉头下行。

3. 倾盆大雨量化实战技巧

股价经过大幅上涨，并且经过快速拉升后出现倾盆大雨 K 线组合，表明股价已见顶或即将见顶，这时投资者要万分小心，要减仓或清仓以应对下跌风险。

图 4.58 显示的是上汽集团（600104）2020 年 9 月 24 日至 2021 年 3 月 31 日的日 K 线图。

图 4.58　上汽集团（600104）2020 年 9 月 24 日至 2021 年 3 月 31 日的日 K 线图

上汽集团（600104）的股价经过较长时间、较大幅度的上涨之后，创出 28.80 元的高点，但在创出高点这一天却收了一根带有长长上、下影线的螺旋线，接着收了一根中阳线，然后低开低走，收了一根中阴线，即在 A 处出现倾盆大雨见顶 K 线组合。

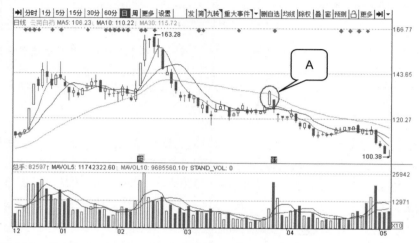

这表明股价已见顶，手中持有该股票的投资者，要及时卖出手中的股票。

从其后的走势可以看出，股价见顶后，在高位出现了震荡，震荡后就出现一波明显的下跌行情，不及时出局的投资者，可能会把盈利吐回去，也可能由盈利变为亏损。

股价处于明显的下跌行情中，如果出现了反弹，在反弹的过程中又出现了倾盆大雨见顶信号，投资者要及时出局观望，以防把自己套在半山腰。

图 4.59 显示的是云南白药（000538）2020 年 12 月 29 日至 2021 年 5 月 10 日的日 K 线图。

图 4.59　云南白药（000538）2020 年 12 月 29 日至 2021 年 5 月 10 日的日 K 线图

云南白药（000538）的股价经过长时间、大幅度上涨之后，创出 163.28 元的高点，但在创出高点这一天却收了一根中阴线，这表明上方抛压较重。随后股价继续下跌，先是跌破 5 日均线，接着跌破 10 日均线，最后跌破 30 日均线，这样均线呈空头排列，表明股价转变为空头行情。

股价快速下跌之后出现了反弹，在 A 处，一根中阳线反弹到 30 日均线附近，但第二天价格没有继续上涨，反而是低开低走，收了一根中阴线，即出现了倾盆大雨，这表明股价仍会继续下跌，所以如果投资者手中还有该股票，要果断卖出。

如果股价已经过长时间的下跌，并且幅度较大，然后开始震荡上升，在上涨初期出现了倾盆大雨见顶信号，短线投资者可以减仓，中线投资者可以持仓不动。

图 4.60 显示的是北汽蓝谷（600733）2020 年 9 月 22 日至 2021 年 4 月 20 日的日 K 线图。

北汽蓝谷（600733）的股价经过长时间、大幅度的下跌之后，创出 5.78 元的低点，然后开始震荡上涨，先是站上 5 日均线，然后站上 10 日均线，最后站上 30 日均线，这样均线呈多头排列，即股价进入多头行情。

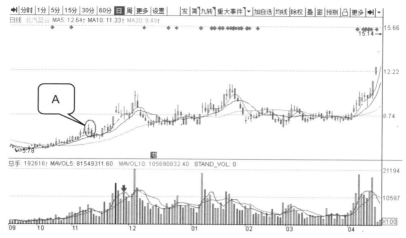

图 4.60　北汽蓝谷（600733）2020 年 9 月 22 日至 2021 年 4 月 20 日的日 K 线图

在多头行情中，如果股价上涨幅度不大，并且出现见顶信号，投资者不要过分害怕，因为往往短线调整后，都会在重要支撑位得到支撑，然后再度上涨。所以在 A 处出现倾盆大雨不用过分害怕，短线高手可以减仓或清仓应对，中线投资者只要不跌破 30 日均线就可以持有。

4. 平顶量化实战技巧

股价经过长时间、大幅度的上涨之后，在高位出现平顶见顶信号，投资者要及时出局观望，或者减仓应对下跌风险。

图 4.61 显示的是云南白药（000538）2020 年 12 月 3 日至 2021 年 5 月 10 日的日 K 线图。

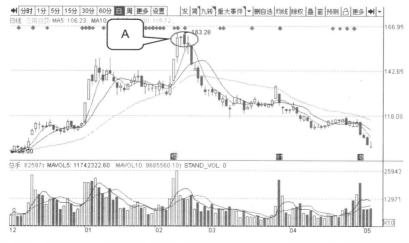

图 4.61　云南白药（000538）2020 年 12 月 3 日至 2021 年 5 月 10 日的日 K 线图

云南白药（000538）的股价经过长时间、大幅度的上涨之后，创出 163.28 元的高点，注意这是一个平顶，即 A 处。

A 处出现平顶后，股价开始连续下跌，先是跌破 5 日均线，然后跌破 10 日均线，最后跌破 30 日均线。跌破 30 日均线后，股价虽有反弹，但反弹到 30 日均线附近又再度下跌。需要注意的是，30 日均线附近是一个诱多大阳线，千万不能被主力诱导进去，否则很可能损失惨重。

股价处于明显的下跌行情中，如果出现了反弹，在反弹的过程中又出现了平顶见顶信号，投资者要及时出局观望，以防把自己套在半山腰。

图 4.62 显示的是华建集团（600629）2020 年 8 月 4 日至 2021 年 2 月 4 日的日 K 线图。

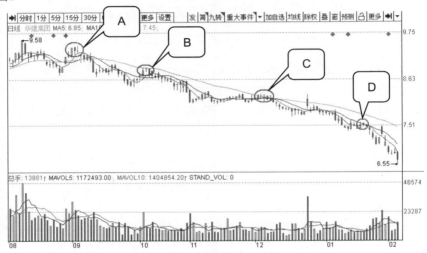

图 4.62　华建集团（600629）2020 年 8 月 4 日至 2021 年 2 月 4 日的日 K 线图

华建集团（600629）的股价经过一波反弹上涨后，创出 9.58 元的高点，然后开始在高位震荡。在高位震荡过程中出现平顶，即 A 处，这时手中还有筹码的投资者最好及时减仓或清仓。

在高位震荡之后，股价再度下跌，均线开始形成空头排列。在明显的空头行情中，当股价反弹到 30 日均线附近，再度出现平顶，这说明后市还会下跌，所以手中还有股票的投资者要及时卖出，即 B 处和 C 处。

同理，在 D 处，出现的平顶见顶信号也是卖出股票的位置。

如果股价已经过长时间的下跌，并且跌幅较大，然后开始震荡上升，在上涨初期出现了平顶见顶信号，短线投资者可以减仓，中线投资者可以持仓不动。

图 4.63 显示的是祥龙电业（600769）2021 年 1 月 19 日至 4 月 19 日的日 K 线图。

祥龙电业（600769）的股价经过较长时间、较大幅度的下跌之后，创出 3.71 元的低点，然后开始震荡上涨，先是站上 5 日均线，然后站上 10 日均线，最后站上 30 日均线，这样均线形成多头排列。

股价经过一波震荡上涨之后，在 A 处出现平顶，由于当前涨幅不大，短线投资者可以卖出手中的股票，中线投资者可以持仓不动。但一定要注意，如果股价跌破 30 日均线，投资者要果断止损。

从其后的走势来看，股价回调到 30 日均线附近得到支撑，所以中线投资者可以继续持有，如果在平顶处卖出的，可以在 30 日均线附近补回。

同理，在 B 处也出现平顶，其操作方法与 A 处一样。

从其后的走势可以看出，耐心持有的中线投资者往往会有丰厚的回报。

图 4.63　祥龙电业（600769）2021 年 1 月 19 日至 4 月 19 日的日 K 线图

4.5 看涨 K 线组合量化实战技巧

在底部区域买入股票是安全的，但如果买入过早，股票会长时间不上涨，而是反复震荡，这样就输掉了大量的时间，从而造成资金利用率不高。其实买入股票的最佳时机是上涨初期、中期，利用看涨 K 线组合来买入可实现快速盈利。

4.5.1 上升三部曲和红三兵量化实战技巧

下面讲解上升三部曲和红三兵的基础知识和量化实战应用技巧。

1. 上升三部曲

上升三部曲，又称升势三鸦，出现在上涨行情中。上升三部曲由五根 K 线组成，首先拉出一根大阳线，接着连续出现三根小阴线，但没有跌破前面阳线的开盘价，随后出现一根大阳线或中阳线，其走势类似英文字母"N"。上升三部曲的图形如图 4.64 所示。

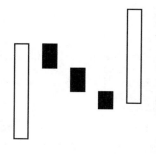

图 4.64 上升三部曲

上升三部曲的 K 线组合中有三连阴，投资者不要认为股价会转弱，便开始做空。投资者看到该 K 线组合后，可以认定它是一个买入信号，要敢于买进，并持股待涨。显然，如果投资者把上升三部曲中的三连阴看成卖出信号，抛股离场，就大错特错了，势必会错失一大波行情。

> 提醒：上升三部曲的变形图形很多，投资者只要明确该 K 线组合的实战意义就行了，碰到变形图形不要太在意形状，而要在意它的含义。上升三部曲的真正含义是主力在发动行情前先拉出一根大阳线进行试盘，接着连拉小阴线或以阴多阳少的方式进行压盘，从而清除短线获利筹码或持筹不坚定者，正当短线客看淡之际，突然发力，再度拉出一根大阳线，宣告调整行情结束。

2. 红三兵

红三兵，市场处于上升趋势中，出现三根连续创新高的小阳线，特别是股价见底回升或横盘后出现红三兵，表明多方正在积蓄力量，准备发力上攻，如果成交量能同步放大，说明已有主力加入，后面继续上涨的可能性极大。投资者见此 K 线组合，应大胆买进，从而轻松、快速地获利。红三兵的标准图形如图 4.65 所示。

图 4.65 红三兵

> 📶 **提醒：** 当三根小阳线收于最高点或接近最高点时，称为"3 个白色武士"，其作用要大于普通的红三兵，投资者应高度重视。

3. 上升三部曲量化实战技巧

股价在明显的上涨趋势中，出现了较大幅度的调整，在调整后期出现了上升三部曲看涨信号，投资者要及时加仓跟进。

图 4.66 显示的是上海贝岭（600171）2021 年 3 月 3 日至 4 月 29 日的日 K 线图。

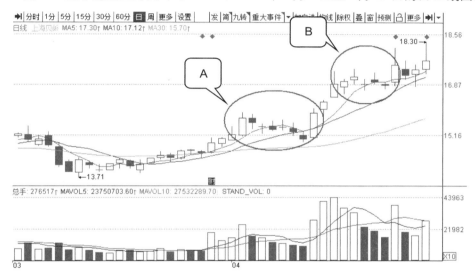

图 4.66　上海贝岭（600171）2021 年 3 月 3 日至 4 月 29 日的日 K 线图

上海贝岭（600171）的股价经过一波下跌后，创出 13.71 元的低点，然后开始震荡上涨，先是站上 5 日均线，然后站上 10 日均线，最后站上 30 日均线，这样行情就形成上涨趋势。

在明显的上涨趋势中，连续出现上升三部曲，即 A 处和 B 处，这是明显的看涨信号，投资者如果手中持有该股票，可以继续持有；如果没有该股票，可以逢低买入。

股价经过长时间的上涨之后，进入高位区域，然后在高位震荡，这时出现上升三部曲看涨信号，短线投资者可以轻仓跟随，但要时时警惕，以防被主力套在高位。

图 4.67 显示的是生益科技（600183）2020 年 2 月 12 日至 2021 年 9 月 10 日的日 K 线图。

生益科技（600183）的股价在 2018 年 6 月创出 8.15 元的低点，到 2020 年 3 月涨到 36.80 元的高点，上涨幅度高达 351.53%。

股价大幅上涨之后，就开始在高位震荡，在震荡过程中出现了上升三部曲看涨信号，即 A 处可以买进该股票。但需要注意的是，股价已大涨过，如果在上涨过程中出现不好的信号，投资者先止盈出局为妙。

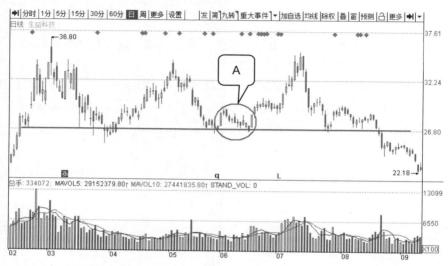

图 4.67 生益科技（600183）2020 年 2 月 12 日至 2021 年 9 月 10 日的日 K 线图

如果股价处在明显的下跌趋势中，出现了反弹，在反弹过程中出现了上升三部曲看涨信号，这很可能是主力在诱多，投资者要小心，要有随时出局观望的思维。

图 4.68 显示的是农发种业（600313）2020 年 12 月 21 日至 2021 年 4 月 29 日的日 K 线图。

图 4.68 农发种业（600313）2020 年 12 月 21 日至 2021 年 4 月 29 日的日 K 线图

农发种业（600313）的股价经过一波反弹上涨之后，创出 6.59 元的高点，然后又宽幅震荡，震荡后沿着均线下跌，形成明显的空头行情。

在明显的下跌行情中，出现了上升三部曲看涨信号，投资者是否可以买进该股票呢？如果投资者不是短线高手，尽量不要碰这样的股票，一定要等均线都走好了，才能进场买进该股票。

从其后的走势来看，这一波行情正好反弹到 30 日均线附近，再度承压下行，投资者如果不及时止损，损失会越来越大。

4. 红三兵量化实战技巧

股价在明显的上涨趋势中，出现了较大幅度的调整，在调整后期出现了红三兵看涨信号，投资者要及时加仓跟进。

图 4.69 显示的是飞亚达（000026）2020 年 5 月 28 日至 7 月 8 日的日 K 线图。

图 4.69　飞亚达（000026）2020 年 5 月 28 日至 7 月 8 日的日 K 线图

飞亚达（000026）的股价经过一波下跌后，创出 8.21 元的低点，然后开始上涨，先是站上 5 日均线，然后站上 10 日均线，最后站上 30 日均线，这样由下跌行情变成上涨行情。随后价格继续震荡，但始终在 30 日均线之上。

在 A 处，股价连续收阳线，即出现了红三兵看涨信号，并且突破了前期震荡平台的高点，即突破了前期平台的压力，这表明价格开始新一波上涨行情了。所以在 A 处，投资者如果手中持有该股票，要耐心持有；如果没有该股票并且手中有资金，则可以在 A 处买入，并且可以重仓买入。

按键盘上的 → 键，向右移动 K 线图，就可以看到该股票后面的走势，如图 4.70 所示。

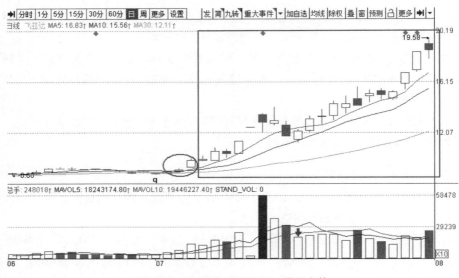

图 4.70　飞亚达（000026）其后走势

这里可以看到，股价出现红三兵后，沿着 5 日均线和 10 日均线连续上涨，若投资者买进该股票短短十几个交易日就会获利丰厚。

股价经过长时间的上涨之后，进入高位区域，然后在高位震荡，这时出现红三兵看涨信号，短线投资者可以轻仓跟随，但要时时警惕，以防被主力套在高位。

图 4.71 显示的是赣锋锂业（002460）2020 年 12 月 14 日至 2021 年 3 月 8 日的日 K 线图。

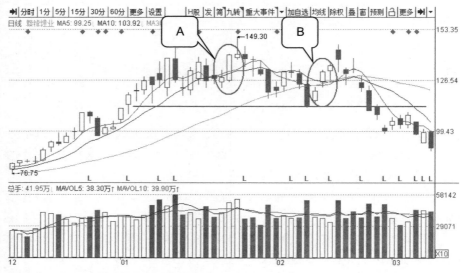

图 4.71　赣锋锂业（002460）2020 年 12 月 14 日至 2021 年 3 月 8 日的日 K 线图

赣锋锂业（002460）的股价经过长时间、大幅度的上涨之后，在高位震荡。在高位震荡过程中，在 A 处和 B 处，都出现红三兵看涨信号，投资者一定要明白，当前股价在高位，最好不要进场买进股票，若不及时出局，就会被套在高位，从而造成较大的损失。

如果在下跌趋势中出现红三兵看涨信号，投资者要采取观望的策略，因为这很可能是主力在反技术进行诱多操作。

图 4.72 显示的是皇庭国际（000056）2020 年 7 月 8 日至 2021 年 2 月 1 日的日 K 线图。

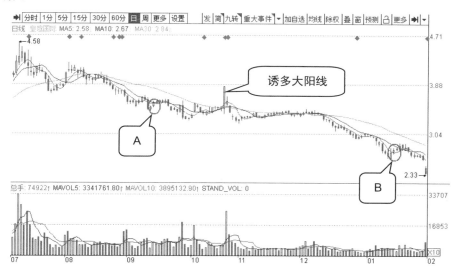

图 4.72　皇庭国际（000056）2020 年 7 月 8 日至 2021 年 2 月 1 日的日 K 线图

皇庭国际（000056）的股价经过一波上涨后，创出 4.58 元的高点，然后震荡盘整，最后开始趋势性下跌。在明显的下跌行情中，出现红三兵，投资者千万不能进场做多，否则很容易被套，所以在 A 处和 B 处，投资者都不能买进该股票。

另外，在下跌行情中，投资者还要特别小心诱多大阳线，以免被套在高位。

4.5.2　蛟龙出海量化实战技巧

下面讲解蛟龙出海的基础知识和量化实战应用技巧。

1. 蛟龙出海

蛟龙出海的意思是像一条久卧海中的长龙，一下子冲天而起。其特征是：拉出大阳线，一下子把短期、中期和长期均线全部吞吃，有种过五关、斩六将的气势。蛟龙出海的图形如图 4.73 所示。

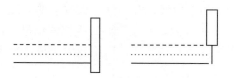

图 4.73　蛟龙出海

蛟龙出海是明显的见底信号，如果成交量随之放大，说明主力已吸足筹码，现在要直拉股价了。这时投资者可以买进，但要警惕主力用来诱多，所以投资者最好在拉出大阳线后多观察几日，如果重心上移，再加码追进。

注意，用直线"——"表示短期移动平均线（如 5 日均线）；用虚线"········"表示中期移动平均线（如 10 日均线）；用点划线"－－－"表示长期移动平均线（如 30 日均线）。

> 📶　提醒：当然，标准的蛟龙出海是很少见的，但变形的蛟龙出海却不少，投资者要学会认真辨别。

2. 蛟龙出海量化实战案例

股价经过长时间的大幅下跌之后，探明了底部区域，开始震荡上升，这时出现蛟龙出海看涨信号，预示着后市还会上涨，这时投资者可以顺势加仓。蛟龙出海的止损位设在大阳线的最低点即可。

图 4.74 显示的是四环生物（000518）2020 年 5 月 25 日至 8 月 4 日的日 K 线图。

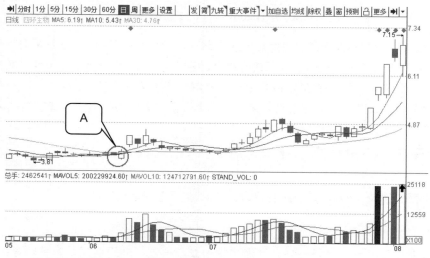

图 4.74　四环生物（000518）2020 年 5 月 25 日至 8 月 4 日的日 K 线图

四环生物（000518）的股价经过一波下跌之后，创出 3.81 元的低点，然后在低位窄幅震荡。经过较长时间的震荡之后，在 A 处，一根低开大阳线同时站上 5 日均线、10 日均线和 30 日均线，即出现蛟龙出海看涨信号。这时如果投资者手中还有该股票筹码，可以继续持有；如果没有，可以加仓做多。

从其后的走势可以看出，股价震荡上涨，虽有回调，但始终在 30 日均线上方，所以投资者可以继续持有该股票筹码，并且可以在 30 日均线附近继续加仓做多。

图 4.75 显示的是柳工（000528）2020 年 1 月 3 日至 2021 年 4 月 16 日的周 K 线图。

图 4.75　柳工（000528）2020 年 1 月 3 日至 2021 年 4 月 16 日的周 K 线图

在柳工（000528）的周 K 线图中，连续出现蛟龙出海看涨信号，即 A 处和 B 处，所以这里都是不错的做多位置。

4.6　看跌 K 线组合量化实战技巧

在下跌初期或下跌途中，投资者如果能够清楚、透彻地了解看跌 K 线组合的含义，就不会再抱有幻想，从而及时出局，减少损失，为下一次再战打下良好的基础。

█ 4.6.1 黑三兵和高位出逃形量化实战技巧

下面讲解黑三兵和高位出逃形的基础知识和量化实战应用技巧。

1. 黑三兵

黑三兵的特征是：连续出现三根小阴线，其最低价一个比一个低。因为这三根小阴线像三个穿着黑色服装的卫兵在列队，故名为"黑三兵"。黑三兵的图形如图 4.76 所示。

图 4.76　黑三兵

黑三兵如果在上涨行情中出现，特别是股价有了较大涨幅之后出现，暗示着行情快要转为跌势；黑三兵如果在下跌行情后期出现，特别是股价已有一段较大的跌幅或连续急跌后出现，暗示着探底行情短期内即将结束，并可能转为一轮升势。所以投资者见到该 K 线组合，可根据其所在位置决定投资策略，即在上涨行情中出现，要适量做空；在下跌行情中出现，要适量做多。

2. 高位出逃形

高位出逃形的特征是：在跌势中，股票某天突然大幅高开，有的以涨停板开盘，但当天就被空方一路打压，收出一根大阴线，有的可能以跌停板收盘。高位出逃形的图形如图 4.77 所示。

高位出逃形多数是被套庄家利用朦胧消息拉高出货所致，一般情况下，在这根大阴线之后，股价将有一段较大的跌势。投资者看到该 K 线组合，唯一的选择就是快速卖出股票离场观望。

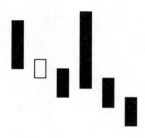

图 4.77　高位出逃形

> 提醒：当股价趋势向下时，一些在高位没有出完货的主力会设置许多诱多陷阱，目的是诱导不明真相的投资者盲目跟进，乘机将股票抛售给他们。据笔者多年的实战经验，高位出逃形是常用的诱多陷阱，也是主力大逃亡的一种非常重要的手段。

3. 黑三兵量化实战技巧

股价经过长时间的大幅上涨之后，出现见顶信号，投资者一定要减仓，如果再出现黑三兵看跌信号，一定要及时清仓出局观望。

图 4.78 显示的是爱柯迪（600933）2021 年 2 月 9 日至 5 月 14 日的日 K 线图。

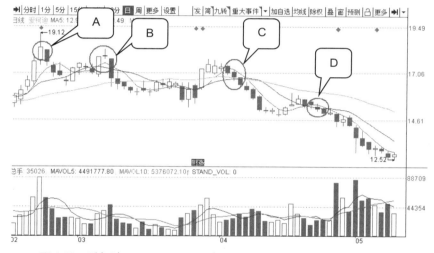

图 4.78　爱柯迪（600933）2021 年 2 月 9 日至 5 月 14 日的日 K 线图

爱柯迪（600933）的股价经过一波上涨之后，创出 19.12 元的高点，但在创出高点这一天收了一根带有上长影线的中阳线，这表明上方已有压力。随后股价没有继续上涨，而是低开低走，收了一根中阴线，即在 A 处，出现倾盆大雨见顶信号。

随后股价继续下跌，连续下跌 3 天后，股价在 30 日均线上方企稳，然后再度上涨，但仅上涨 5 天，又在 B 处出现黄昏十字星见顶信号。接着股价开始下跌，并且跌破 30 日均线。跌破 30 日均线后，股价仍在震荡，但在 C 处，出现黑三兵看跌 K 线组合，并且也跌破 30 日均线，这意味着行情可能要走空头趋势了，所以如果投资者手中还持有该股票，最好及时卖出。

股价连续下跌之后，再次反弹，注意这一次反弹较弱，始终在 30 日均线下方，反弹结束时，又在 D 处出现黑三兵看跌信号，这是投资者最后一次卖出机会，否则后面会越套越深。

股价在明显的下降趋势中，出现了较大幅度的反弹上涨，在反弹末期出现了黑三兵看跌信号，投资者要及时卖出股票出局观望。

图 4.79 显示的是南宁百货（600712）2020 年 7 月 29 日至 2021 年 1 月 13 日的日 K 线图。

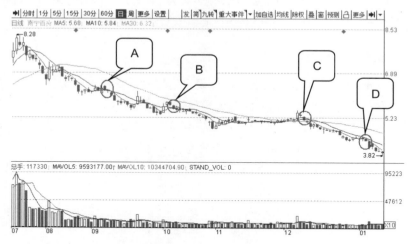

图 4.79　南宁百货（600712）2020 年 7 月 29 日至 2021 年 1 月 13 日的日 K 线图

南宁百货（600712）的股价经过一波上涨之后，创出 8.28 元的高点，然后股价在高位略震荡。震荡之后股价开始下跌，先是跌破 5 日均线，然后跌破 10 日均线，最后跌破 30 日均线，这样均线呈空头排列，股价进入下跌趋势。

在明显的下跌行情中，如果股价出现反弹，反弹结束出现黑三兵看跌信号，投资者如果手中还有该股票，要及时卖出，否则会越套越深，如 A 处、B 处、C 处和 D 处。

股价经过长时间的大幅下跌之后，探明了底部区域，然后震荡上升，这时出现黑三兵看跌信号，短线投资者可以减仓，然后逢低再补仓，中线投资者则可以持仓不动。

图 4.80 显示的是文投控股（600712）2021 年 2 月 2 日至 5 月 12 日的日 K 线图。

文投控股（600712）的股价经过长时间、大幅度的下跌之后，创出 1.96 元的低点，然后在低位窄幅震荡。经过两个月的盘整后，一根大阳线向上突破，开始新一波上涨行情。需要注意的是，该大阳线同时站上 5 日均线、10 日均线和 30 日均线，即出现蛟龙出海看涨信号。

随后股价继续快速上涨，然后在 A 处出现黑三兵看跌信号。由于股价刚刚上涨，上涨幅度不大，所以这里很可能是主力的一次洗盘，所以中线多单可以继续持有；如果是短线高手，可以减仓或清仓应对风险，等股价回调到 30 日均线附近得到支撑时，再重新买入该股票。

从其后的走势可以看出，股价回调到 30 日均线附近，再度企稳并开始上涨，所以无论短线单子还是中线单子，都会有不错的盈利。

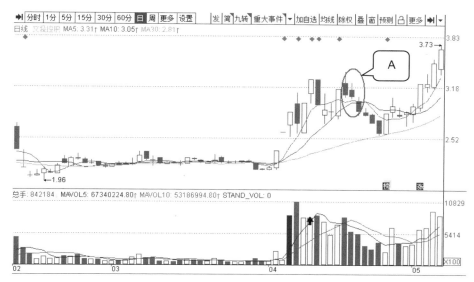

图 4.80　文投控股（600712）2021 年 2 月 2 日至 5 月 12 日的日 K 线图

4. 高位出逃形量化实战技巧

图 4.81 显示的是申达股份（600626）2020 年 7 月 8 日至 2021 年 2 月 4 日的日 K 线图。

图 4.81　申达股份（600626）2020 年 7 月 8 日至 2021 年 2 月 4 日的日 K 线图

申达股份（600626）的股价经过一波反弹后，创出 6.08 元的高点，然后开始下跌。股价经过较长时间的下跌之后，出现反弹，连续两个涨停之后，第三天出现高位出逃形，即 A 处，这是主力利用利好消息来拉高出货。利好消息如下。

第一，申达股份公司是东方国际（集团）有限公司下属的一家以汽车内饰和纺织新材料为主业的上市公司，其研发的"柔性涂层复合材料"等纺织新材料可应用于多个领域。

第二，当前公司的汽车内饰在新能源领域已经与整车厂开展合作。

一般投资者一看股价高开，以为有什么利好消息，结果进场抢筹，从而被套在高位，所以投资者在这里看到高位出逃形一定要及时清仓出局。

图 4.82 显示的是厦门国贸（600755）2020 年 11 月 16 日至 2021 年 1 月 29 日的日 K 线图。

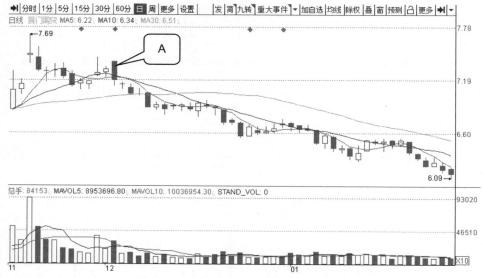

图 4.82　厦门国贸（600755）2020 年 11 月 16 日至 2021 年 1 月 29 日的日 K 线图

厦门国贸（600755）的股价经过一波上涨后，创出 7.69 元的高点，然后开始震荡下跌。在 2020 年 12 月 3 日，股价高开低走，出现一个高位出逃形，即 A 处，这是主力利用利好消息来拉高出货。利好消息如下。

2020 年 12 月 2 日，中国证券监督管理委员会（以下简称"中国证监会"）上市公司并购重组审核委员会召开 2020 年第 51 次并购重组委工作会议，对厦门国贸集团股份有限公司（以下简称"公司"）发行股份购买资产暨关联交易事项（以下简称"本次重组"）进行了审核。根据会议审核结果，公司本次重组事项获得无条件通过。

4.6.2　断头铡刀量化实战技巧

下面讲解断头铡刀的基础知识和量化实战应用技巧。

1. 断头铡刀

断头铡刀出现在上涨后期或高位盘整，一根大阴线如一把刀，一下子把短期均线、中期均线和长期均线切断，收盘价已收到所有均线下方。断头铡刀的图形如图 4.83 所示。

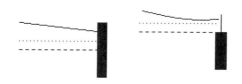

图 4.83　断头铡刀

断头铡刀是一个明显的看跌信号，一般会引起一轮大的跌势，对多方造成很大的损失。所以短线投资者见此信号应清仓离场，中长线投资者密切关注 60 日均线和 120 日均线，如果这两个均线也被跌破，就应立即止损离场。

注意，用直线"——"表示短期移动平均线；用虚线"………"表示中期移动平均线；用点划线"— — —"表示长期移动平均线。

> 提醒：当然，标准的断头铡刀是很少见的，但变形的断头铡刀却不少，投资者要学会辨别。

2. 断头铡刀量化实战案例

股价经过长时间的大幅上涨之后，出现见顶信号，投资者一定要减仓，如果再出现断头铡刀看跌信号，一定要及时清仓出局观望。

图 4.84 显示的是恩捷股份（002812）2020 年 12 月 3 日至 2021 年 2 月 25 日的日 K 线图。

恩捷股份（002812）的股价经过长时间、大幅度的上涨之后，创出 168.50 元的高点，但在创出高点这一天收了一根带有长长下影线的吊颈线，这是转势 K 线。投资者在这里已盈利丰厚，注意减仓保护盈利。

股价见顶后，又来一根中阳线诱多，随后就开始连续杀跌，仅仅三个交易日，股价就下跌到 30 日均线附近。接着股价开始震荡盘整，均线出现粘合，然后在 A 处出现断头铡刀看跌信号，这表明股价要开始下跌了，所以手中还有该股票的投资者要果断卖出。

股价在明显的下跌趋势中，出现了较大幅度的反弹，在反弹后期出现了断头铡刀看跌信号，投资者要及时出局观望。

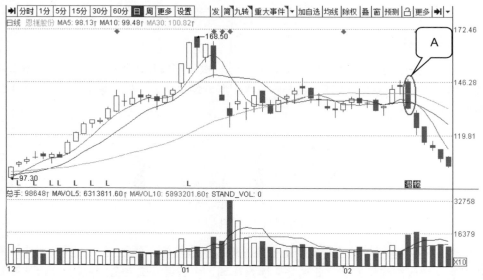

图 4.84　恩捷股份（002812）2020 年 12 月 3 日至 2021 年 2 月 25 日的日 K 线图

图 4.85 显示的是万向德农（600371）2020 年 12 月 25 日至 2021 年 4 月 29 日的日 K 线图。

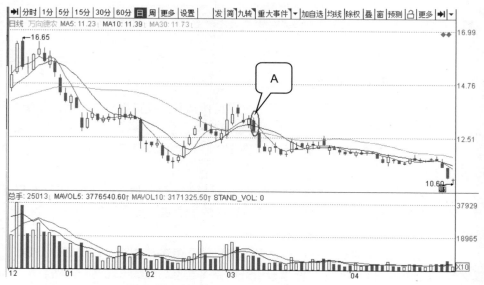

图 4.85　万向德农（600371）2020 年 12 月 25 日至 2021 年 4 月 29 日的日 K 线图

万向德农（600371）的股价经过一波上涨之后，创出 16.65 元的高点，然后在高位震荡五个交易日，就开始快速下跌，连续跌破 5 日均线、10 日均线和 30 日均线。股价快速下跌之后，出现窄幅横盘整理，然后又出现一波下跌。这一波下跌之后，股价开始反弹，反弹到 30 日均线附近又开始震荡，然后在 A 处出现断头铡刀看跌信号，这表明震荡反弹结束，又要开始下跌了，所以如果投资者手中还有该股票筹码，要及时果断卖出，否则会越套越深，损失惨重。

　　如果股价已经过大幅下跌并且探明了底部，然后开始震荡上涨，如果在上涨初期或上涨途中出现断头铡刀看跌信号，投资者不必恐慌，这很可能是主力在诱空。

　　图 4.86 显示的是瀚蓝环境（600323）2018 年 10 月 16 日至 2019 年 4 月 9 日的日 K 线图。

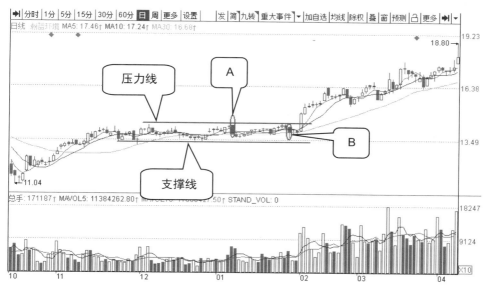

图 4.86　瀚蓝环境（600323）2018 年 10 月 16 日至 2019 年 4 月 9 日的日 K 线图

　　瀚蓝环境（600323）的股价经过长时间、大幅度的下跌之后，创出 11.04 元的低点。随后股价不断震荡上涨，先是站上 5 日均线，然后站上 10 日均线，最后站上 30 日均线，这样均线就呈多头排列，即股价进入上升趋势。

　　需要注意的是，股价均线进入多头行情之后，股价并没有上涨，而是进行窄幅盘整，即上方有压力线，下方有支撑线。在反复震荡中，在 A 处和 B 处出现断头铡刀看跌信号，这里不用过分害怕，毕竟下方有支撑，所以短线投资者可以减仓，中线投资者看好该股票走势的，可以耐心持有。

　　从其后的走势可以看出，横盘整理之后，股价向上突破，开始了新一波上涨行情，中线投资者往往会获得丰厚的盈利。

第 5 章
短线量化交易的趋势实战技巧

　　股市行情有起有伏，股价涨涨跌跌，但趋势是行情的方向，把握了趋势就等于把握了行情的主线；节奏是趋势的韵律，把握了节奏就等于把握了趋势的脉搏。抓住趋势、把握节奏是每个投资者在股市征程中所不得不面临的技术难题，这是股市投资战斗力的源泉。本章首先讲解趋势的定义和方向，然后讲解趋势线买入和卖出量化实战技巧，接着讲解支撑和压力量化实战技巧，最后讲解通道线和黄金分割线量化实战技巧。

5.1 初识趋势

在实战操作中，顺势而为是散户操作的灵魂。追随市场大的趋势，而不能看不到趋势，更不能逆势操作；同时在趋势的运行过程中，要根据行情的发展，把握趋势的节奏，既要"权死生之机"，又要"辨动静之理"。

> 提醒：对于趋势和节奏准确而敏锐地感觉和把握，必须来自殚精竭虑的思考和千万次的实战经验。

5.1.1 什么是趋势

趋势是指股市何去何从的方向，确切地说，趋就是未来股价运动的方向，势就是未来股价在运动方向上的力量。

趋势的形成是由于股票市场中参与的人和资金都是大规模数据，一旦上升趋势或下降趋势形成，就将延续，直到被新的趋势所替代。

任何一只股票在不同的时期都会沿着一定的趋势持续运行，所以通过趋势分析，可以预测和判断未来股价的走势，投资者可以根据具体情况采取适宜、高效的投资策略，把握一些大机会，少犯一些原则性错误，从而成为股市中的大赢家。

5.1.2 趋势的方向

很多投资者习惯地认为股市只有两种趋势方向，要么上升，要么下降。但实际上，还有一种横向盘整。据统计，至少有三分之一的时间，股价处于横向盘整之中，对于这一点投资者一定要注意。

1. 上升趋势

如果随着时间的推移，K线图中的每个价格高点依次上升，每个价格低点也依次上升，那么这种价格运动趋势就是上升趋势，即每当价格回调时，还没有等到跌到前一次的低点时，买家就迫不及待地涌入，推动价格继续上涨；而当价格临近前一次高位时，买家又毫不犹豫地持续买入，使价格再创新高。如此反复几次，便形成一系列依次上升的波峰和波谷，这是牛市特征。

2. 水平趋势

水平趋势，又称横向整理趋势，即随着时间的推移，K 线图中的股价没有创出新高，也没有创出明显的新低，基本上就是在两条水平线之间做折返运动。这种趋势不适合判断未来的股价运动方向，股价只有突破上面的水平压力线或下面的水平支撑线时，才能使我们看到市场真正的运动方向，这是"牛皮市特征"。

3. 下降趋势

如果随着时间的推移，K 线图中的每个价格高点依次下降，每个价格低点也依次下降，那么这种价格运动趋势就是下降趋势，即每当价格反弹时，还没有等到涨到前一次的高点时，卖家就迫不及待地抛售，促使价格回落；而每当价格临近前一次低点时，卖家又毫不犹豫地卖出，使价格再创新低。如此反复几次，便形成一系列依次下降的波峰和波谷，这是熊市特征。

图 5.1 显示的是上证指数（000001）2018 年 2 月 2 日至 2019 年 12 月 27 日的周 K 线图，在这里可以看到上升趋势、水平趋势和下降趋势。

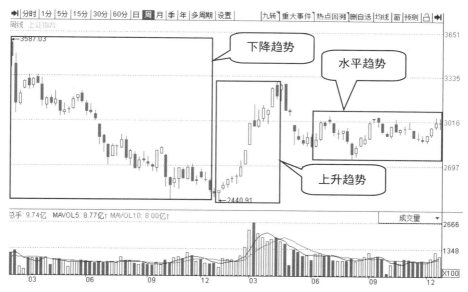

图 5.1　上证指数（000001）2018 年 2 月 2 日至 2019 年 12 月 27 日的周 K 线图

5.2　趋势线买入量化实战技巧

在分析趋势时，常常通过绘制趋势线进行分析。画趋势线是衡量趋势发展的手段，通过趋势线的方向可以明确地看到股价的发展方向。

▶ 5.2.1 趋势线

趋势线的绘制方法很简单，在上升趋势中，将两个明显的反转低点连成一条直线，就可以得到上升趋势线，上升趋势线起支撑作用；在下降趋势中，将两个明显的反转高点连成一条直线，就可以得到下降趋势线，下降趋势线起阻力作用。图 5.2 显示了上证指数的上升趋势线和下降趋势线。

图 5.2　上证指数（000001）2021 年 2 月 10 日至 7 月 12 日的日 K 线图

从方向上来说，趋势线可分为上升趋势线和下降趋势线。上升趋势线预示着股价或指数的趋势是向上的；下降趋势线预示着股价或指数的趋势是向下的。

从时间上来说，趋势线可分为长期趋势线、中期趋势线和短期趋势线。

（1）长期趋势线是连接两大浪的谷底或峰顶的斜线，时间跨度为几年，它对股市的长期走势将产生很大的影响。

（2）中期趋势线是连接两中浪的谷底或峰顶的斜线，时间跨度为几个月，有时甚至一年以上，它对股市的中期走势将产生很大的影响。

（3）短期趋势线是连接两小浪的谷底或峰顶的斜线，时间跨度不超过两个月，通常只有几个星期，甚至几天，它对股市的走势只起短暂的影响。

▶ 5.2.2 利用上升趋势线买入案例

上升趋势形成后，股价将沿着上升趋势线向上运行，在运行过程中，股价可能会有短时间的回调，很多时候会回落至趋势线附近，这时投资者可以利用少量资金及时跟进，然后再顺势加仓，常常会有相当不错的收益。

图 5.3 显示的是宏发股份（600885）2021 年 2 月 22 日至 7 月 12 日的日 K 线图。

宏发股份（600885）的股价经过一波快速下跌之后，创出 45.00 元的低点，然后开始震荡盘升。

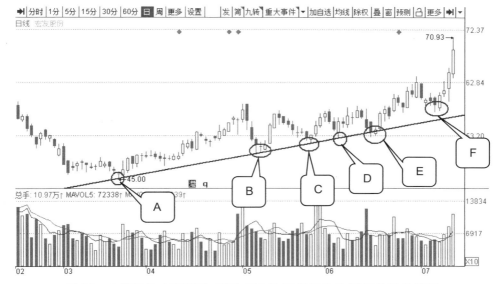

图 5.3　宏发股份（600885）2021 年 2 月 22 日至 7 月 12 日的日 K 线图

利用 A 处和 B 处的两个低点绘制一条上升趋势线。在 C 处，股价连续小幅回调八个交易日，正好回调到上升趋势线附近，所以 C 处是不错的买入位置。

股价在 C 处企稳后，连续上涨三个交易日，正好上涨到前期高点附近，短线高手可以止盈。

随后股价再度回调，回调到上升趋势线附近企稳，即 D 处，所以 D 处又是新的买入位置。

股价在 D 处企稳后，再度上涨，上涨到前期高点附近，短线高手仍可以止盈。

随后股价再度回调，回调到上升趋势线附近企稳，即 E 处，所以 E 处仍是一个不错的买入位置。

随后股价开始震荡上涨，突破了前期高点附近的压力，随后再度回调。注意：这一波没有回调到上升趋势线附近，而是在其上方止跌，这就要根据 K 线技术来操作了，所以 F 处是一个买点。从其后的走势可以看出，股价在 F 处企稳后，来了一波快速上涨，这是盈利最丰厚的一段。

5.2.3　利用下降趋势线买入案例

如果股价处在明显的下降趋势中，即股价一直在下降趋势线下方运行，最好的操作策略是不要碰这只股票，耐心观察这只股票什么时候能有效突破下降趋势线。一旦突破，则需要重点关注，然后逢低买进，便可轻松实现盈利。

图 5.4 显示的是川恒股份（002895）2021 年 2 月 9 日至 7 月 12 日的日 K 线图。

川恒股份（002895）的股价从 43.00 元开始下跌，经过 4 年多的时间下跌到 9.60 元，下跌幅度高达 77.67%。

图 5.4　川恒股份（002895）2021 年 2 月 9 日至 7 月 12 日的日 K 线图

川恒股份（002895）的股价创出 9.60 元的低点后，在低位又盘整十几个交易日，然后一根中阳线向上突破，突破了下降趋势线，即 A 处，这意味着下跌行情要结束了，新的上涨行情要开始了。

股价在 A 处突破了下降趋势线，所以 A 处是一个比较好的买入位置。随后股价开始震荡盘升，虽然刚开始上涨得很慢，但主力在低位吸筹完毕后，就开始快速拉升。所以在 A 处买进的投资者往往会有丰厚的投资收益。

如果股价已处于明显的上升趋势中，然后出现了回调，回调后股价又突破了中期下降趋势线，那么这也是相当不错的加仓点。

图 5.5 显示的是通威股份（600438）2020 年 4 月 28 日至 12 月 25 日的日 K 线图。

通威股份（600438）的股价在明显的上涨行情中，如果出现回调，正好回调到上升趋势线附近，就是新的买点，所以 A 处和 C 处都是不错的买入位置。

股价回调可以绘制出下降趋势线，当股价突破下降趋势线时，也是不错的买点，所以 B 处和 D 处也是较好的买点。

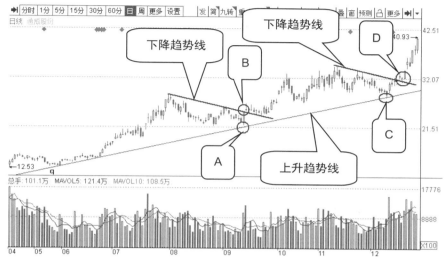

图 5.5　通威股份（600438）2020 年 4 月 28 日至 12 月 25 日的日 K 线图

5.3　趋势线卖出量化实战技巧

前面讲解了如何利用 K 线和趋势线买入股票，下面讲解如何利用 K 线与趋势线卖出股票。

5.3.1　利用上升趋势线卖出案例

如果股价已经过长时间的大幅上涨，然后在高位震荡，如果在震荡中跌破了上升趋势线的支撑，投资者一定要及时出局观望，否则将损失惨重。

图 5.6 显示的是恒立液压（601100）2020 年 11 月 27 日至 2021 年 5 月 10 日的日 K 线图。

恒立液压（601100）的股价经过长时间、大幅度上涨之后，创出 137.66 元的高点，然后在高位震荡。在高位震荡的末端，股价又开始了拉高。投资者一定要明白，这是在高位拉升，很可能是主力在诱多。但为了不错过行情，在这里投资者可以轻仓参与，一旦有不好信号，要立刻出局，即短线思维。

股价上涨到前期高点附近，收了一根大阴线，并且跌破了上升趋势线，即 A 处，这意味着这一波反弹结束，所以高位买进的投资者要及时卖出。

随后股价继续大跌，并且在 B 处跌破双顶的颈线，这意味着股价双顶形成，要开始新的大跌行情了，所以投资者要果断卖出手中所有的股票，否则就会被深套。

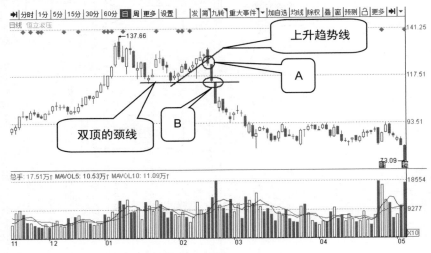

图 5.6　恒立液压（601100）2020 年 11 月 27 日至 2021 年 5 月 10 日的日 K 线图

如果股价处在明显的下降趋势中，出现了反弹，如果投资者参与了反弹行情，一旦股价跌破上升趋势线要及时出局观望。

图 5.7 显示的是安车检测（300572）2020 年 8 月 21 日至 2021 年 5 月 13 日的日 K 线图。

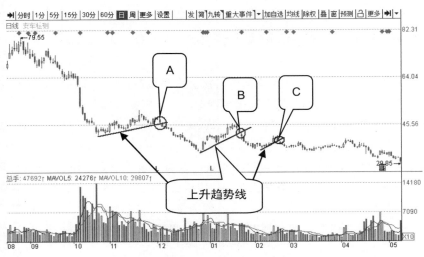

图 5.7　安车检测（300572）2020 年 8 月 21 日至 2021 年 5 月 13 日的日 K 线图

安车检测（300572）的股价经过长时间、大幅度的上涨之后，创出 79.55 元的高点，然后在高位略做震荡就开始下跌。

股价经过一大波下跌之后，开始震荡反弹。在明显的下跌行情中，股价出现反弹，投资者可以轻仓参与，一旦跌破上升趋势线，要果断卖出手中的筹码，即在 A 处、B 处、C 处都要坚决卖出手中的股票。

5.3.2 利用下降趋势线卖出案例

股价经过大幅上涨，然后在高位震荡后，就开始快速下跌，再反弹，但反弹高点一次比一次低，就形成下降趋势。连接两个关键高点，就可以绘制一条下降趋势线。

图 5.8 显示的是凯利泰（300326）2020 年 10 月 12 日至 2021 年 2 月 1 日的日 K 线图。

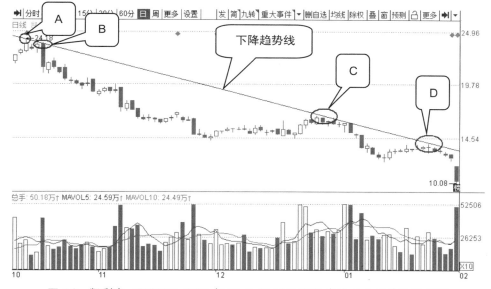

图 5.8 凯利泰（300326）2020 年 10 月 12 日至 2021 年 2 月 1 日的日 K 线图

凯利泰（300326）的股价经过一波反弹，创出 24.18 元的高点，然后开始下跌。利用 A 处和 B 处的两个高点，可以绘制一条下降趋势线。

在 C 处和 D 处，股价在反弹中高点都受到下降趋势线的压制，即股价没有突破下降趋势线，所以 C 处和 D 处都是不错的卖出位置。

5.4 支撑和压力量化实战技巧

在股市中，支撑和压力是非常重要的。当股价遇到支撑，投资者就可以进场做多，即买入；当股价遇到压力，投资者就可以清空手中的筹码，即卖出。

5.4.1 什么是支撑和压力

下面利用买卖双方的力量来描述支撑和压力。

支撑是指在下跌途中，买方力量逐渐累积，直到与卖方力量能够抗衡，这样股价就跌不下去了，从而形成支撑的区域。

压力是指在上涨途中，卖方力量逐渐增大，直到与买方力量达到均衡，这样股价就涨不上去了，从而形成压力的区域。

在上升趋势中，支撑和压力呈现一种不断上升的形态，如图 5.9 所示。

在下降趋势中，支撑和压力呈现一种不断下降的形态，如图 5.10 所示。

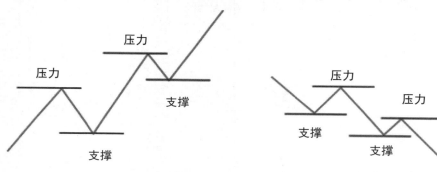

图 5.9 上升趋势中的支撑和压力　　　图 5.10 下降趋势中的支撑和压力

需要注意的是，在上升趋势中，压力代表上升过程中的停顿，通常在充分调整后，价格会冲破该压力，继续向更高点前进。在下降趋势中，支撑代表下跌过程中的停顿，通常经过小幅反弹之后，价格会跌破支撑，继续向更低点前进。

5.4.2 支撑是怎么形成的

股市的价格在支撑区域震荡盘整一段时间，累积了较大的成交量，当股价由上往下向支撑线靠近时，空方获利筹码已清，手中已无打压抛空筹码，这时多方趁低吸纳买进，形成需求。另外，部分套牢者套牢已深已久，手中的筹码锁定，不会轻易卖出，故在这一价格区间需求大于供给，自然形成了强有力的支撑，如图 5.11 所示。

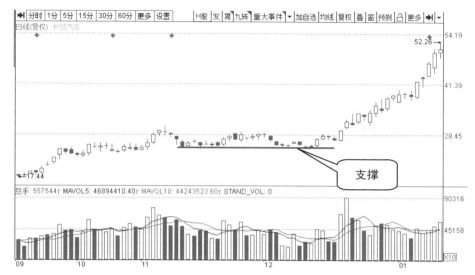

图 5.11　长城汽车（601633）2020 年 9 月 24 日至 2021 年 1 月 13 日的日 K 线图

　　长城汽车（601633）的股价经过一波上涨之后，开始横盘整理。在盘整过程中，每当价格回调到 25 元附近时，就开始止跌上行，但上行到 28.5 元附近时，又开始下行，这样来回震荡。这表明价格在 25 元附近，空方力量已小于多方力量；而当价格上涨到 28.5 元附近时，多方力量又小于空方力量。就这样在 25 元附近形成了支撑，在 28.5 元附近形成了压力，所以在 25 元附近投资者可以进场做多，当价格上涨到 28.5 元附近卖出。

　　需要注意的是，当前是上升趋势，价格向上突破的概率很大，所以当价格向上突破时，手中的筹码可以继续持有。如果手中没有筹码或者筹码太少，可以在价格向上突破时继续买入该股票。

5.4.3　压力是怎么形成的

　　和支撑一样，压力通常也出现在成交密集区，这个区间累积了较多的成交量，当股票价格在该密集区以下时，有大量套牢者。所以，每当股价上涨到该区域时，特别是接近压力线时，套牢者就会急于解套而卖出，这样就会有大量抛盘出现，股票供给大于需求，所以这时股价很容易会下跌。当价格下跌到支撑位附近时，对后市看好的投资者又会买进，价格再度回升，这样反复多次，上方压力就形成了，如图 5.12 所示。

　　浪莎股份（600137）的股价经过一波反弹，最高反弹到 17.21 元，随后开始震荡下跌。经过两周的下跌之后，价格又开始横盘整理，每当价格反弹上涨到 16 元附近，就会受压下行，但每当价格下跌到 15.50 元附近，又开始反弹上行。就这样反反复复震荡了一个多月。这样在 16 元附近就出现了压力，而在 15.50 元附近就出现了支撑。需要注意的是，当前是下跌行情，投资者可以在 15.50 元到 16 元之间做短线，但一旦价格跌破 15.50 元，要及时卖出手中的股票，否则会越套越深。

图 5.12 浪莎股份（600137）2020 年 10 月 15 日至 2021 年 1 月 13 日的日 K 线图

5.4.4 支撑和压力量化实战案例

在上升趋势中，支撑与压力是逐步上移的。每当股价回调到支撑位附近时，投资者可以买入股票；当股价上涨到压力位附近时，投资者可以卖出股票。但需要注意的是，一旦价格突破了压力位，投资者手中的股票就不要再卖出了，而是持有。当然，如果你手中还有资金，还可以继续加仓买进。

图 5.13 显示的是金发科技（600143）2020 年 6 月 23 日至 2021 年 1 月 26 日的日 K 线图。

金发科技（600143）的股价经过一波下跌之后，创出 5.97 元的低点，然后开始上涨，经过半个月的上涨，最高上涨到 18.69 元，然后出现了横盘整理。在横盘震荡过程中，每当价格回调到 15.50 元附近就得到支撑，开始上涨，但每当上涨到 18.5 元附近，就会再度受到压力而下行。所以 15.50 元附近就是支撑，是买入点，即在 A 点、C 点、E 点、G 点都可以买入该股票。18.5 元附近就是压力，是卖出点，即在 B 点、D 点、F 点、J 点都可以卖出手中的股票。但需要注意的是，在 K 点，股价突破了压力，这意味着横盘整理行情结束，即将开始一波上涨行情，所以手中的股票继续持有即可，如果投资者手中还有资金，要果断地加仓买进该股票，因为趋势行情才是真正赚钱的好机会。

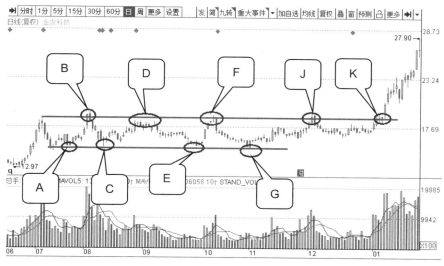

图 5.13　金发科技（600143）2020 年 6 月 23 日至 2021 年 1 月 26 日的日 K 线图

上涨行情也不会一直涨下去，总有一天会反转向下的。所以当股价经过较大幅度的上涨之后，再度出现横盘整理，投资者就要小心了。一旦价格跌破支撑位，就可能开始真正的下跌行情了，这时手中还有筹码的投资者要及时卖出该股票。

图 5.14 显示的是中科曙光（603019）2020 年 4 月 28 日至 9 月 11 日的日 K 线图。

图 5.14　中科曙光（603019）2020 年 4 月 28 日至 9 月 11 日的日 K 线图

中科曙光（603019）的股价经过几波上涨之后，创出 212.85 元的高点，随后价格开始快速下跌。经过半个月的快速下跌之后，价格出现了反弹。需要注意的是，价格反弹没有再创新高，并且反弹的高点一次比一次低，这意味着上升趋势有可能结束。这时可以看到，价格经过一段时间的窄幅震荡之后，在 A 处，跌破了支撑位，这意味着价格要快速下跌了，所以手中有股票的投资者要及时果断地卖出，否则会越套越深，最终损失惨重。

在下跌趋势中，支撑与压力是逐步下移的。每当价格下跌到支撑位附近时，短线高手可以轻仓买入股票；当股价上涨到压力位附近时，卖出股票。当然，如果你没有时间盯盘或不是短线高手，最好不要碰下跌初期的股票，因为一旦买进后不能及时卖出，就会损失惨重。总之，在下跌趋势中不要轻易买进，空仓是最好的策略。

> 🔊 提醒：如果你买进一只下跌趋势的股票，特别是是在下跌初期买进，一旦价格跌破支撑位，就不要心存幻想了，及时果断止损才是最重要的。

图 5.15 显示的是金杯汽车（600609）2020 年 8 月 6 日至 2021 年 1 月 14 日的日 K 线图。

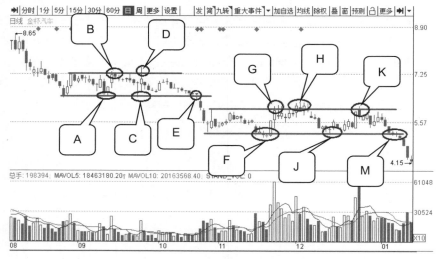

图 5.15　金杯汽车（600609）2020 年 8 月 6 日至 2021 年 1 月 14 日的日 K 线图

金杯汽车（600609）的股价经过一波反弹后，创出 8.65 元的高点，然后开始快速下跌。经过半个月的快速下跌之后，开始横盘整理，每当价格下跌到 6.50 元附近，就开始反弹，反弹到 7.20 元附近，再度下跌，这样反反复复多次。所以 6.50 元附近就是支撑，可以买进，但需要注意，当前是下跌趋势，所以一定要见好就收；7.20 元附近就是压力，所以手中有筹码的投资者要及时卖出。所以 A 处、C 处是轻仓买入点，而 B 处、D 处是较好的卖出股票的位置。需要注意的是，在 E 处如果买进了股票，但第二天价格就快速下跌，所以这里要及时止损。

　　股价跌破 6.50 元附近的支撑后，又开始快速下跌。下跌到 5.20 元，价格再度反弹，反弹到 6.20 元附近再度下跌，这样反反复复，形成横盘整理走势。这样 5.20 元附近就是支撑，所以在支撑处可以轻仓买进，即 F 处、J 处。由于仍是下跌趋势，所以一定要见好就收。6.20 元附近就是压力，即 G 处、H 处和 K 处是卖出股票的位置。需要注意的是，在 M 处，价格再度跌破支撑，所以手中仍有股票的投资者要果断卖出，否则短时间内就会出现较大的亏损。

　　下跌行情也不会一直跌下去，总有一天会反转向上的。所以当股价经过较大幅度的下跌之后，再度出现横盘整理，投资者就要小心了。一旦价格突破压力，就可能开始真正的上涨行情了，这时空仓等待的投资者就要重仓买进了。

　　图 5.16 显示的是江苏索普（600609）2020 年 8 月 26 日至 12 月 10 日的日 K 线图。

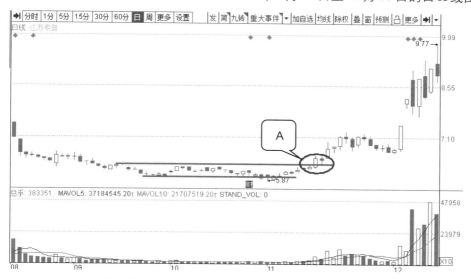

图 5.16　江苏索普（600609）2020 年 8 月 26 日至 12 月 10 日的日 K 线图

　　江苏索普（600609）的股价经过几年的震荡下跌，从最高点 20.41 元一路下跌到 6 元左右。由于下跌时间很长，并且下跌幅度较大，所以当股价再度震荡盘整时，就要注意是否有反转的可能了，即由长期的下跌趋势转为上升趋势。

　　股价每次下跌到 5.90 元附近就开始反弹上涨，但每上涨到 6.25 元附近又开始震荡下跌。所以 5.90 元附近就是支撑，投资者可以轻仓买进该股票。当价格上涨到 6.25 元附近，不能向上突破，投资者就可以卖出该股票。但需要注意的是，一旦股价向上放量突破 6.25 元时，意味着价格要开始一波上涨行情了，所以手中有该股票的投资者可以继续持有。如果投资者手中还有资金，要果断加仓做多，这样短时间内就会有不错的盈利。

得到支撑是指股价下跌到前期高点或低点附近时就止跌。该支撑位是买进股票的理想位置，空仓的投资者可以在支撑位附近买入股票。

图 5.17 显示的是赛轮轮胎（601058）2019 年 2 月 22 日至 2021 年 1 月 15 日的日 K 线图。

图 5.17　赛轮轮胎（601058）2019 年 2 月 22 日至 2021 年 1 月 15 日的日 K 线图

赛轮轮胎（601058）的股价经过两年时间的下跌之后，创出 2.52 元的低点，然后开始震荡上涨，经过较长时间的上涨之后，创出 5.19 元的高点，即 A 处。随后价格出现了较长时间的宽幅横盘整理走势，然后在 B 处，价格突破了 5.19 元的高点，出现一波上涨行情。

这一波上涨行情结束后，又出现深度回调，再度回调到前期高点附近，即 5.19 元附近，价格再度受到支撑，即 C 处，所以 C 处是较理想的做多位置。

图 5.18 显示的是西部矿业（601168）2020 年 10 月 27 日至 2021 年 2 月 19 日的日 K 线图。

西部矿业（601168）的股价经过一波上涨后，创出 14.49 元的高点，随后开始震荡盘整，回调的低点支撑在 12 元附近，即 A 处。

股价横向盘整后出现了向上突破，但随后再度调整，再度回调到 12 元附近，即 B 处，价格再度得到支撑，所以 B 处仍是较好的买入股票的位置。

遇到压力是指股价在上涨过程中，遇到前期高点或低点时，反转向下，这时如果投资者手中还有股票筹码，就要及时果断卖出。

图 5.18　西部矿业（601168）2020 年 10 月 27 日至 2021 年 2 月 19 日的日 K 线图

图 5.19 显示的是中铝国际（601068）2020 年 6 月 24 日至 9 月 28 日的日 K 线图。

图 5.19　中铝国际（601068）2020 年 6 月 24 日至 9 月 28 日的日 K 线图

中铝国际（601068）的股价经过一波上涨之后，创出 4.77 元的高点，即 A 处，随后开始震荡盘整。需要注意的是，当股价上涨到 4.77 元附近时，若不能有效突破，就会承压下行，所以在 B 处投资者要及时果断地卖出手中的股票筹码。

图 5.20 显示的是四川成渝（601107）2020 年 2 月 22 日至 8 月 6 日的日 K 线图。

图 5.20　四川成渝（601107）2020 年 2 月 22 日至 8 月 6 日的日 K 线图

四川成渝（601107）的股价经过一波上涨之后，创出 4.93 元的高点，然后快速回调。回调到 4.30 元附近时，价格再度企稳，即在 A 处得到支撑。接着价格再度上涨，并创出 5.18 元的高点，但随后价格开始快速下跌，并跌破 4.30 元附近的支撑，这样 4.30 元附近的支撑就变成了压力。

价格快速下跌到 3.90 元附近，再度反弹。注意，当股价反弹到 4.30 元附近时，投资者要及时卖出手中的股票筹码，即 B 处和 C 处是较好的卖出位置。

支撑线和压力线组成的平行区间，可以看作是股价运行的箱体，比较适合波段操作，其操作方法相当简单：当股价运行到支撑线附近止跌回升时，可买进股票；当股价运行到压力线附近受压回落时，可卖出手中的股票。

图 5.21 显示的是北京银行（601169）2019 年 9 月 25 日至 2020 年 1 月 22 日的日 K 线图。

北京银行（601169）的股价经过一波上涨之后，创出 5.75 元的高点，然后出现了回调，回调到 5.55 元附近又得到支撑，这样股价就在 5.55 ～ 5.75 元之间反复运行。在 5.55 元附近投资者就可以买入股票，即 B 处、D 处和 E 处可以买入股票；然后当股价反弹上涨到 5.75 元附近投资者就可以卖出股票，即 A 处、C 处、F 处和 G 处可以卖出手中的股票。

在利用支撑线和压力线进行波段操作时，需要注意以下三点。

第一，支撑线和压力线的平行区间运行的时间短，则会缺乏稳定性。

第二，支撑线和压力线之间的间距如果过小，则缺乏必要的获利空间。

第三，当成交量过大时，股价往往会突破原有的平行区间。

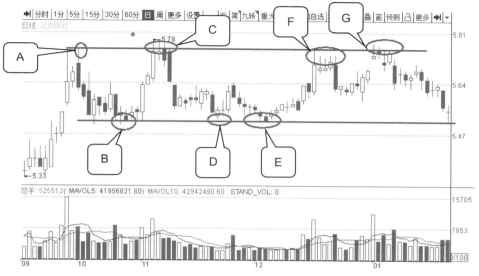

图 5.21　北京银行（601169）2019 年 9 月 25 日至 2020 年 1 月 22 日的日 K 线图

5.4.5　支撑与压力的转换

支撑与压力是可以相互转换的。当股价从上向下跌破支撑时，原来的支撑就会变成压力，如图 5.22 所示。

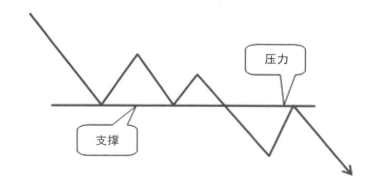

图 5.22　原来的支撑变变成压力

图 5.23 显示的是第一创业（002797）2020 年 10 月 12 日至 2021 年 1 月 15 日的日 K 线图。

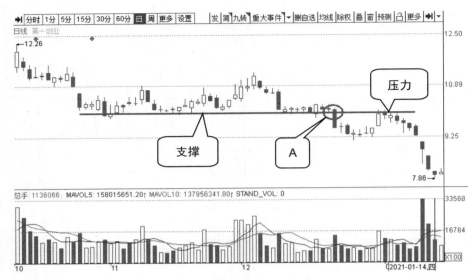

图 5.23　第一创业（002797）2020 年 10 月 12 日至 2021 年 1 月 15 日的日 K 线图

第一创业（002797）的股价经过一波上涨之后，创出 12.26 元的高点，然后震荡下跌，并在 10 元附近止跌。接着股价开始反弹，然后行情反反复复，但 10 元附近的支撑一直没有被跌破。

横向盘整近两个月后，在 A 处跌破 10 元附近的支撑，这样 10 元附近就由支撑变成压力，所以当价格再度反弹到 10 元附近时，投资者应卖出手中的股票筹码。

当股价从下向上突破压力，原来的压力就会变成支撑，如图 5.24 所示。

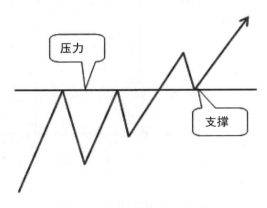

图 5.24　原来的压力变成支撑

图 5.25 显示的是东方盛虹（000301）2020 年 11 月 4 日至 2021 年 4 月 8 日的日 K 线图。

图 5.25 东方盛虹（000301）2020 年 11 月 4 日至 2021 年 4 月 8 日的日 K 线图

东方盛虹（000301）的股价经过一波上涨之后，创出 11.59 元的高点，然后价格开始回调，这样 11.59 元附近就形成压力。

在 A 处，股价放量突破 11.59 元附近的压力，这样该压力就变成了支撑，即 11.59 元附近就成为支撑了。

支撑与压力转换的可能性取决于三个因素，具体如下。

第一，原先支撑位或压力位的成交量。成交量越大，在这个位置发生转换的可能性越大。

第二，原先股价在支撑位或压力位进行交易的时间。交易的时间越长，在这个位置发生转换的可能性越大。

第三，近一段时间内在这个价位的交易次数。交易次数越多，这个价位在投资者的头脑中就越清晰，也就越容易发生转换。

5.5 通道线量化实战技巧

通道线，又称管道线，是指在趋势线的反方向画一条与趋势线平行的直线，使该直线穿越近期价格的最高点或最低点，这两条线将价格夹在中间运行，有明显的管道或通道形状。

图 5.26 显示的是上证指数（000001）2020 年 10 月 28 日至 2021 年 3 月 15 日的日 K 线图。

图 5.26　上证指数（000001）2020 年 10 月 28 日至 2021 年 3 月 15 日的日 K 线图

　　通道的主要作用是限制价格的变动范围，让它不能变得太离谱。通道一旦得到确认，那么价格将在这个通道里变动。通道线一旦被价格有效突破，往往意味着趋势将有一个较大的变化。当通道线被价格突破后，趋势上升的速度或下降的速度会加快，会出现新的高点或低点，原有的趋势线就会失去作用，要重新依据价格新高或新低画趋势线和管道线。

　　在明显的上升趋势中，价格上涨到通道线的上边压力线时，可以减仓，然后等回调到通道线的下边支撑线时再加仓。

　　图 5.27 显示的是歌力思（603808）2020 年 12 月 9 日至 2021 年 7 月 13 日的日 K 线图。

　　歌力思（603808）的股价经过一波明显的下跌之后，创出 12.19 元的低点，随后股价开始震荡上涨，这样可以利用 A 处和 B 处来绘制通道线的下边线，利用 D 处和 F 处绘制通道线的上边线。

　　这样，A 处、B 处、C 处、E 处、G 处、H 处、K 处、N 处都是较好的加仓点，而 D 处、F 处、J 处、L 处、M 处和 X 处都是较好的减仓点。

　　通道线被价格突破后，往往不会发生价格反抽现象，即通道线起不到支持股价回抽运动的作用。当价格突破通道线后，要么一飞冲天，要么迅速跌回趋势通道中，而不会在通道线附近做任何停留。图 5.27 中的 F 处和 M 处都是突破管道线后，迅速跌回趋势通道中。

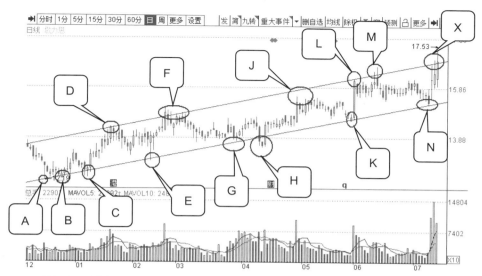

图 5.27　歌力思（603808）2020 年 12 月 9 日至 2021 年 7 月 13 日的日 K 线图

图 5.28 显示的是同仁堂（600085）2020 年 12 月 18 日至 2021 年 5 月 28 日的日 K 线图，其股价突破管道线后一飞冲天。

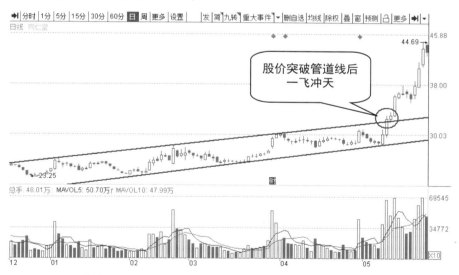

图 5.28　同仁堂（600085）2020 年 12 月 18 日至 2021 年 5 月 28 日的日 K 线图

在下降趋势中，价格上涨到通道线的上边压力线时投资者要果断出局，然后等回调到通道线的下边支撑线时尽量不加仓，如果是快速下跌，可以利用少量资金搏反弹。

图 5.29 显示的是鹏鼎控股（002938）2020 年 11 月 20 日至 2021 年 5 月 10 日的日 K 线图。

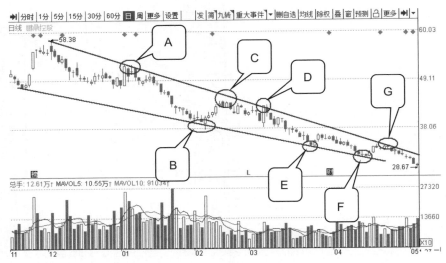

图 5.29　鹏鼎控股（002938）2020 年 11 月 20 日至 2021 年 5 月 10 日的日 K 线图

在 A 处、C 处、D 处和 G 处，即在股价的反弹高点是卖出的好时机，而在 B 处、E 处和 F 处，原则上投资者不要参与，如果你已成为短线高手，则可以利用少量资金做快进快出的反弹行情，不过风险很大，因为下降趋势中的通道线往往起不到支撑作用，常常会被迅速跌破。

5.6　黄金分割线量化实战技巧

黄金分割是一个古老的数学方法，屡屡在实际中发挥我们意想不到的作用。

◤ 5.6.1　什么是黄金分割线

黄金分割线源于一组奇异的数字组合，即 1、2、3、5、8、13…任何一个数字都是前两个数字的和，如：2=1+1，3=2+1，5=3+2，13=8+5。

这一组数字中的任意一个数字与相邻的后一个数字之比，均趋向于 0.618；而任意一个数字与相邻的前一个数字之比，约等于 1.618。这组数字称为神秘数字，而 0.618 和 1.618 就叫黄金分割率。黄金分割率的基本公式是将 1 分割成 0.618 和 0.328。

在上涨行情中，我们关心上涨到什么位置将遇到压力。黄金分割线提供的位置是基点价位乘以特殊数字。假设基点价位为 10 元，则：

10.00=10×1.000

$13.82=10×1.382$

$15.00=10×1.500$

$16.18=10×1.618$

$20.00=10×2.000$

$26.18=10×2.618$

这几个价位可能成为未来的压力位，其中 16.18 元、26.18 元成为压力位的可能性最大。超过 20 的那几条很少用到。如果处在活跃程度很高、股价上下波动较剧烈的市场，这个方法容易出现错误。

同理，在下降行情中，我们极关心下落到什么位置将获得支撑。黄金分割线提供的是以下几个价位，它们是由这次上涨的最高价位分别乘以上面所列特殊数字中的几个而得到假设，基点价位是 10 元，则：

$8.09=10×0.809$

$6.18=10×0.618$

$5=10×0.5$

$3.82=10×0.382$

$1.91=10×0.191$

这几个价位极可能成为支撑位，其中 6.18 元和 3.82 元成为支撑位的可能性最大。

5.6.2 黄金分割线量化实战案例

如果股价已经过长时间的大幅下跌，探明底部区域后，开始震荡上涨，并且上涨幅度不大，然后出现回调，这时可以利用黄金分割线来预测其回调的位置，从而实现抄短底。

图 5.30 显示的是航天信息（600271）2021 年 1 月 22 日至 4 月 7 日的日 K 线图。

航天信息（600271）的股价经过长时间、大幅度下跌之后，创出 10.26 元的低点，在创出低点这一天收了一根带有长长下影线的锤头线，这是一个见底 K 线。随后几天，股价继续在低点震荡，震荡四个交易日后跳空高开，出现了反弹，这一波反弹最高上涨到 11.75 元。

需要注意的是，股价上涨到 11.75 元附近就涨不动了，然后在 11.30 元到 11.75 元之间来回震荡。经过十几个交易日的窄幅震荡之后，股价出现了回调，这一波回调到什么位置可以抄底呢？下面利用黄金分割线来计算。

首先利用最低点 10.26 元和最高点 11.75 元来绘制黄金分割线，然后就可以看到其重要支撑位，即 0.618（11.18 元）、0.5（11.0 元）、0.382（10.83 元）黄金分割支撑位。

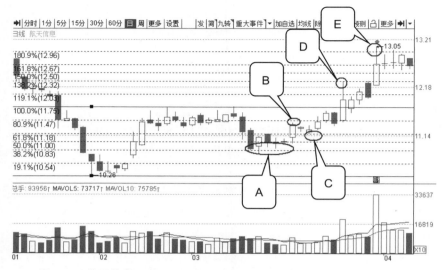

图 5.30　航天信息（600271）2021 年 1 月 22 日至 4 月 7 日的日 K 线图

在这时可以看到，股价两根大阴线下跌，就回调到 50% 的位置，即 11 元附近。随后股价在 11 元到 11.18 元之间震荡四个交易日，即 A 处，所以 A 处是一个抄底做多的位置。接着股价就开始上涨，一根中阳线涨到 80.9%（11.47 元）附近，即 B 处，然后略回调，回调到 61.8%（11.18 元）附近，即 C 处，接着股价继续上涨，突破前期高点。

需要注意的是，突破前期高点的是一根带有上影线的中阳线，最高上涨到 138.2%（12.32 元）附近，即 D 处。股价突破前期高点后继续上涨，最高上涨到 180.9%（12.96 元）附近，即 E 处。需要注意的是，股价创出 13.05 元的高点后，随后几交易日出现上涨无力的情况，所以短线高手要注意止盈。

总之，一波上涨行情完成后，开始回调，一般会在 0.5 黄金分割位有支撑，如果支撑无效，一般会找 0.328 黄金分割位。如果是回调，很少会跌破 0.382 黄金分割位，然后开始上涨，上涨过程也许很复杂，但在重要的黄金分割位都会有压力或支撑。

在明显的上升行情中，如果股价出现回调，也可以利用黄金分割线来抄底。

图 5.31 显示的是隆基股份（601012）2020 年 7 月 20 日至 2021 年 1 月 4 日的日 K 线图。

隆基股份（601012）的股价在明显的上涨行情中，经过一波上涨之后，出现了回调，到底回调到什么位置可以抄底呢？下面利用黄金分割线来计算。

利用 2020 年 8 月 20 日的低点 51.30 元和 10 月 13 日的高点 83.27 元来绘制黄金分割线。

在这里可以看到，股价回调到 50% 附近，即 A 处，出现了反弹。这一波反弹，反弹到 80.9% 附近，即 B 处，震荡近十个交易日后，再度下跌回调，正好回调到 38.2% 附近，即 C 处，股价企稳，开始新的一波上涨，所以 C 处是最佳抄底位置。

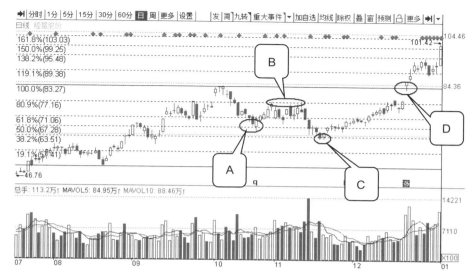

图 5.31　隆基股份（601012）2020 年 7 月 20 日至 2021 年 1 月 4 日的日 K 线图

随后股价开始震荡上涨，虽然上涨速度很慢，但股价的重心在上移，最后在 D 处，股价跳空高开突破前期高点，所以 D 处是一个短线加仓做多位置。

如果股价处于明显的下跌行情中，下跌过猛，然后出现反弹，这时可以利用黄金分割线预测其反弹的高度。

图 5.32 显示的是分众传媒（002027）2021 年 2 月 1 日至 7 月 5 日的日 K 线图。

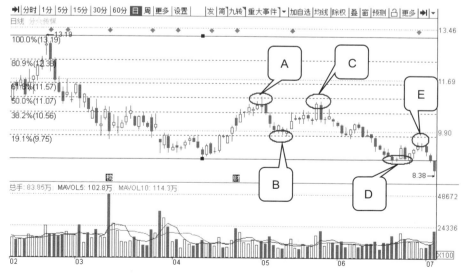

图 5.32　分众传媒（002027）2021 年 2 月 1 日至 7 月 5 日的日 K 线图

分众传媒（002027）的股价经过长时间、大幅度的上涨之后，创出 13.19 元的高点，然后开始下跌，经过连续下跌之后，创出 8.94 元的低点。接着股价开始反弹，下面来预测一下其反弹高度。

首先利用高点 13.19 元和低点 8.94 元来绘制黄金分割线。这里可以看到，股价反弹到 50%（11.07 元）附近，即 A 处，受压下行，回调到 19.1%（9.75 元）附近，即 B 处。

股价在 B 处企稳后再度反弹，但这一波反弹力量有点弱，没有再创新高，而是在 C 处，即 50% 以下受压下行，这一波下跌再度回到前期低点（8.94 元）附近，即 D 处。

股价在 D 处企稳后再度反弹，但这一波反弹更弱，连 19.1%（9.75 元）也没有反弹到，即 E 处，就再度下跌，这一波下跌创出了新低，即开始了新的下跌行情。

总之，每次反弹到 0.382 和 0.5 重要压力位时都要特别小心，一出现不好信号，投资者要及时出局观望。

▓ 5.6.3　黄金分割线对强势股股性的实战分析 --------------●

假设一只强势股，上一轮由 10 元涨至 15 元，呈现一种强势，然后出现回调，它将回调到什么价位呢？黄金分割线的 0.382 位为 13.09 元，0.5 位为 5.50 元，0.618 位为 11.91 元，这就是该股的三个支撑位。

第一，若股价在 13.09 元附近获得支撑，该股票强势不变，后市突破 15 元创新高的概率大于 70%。若创了新高，该股票就运行在第三主升浪中。能上冲到什么价位呢？用一个 0.382 价位即（15-13.09）+15=16.91 元，这是第一压力位；用两个 0.382 价位（15-13.09）×2+15=18.82 元，这是第二压力位；第三压力位为 10 元的倍数即 20 元。

第二，若该股票从 15 元下调至 5.50 元附近才获得支撑，则该股票的强势特征已经趋淡，后市突破 15 元的概率只有 50%。若突破，高点一般只能达到一个 0.382 价位即 16.91 元左右；若不能突破，往往形成 M 顶，后市下跌 5.50 元经线位后回到起点 10 元附近。

第三，若该股票从 15 元下调至 0.618 位即 11.91 元甚至更低才获得支撑，则该股票已经由强转弱，跌破 15 元新高的概率小于 30%，大多仅上摸下调空间的 0.5 位附近［假设回调至 11.91 元，反弹目标位大约在（15-11.91）×0.5+11.91=13.46 元］，然后再行下跌，运行该股票的下跌 C 浪。大约跌到什么价位呢？用 11.91-（15-13.09）=10 元，是第一支撑位，也是前期低点；11.91-（15-13.09）×2=8.09 元，是第二支撑位。

▌ 5.6.4　黄金分割线对弱势股股性的实战分析 ------------●

假设一只弱势股票上一轮由 40 元跌至 20 元，然后出现反弹，黄金分割的 0.382 位为 27.64 元，0.5 位为 30 元，0.618 位为 32.36 元。

第一，若该股票仅反弹至 0.382 位即 27.64 元附近即遇阻回落，则该股票的弱势特性不改，后市跌破 20 元创新低的概率大于 70%。

第二，若该股票反弹至 0.5 位即 30 元附近遇阻回落，则该股票的弱势特性有转强的迹象，后市跌破 20 元的概率小于 50%。股价大多在 20 元之上再次获得支撑，形成 W 底，日后有突破 30 元颈线上攻 40 元前期高点的可能。

第三，若该股票反弹至 0.618 位即 32.36 元附近才遇阻回落，则该股票的股性已经由弱转强，后市基本可以肯定不会跌破 20 元的前期低点，更大的可能是回探反弹空间的 0.5 位〔假设反弹至 32.36 元，回档目标为（32.36-20）×0.5+20=26.18 元〕，后市上涨至 40 元前期高点的概率大于 50%。第一压力位 40 元，是前期高点，也是前期低点 20 元的倍数；第二压力位是第 2 浪底即 26.18 元的倍数 52.36 元。此时该股票已经运行在新一上升浪的主升 3 浪中。

> ⟡　提醒：黄金分割线对具有明显上升趋势或下跌趋势的个股有效，对平台运行的个股无效，投资者一定要加以区别。

第 6 章
短线量化交易的 EXPMA 实战技巧

EXPMA 指标对均线进行了取长补短，同时又具备了 KDJ 指标和 MACD 指标的"金叉"和"死叉"等功能，因此该指标具有较高的成功率和准确性，对于价格的抄底和逃顶提供了较好的点位，是投资者进行中、短线决策的好帮手。本章首先讲解 EXPMA 指标的基础知识和设置方法，然后讲解 60 分钟图的 EXPMA 赚钱技巧，最后讲解 EXPMA+ 分时图短线赚钱技巧。

6.1 初识 EXPMA

EXPMA（指数平均数），其构造原理是对股票收盘价进行算术平均，并根据计算结果进行分析，用于判断价格未来走势的变动趋势。

▌6.1.1 EXPMA 概述

EXPMA 指标简称 EMA，中文名字为指数平均数指标或指数平滑移动平均线，是一种趋向类指标。

从统计学的观点来看，只有把移动平均线（MA）绘制在价格时间跨度的中点，才能够正确地反映价格的运动趋势，但这会使信号在时间上滞后。而 EXPMA 指标是对移动平均线的弥补，EXPMA 指标由于其计算公式中着重考虑了价格当天（当期）行情的权重，因此在使用中可克服 MACD 等其他指标对于价格走势的滞后性，同时也在一定程度上消除了 DMA 指标在某些时候对于价格走势所产生的信号提前性，是一个非常有效的分析指标。

EXPMA 的计算公式如下：

$$EXPMA = \frac{当日收盘价 \times 2 - 上日\ EXPMA \times （N-1）}{N+1}$$

▌6.1.2 EXPMA 的设置

打开同花顺软件，然后按下键盘上的 F3 键，就会显示上证指数（000001）的日 K 线图，然后单击指数平均数 EXPMA，就可以看到上证指数（000001）的日 K 线图和 EXPMA 指标，如图 6.1 所示。

EXPMA 指标的默认参数为收盘价的 5

图 6.1　上证指数（000001）的日 K 线图和 EXPMA 指标

日、10 日、20 日和 60 日的指数平滑移
动平均值。

　　下面来修改 EXPMA 指标的参数。
将鼠标指针指向 EXPMA 指标，然后单
击左键，就可以选择 EXPMA 指标，再
单击右键，在弹出的快捷菜单中选择"修
改指标参数"命令，弹出"参数设置"
对话框，如图 6.2 所示。

　　在这里，把 MA1、MA2 和 MA3 都
设为 10，把 MA4 设为 60，然后单击"确
定"按钮，就可以看到 EXPMA 的两条
线，一条是短期 EXPMA，另一条是长期
EXPMA，如图 6.3 所示。

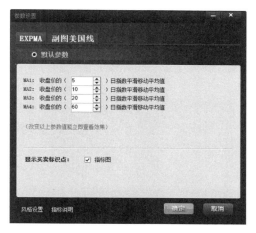

图 6.2　"参数设置"对话框

图 6.3　EXPMA 的两条线

　　在日 K 线图中，如果短期 EXPMA 在长期 EXPMA 上方，而 K 线在短期
EXPMA 上方，就是明显的多头行情，以逢低做多为主，如图 6.4 所示。

　　在日 K 线图中，如果短期 EXPMA 在长期 EXPMA 下方，而 K 线在短期
EXPMA 下方，就是明显的空头行情，以逢高卖出为主，如图 6.5 所示。

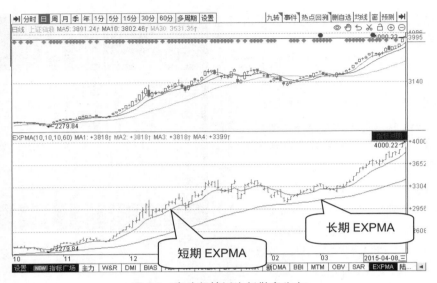

图 6.4　多头行情以逢低做多为主

图 6.5　空头行情以逢高卖出为主

6.2　60 分钟图的 EXPMA 赚钱技巧

如果利用日 K 线图的 EXPMA 进行操作的话，往往需要等待较长时间，这就需要投资者有足够的耐心。有过实战经验的投资者都知道，明明自己在开盘之前制订好了操盘计划，可开盘后，在价格波动时，往往会控制不住自己，就匆忙进场了。所以我们只能利用日 K 线图的 EXPMA 来判断方向，而具体的进场点位，就需要利用 60 分钟图的 EXPMA 来操作了。

6.2.1 EXPMA 金叉做多技巧

在 60 分钟的 K 线图中，如果短期 EXPMA 从下向上穿过长期 EXPMA，就是一个买进做多信号。

图 6.6 显示的是康缘药业（600557）2022 年 12 月 14 日 10:30 时至 2023 年 3 月 31 日 14:00 时的 60 分钟 K 线图。

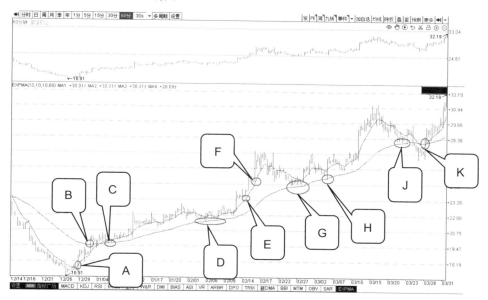

图 6.6　康缘药业（600557）2022 年 12 月 14 日 10:30 时至 2023 年 3 月 31 日 14:00 时的 60 分钟 K 线图

康缘药业（600557）的股价沿着 10 日指数平滑移动平均值（短期 EXPMA）连续下跌之后，创出 16.91 元的低点，随后开始震荡反弹，先是一根中阳线站上短期EXPMA，即 A 处，这意味着价格要开始反弹上涨了。其原因是：前一波下跌价格是沿着短期 EXPMA 下跌的，价格站上短期 EXPMA，意味着趋势要转变，所以手中还有融券空单的投资者要及时止盈。手中有抄底的低位多单可以持有，并且可以在盘中回调时介入多单，止损位放在短期 EXPMA 附近即可。

从其后的走势来看，价格站上短期 EXPMA 后，就开始沿着短期 EXPMA 震荡上涨。随着价格的不断上涨，价格又站上长期 EXPMA，即 B 处。接着 EXPMA 出现了金叉做多信号，这意味着行情开始转为多头行情，所以投资者手中的多单可以继续持有，没有多单的，仍可以择机介入多单，即 C 处。

随后价格沿着短期 EXPMA 震荡上涨，虽然上涨幅度不大，但整体是震荡上涨的。在明显的上涨行情中，每次价格回调到短期 EXPMA 附近，都可以介入多单，但短线可以见好就收。

在 D 处，价格再度回调到长期 EXPMA 附近，这是一个新的做多机会，投资者要敢于做多。

价格在 D 处企稳后，就沿着短期 EXPMA 开始一波明显的上涨行情，由于这一波上涨较快，想短线继续介入多单的，仍可以关注价格回调到短期 EXPMA 附近的机会，即 E 处和 F 处仍可以介入多单，但一定要见好就收，或涨不动时先止盈出来。

价格经过一波上涨之后再度回调，回调到长期 EXPMA 附近，价格就跌不动了，所以 G 处是新的做多机会。需要注意的是，价格上涨没有突破前期高点，再度回调，又回调到长期 EXPMA 附近，这也是不错的做多机会，即 H 处。

价格在 H 处企稳后，又出现新的一波上涨，并创出新高，及时介入多单的投资者，短时间内就会有不错的投资收益。

> 🔊 **提醒**：主力在上涨过程中，为了减轻上涨压力，常常会出其不意地洗盘，这样追进多单的投资者，短时间内就会被套，如果仓位过重，心理压力就会很大，很可能在价格快速回调时，止损出局，从而错过后面的上涨行情。所以在实战交易中，投资者一定要控制好仓位。另外，只要重要支撑不跌破，就可以持有手中的单子。如长期 EXPMA 不跌破，多单就可以持有。

需要注意的是，当价格出现一波快速上涨之后，短期 EXPMA 和长期 EXPMA 往往会离得较远，即价格有回调到长期 EXPMA 的可能。所以一旦价格跌破短期 EXPMA，多单要注意止盈。

还需要注意，价格回调到长期 EXPMA 附近，即 J 处，再度上涨，但上涨力量较弱，随后又跌破了长期 EXPMA，这时多单要及时卖出观望。

价格跌破长期 EXPMA 后，并没有出现大幅下跌，并且很快又收到长期 EXPMA 的上方，这就是假突破，也是明显的诱空，即把散户的多单在低位洗出局，或让散户在低位做空，即 K 处。

投资者要明白，假的向下突破，是诱空，所以一旦价格再度站上长期 EXPMA，又是新的一波上涨行情，所以 K 处是新的做多机会。

从其后的走势可以看出，价格很快再度创出新高，及时介入多单的投资者，会有相当不错的投资收益。

6.2.2 EXPMA 多头行情中的短期 EXPMA 附近做多技巧

在 60 分钟的 K 线图中，如果短期 EXPMA 在长期 EXPMA 上方，即价格处在多头行情之中，当价格回调到短期 EXPMA 附近，就是介入多单的时机。

图 6.7 显示的是汇嘉时代（603101）2023 年 5 月 9 日 11:30 时至 6 月 14 日 14:00 时的 60 分钟 K 线图。

汇嘉时代（603101）的股价经过一波下跌后，创出 5.62 元的低点，随后价格开始震荡上涨。在 A 处，一根中阳线同时站上短期 EXPMA 和长期 EXPMA，这意味着股价要开始上涨了，所以手中有空单的投资者要及时卖出。

随后价格在短期 EXPMA 和长期 EXPMA 的上方小幅震荡，然后在 B 处，短期 EXPMA 上穿长期 EXPMA，形成金叉，这是明显的做多信号。

接着价格就开始沿着短期 EXPMA 上涨，所以每当价格回调到短期 EXPMA 附近时，投资者都可以介入多单，止损位放在长期 EXPMA 附近即可。所以 C 处、D 处、E 处和 F 处都可以做多。

从其后的走势来看，投资者在短期 EXPMA 附近介入多单并耐心持有，就会有不错的投资收益。

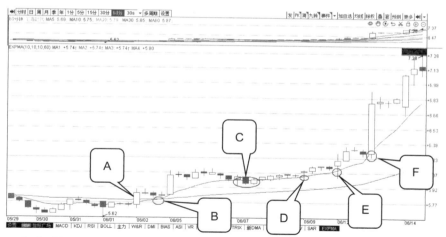

图 6.7　汇嘉时代（603101）2023 年 5 月 9 日 11:30 时至 6 月 14 日 14:00 时的 60 分钟 K 线图

6.2.3 EXPMA 多头行情中的短期 EXPMA 假跌破做多技巧

在 60 分钟的 K 线图中，如果短期 EXPMA 在长期 EXPMA 上方，则价格处在多头行情之中。如果价格跌破短期 EXPMA，但很快又站上短期 EXPMA，就是介入多单的时机。

图 6.8 显示的是诺思格（301333）2022 年 12 月 23 日 11:30 时至 2023 年 2 月 17 日 14:00 时的 60 分钟 K 线图。

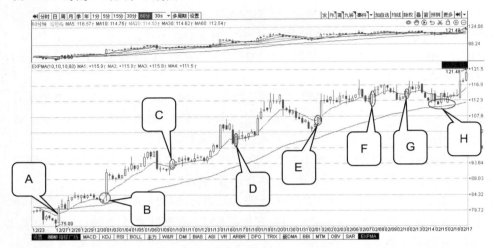

图 6.8　诺思格（301333）2022 年 12 月 23 日 11:30 时至 2023 年 2 月 17 日 14:00 时的 60 分钟 K 线图

诺思格（301333）的股价经过一波下跌后，创出 75.00 元的低点。需要注意的是，价格在创出低点时，收了一根带有较长下影线的见底 K 线，这意味着下方有抄底资金进场做多，所以空单要注意保护盈利。

随后一根中阳线拉起，同时站上短期 EXPMA 和长期 EXPMA，即 A 处，这意味着空头行情结束，价格要开始上涨了。

接着价格沿着短期 EXPMA 震荡上涨，投资者可以以长期 EXPMA 为止损位，沿着短期 EXPMA 做多。

在 B 处，价格连续回调四根小阴线，回调到短期 EXPMA 以下，但随后就是一根大阳线拉起，这表明下跌是诱空，上涨为真，所以手中还有多单的投资者可以继续持有，没有多单的投资者仍可以介入多单。

随后价格继续沿着短期 EXPMA 上涨，经过一波明显的上涨之后，价格再度回调，一根大阴线跌破短期 EXPMA，即 C 处，这意味着价格要回调了。但接下来价格并没有出现较大幅度的下跌，而是小阴小阳地震荡，然后又重新站上短期 EXPMA，这意味着跌破短期 EXPMA 是诱空，后期继续看涨。

同理，在 D 处、E 处、F 处和 G 处，价格都跌破了短期 EXPMA，但很快又重新收回，这意味着跌破诱空是假，所以多单仍可以继续持有，仓位轻的投资者可以继续介入多单。需要注意的是，价格上涨的幅度越大，低位筹码盈利越丰厚，获利了结的概率越大，所以在高位介入多单，一定要控制好仓位。

在 H 处，价格回调到长期 EXPMA 附近，只要不跌破长期 EXPMA，仍可以看多，所以 H 处可以介入多单，止损位放在长期 EXPMA 下方几个点即可。

从其后的走势可以看出，价格在 H 处企稳后，又出现一波明显的上涨行情，并且创出了新高。

6.2.4 EXPMA 死叉卖出技巧

在 60 分钟的 K 线图中，如果短期 EXPMA 从上往下穿过长期 EXPMA，就是一个卖出信号。

图 6.9 显示的是天力锂能（301152）2023 年 2 月 6 日 14:00 时至 4 月 6 日 10:30 时的 60 分钟 K 线图。

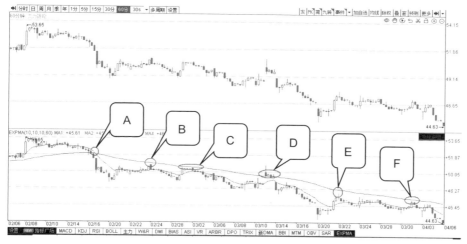

图 6.9 天力锂能（301152）2023 年 2 月 6 日 14:00 时至 4 月 6 日 10:30 时的 60 分钟 K 线图

天力锂能（301152）的股价经过一波上涨之后，创出 53.65 元的高点，然后在高位窄幅震荡。经过较长时间的震荡之后，价格开始慢慢下跌，先是跌破短期 EXPMA，然后又跌破长期 EXPMA，在 A 处，短期 EXPMA 从上往下穿过长期 EXPMA，这是一个卖出信号。所以在 A 处，投资者要果断卖出手中的多单，融券做空的投资者可以关注这里的做空机会。

短期 EXPMA 下穿长期 EXPMA 后，价格就开始快速下跌，然后震荡下跌。需要注意的是，每当价格震荡反弹到长期 EXPMA 附近时，都是抄底多单卖出的机会，同时也是新的融券做空机会，即 B 处和 C 处。

在 D 处，价格反弹到长期 EXPMA 上方，但从 K 线上看，价格收出的 K 线都属于上涨无力 K 线，所以在 D 处，如果投资者手中还有抄底多单要及时卖出，并且这里也是不错的融券做空位置。

同理，E 处和 F 处也是抄底多单卖出位置，同时也是融券做空位置。

▌ 6.2.5 EXPMA 空头行情中的短期 EXPMA 附近卖出技巧

在 60 分钟的 K 线图中，如果短期 EXPMA 在长期 EXPMA 下方，即价格处在空头行情之中，当价格反弹到短期 EXPMA 附近时，是卖出多单的时机，也是介入融券空单的时机。

图 6.10 显示的是上港集团（600018）2023 年 5 月 5 日 11:30 时至 5 月 26 日 10:30 时的 60 分钟 K 线图。

上港集团（600018）的股价经过一波明显的上涨行情之后，创出 6.18 元的高点，随后开始震荡下跌，先是跌破短期 EXPMA，然后继续下跌至长期 EXPMA 附近。

在长期 EXPMA 附近，价格出现较长时间的窄幅震荡，在震荡过程中，短期 EXPMA 下穿长期 EXPMA，即在 A 处出现死叉卖出信号。所以在 A 处，手中还有多单的投资者要及时卖出手中的筹码，手中有融券空单的投资者可以耐心持有，空仓的投资者可以关注逢高融券做空的机会。

随后价格开始沿着短期 EXPMA 震荡下跌，每当价格反弹到短期 EXPMA 附近，都是不错的融券做空的机会，当然也是抄底多单卖出的位置，即 B 处、C 处和 D 处。

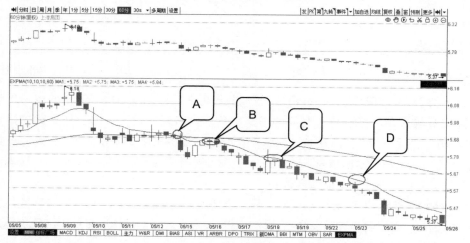

图 6.10　上港集团（600018）2023 年 5 月 5 日 11:30 时至 5 月 26 日 10:30 时的 60 分钟 K 线图

6.2.6 EXPMA 空头行情中的短期 EXPMA 假突破做空技巧

在 60 分钟的 K 线图中，如果短期 EXPMA 在长期 EXPMA 下方，即价格处在空头行情之中，当价格反弹突破短期 EXPMA，但很快又跌破短期 EXPMA，就是卖出抄底多单的时机，也是介入融券空单的时机。

图 6.11 显示的是廊坊发展（600149）2023 年 3 月 17 日 10:30 时至 4 月 25 日 14:00 时的 60 分钟 K 线图。

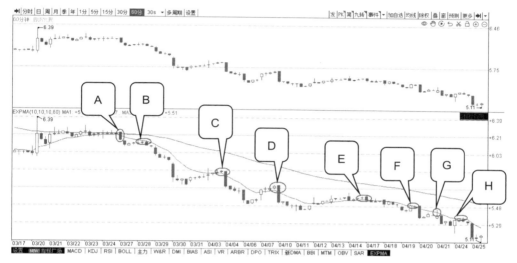

图 6.11　廊坊发展（600149）2023 年 3 月 17 日 10:30 时至 4 月 25 日 14:00 时的 60 分钟
K 线图

廊坊发展（600149）的股价经过一波反弹后，创出 6.39 元的高点，然后在长期 EXPMA 附近开始窄幅震荡。经过较长时间的震荡之后，在 A 处，一根中阴线跌破了短期 EXPMA，这意味着震荡结束，将要开始新一波下跌行情了。在 A 处，如果投资者手中还有多单，要果断卖出；如果投资者手中有融券空单，可以耐心持有；如果投资者空仓，可以融券做空。

随后价格就沿着短期 EXPMA 震荡下跌，所以当价格反弹到短期 EXPMA 附近，就是抄底多单卖出的时机，也是新的做空时机，即 B 处。

在 C 处，价格反弹站上短期 EXPMA，但随后一根中阴线跌破短期 EXPMA，这表明股价反弹站上短期 EXPMA 是诱多，所以再度跌破短期 EXPMA 是新的做空机会。所以 C 处是新的做空机会，当然也是抄底多单果断卖出的位置。

同理，D 处、E 处、F 处、G 处和 H 处，也是不错的融券做空位置。

6.3　EXPMA+ 分时图短线赚钱技巧

我们可以利用日 K 线图的 EXPMA 来确定做单的方向，即确定是逢高做空，还是逢低做多。有了做单思路后，就要找具体的介入位置，虽然利用 60 分钟的 EXPMA 可以找到不错的介入位置，但还有一个寻找介入位置的好方法，那就是分时图做单方法。下面具体讲解一下，如何利用 EXPMA 来确定做单的方向，再利用分时图找到介入位置。

▶ 6.3.1　EXPMA+ 分时图短线做多技巧

图 6.12 显示的是西藏药业（600211）2022 年 12 月 19 日至 2023 年 3 月 10 日的日 K 线图。

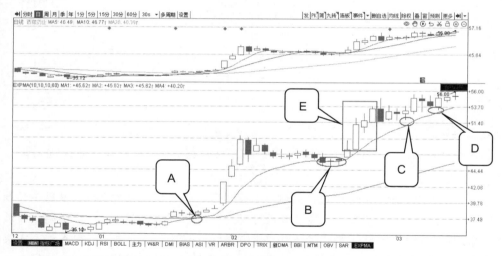

图 6.12　西藏药业（600211）2022 年 12 月 19 日至 2023 年 3 月 10 日的日 K 线图

西藏药业（600211）的股价经过一波下跌回调之后，创出 35.12 元的低点，随后开始震荡反弹，先是站上短期 EXPMA，然后继续反弹到长期 EXPMA 附近，再度震荡。

经过较长时间的震荡之后，价格跳空高开站上长期 EXPMA，这表明价格将要开始一波上涨行情了。随后价格继续震荡，然后在 A 处，短期 EXPMA 上穿长期 EXPMA，这是一个做多信号。所以在 A 处，手中还有空单的投资者，一定要及时果断地卖出；手中有抄底多单的投资者，可以耐心持有；手中没有筹码的投资者，可以介入多单，以长期 EXPMA 为止损位即可。

在多头行情中，每当价格回调到短期 EXPMA 附近时，都可以介入多单，即 B 处、C 处和 D 处都可以介入多单。

需要注意的是，当价格震荡上涨时，我们通过日 K 线图的短期 EXPMA 线，可以找到介入多单的位置。但在快速上涨行情中，如在 E 处，价格连续上涨，这时通过日 K 线就找不到做多的位置了。这时就可以利用分时图的做多信号进场做多。

图 6.13 显示的是西藏药业（600211）2023 年 2 月 24 日的分时走势图。

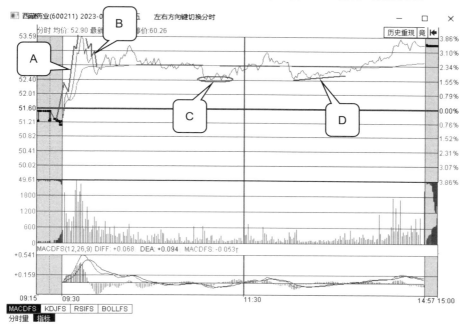

图 6.13　西藏药业（600211）2023 年 2 月 24 日的分时走势图

2023 年 2 月 24 日，西藏药业（600211）的股价已处在多头行情中，做单思维是逢低做多。

由于 2 月 24 日，西藏药业（600211）的股价开盘低开，所以开盘就可以介入多单。

> 📶　提醒：明显的上涨行情中，低开就是送钱，要敢于开盘就做多。

这里可以看到，如果开盘就做多，短时间内就会有不错的投资收益。因为这里出现了明显的三波上涨行情，如果投资者手中有以前的筹码，可以减仓，因为三波上涨之后会有调整，即 A 处。

西藏药业（600211）的股价经过三波上涨之后，出现了明显的回调，注意这一大波回调，也是明显的三波下跌，即 B 处。所以 B 处可以把减仓的筹码再补回来。

随后价格进入复杂的震荡调整行情，在 C 处，价格出现了复杂的头肩底，所以投资者可以介入多单，止损位放在这一波回调的最低点即可。

价格在 C 处企稳后，出现了一波上涨，但上涨力量不大，放量也不大。所以反弹上涨结束后，再度回调，注意这一次回调低点比 C 处要高，并且低点不断抬高，即 D 处，所以 D 处是新的做多位置。

总之，如果日 K 线图的 EXPMA 处在多头行情中，分时图的每一次下跌或回调，都是好的介入多单的时机。

6.3.2　EXPMA+ 分时图短线做空技巧

图 6.14 显示的是宁波韵升（600366）2023 年 1 月 19 日至 6 月 9 日的日 K 线图。

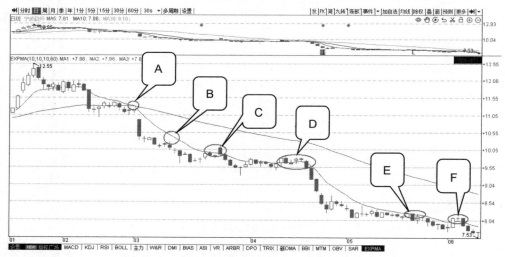

图 6.14　宁波韵升（600366）2023 年 1 月 19 日至 6 月 9 日的日 K 线图

宁波韵升（600366）的股价经过一波明显的上涨行情后，创出 12.55 元的高点，但在创出高点这一天收了一根带有上影线的中阳线，这意味着上方已有压力，所以多单要注意止盈。

随后价格开始下跌，先是下跌到短期 EXPMA 附近，价格开始震荡。经过几个交易日的震荡之后，价格又开始下跌，下跌到长期 EXPMA 附近，价格再度震荡。经过几个交易日的震荡之后，在 A 处，短期 EXPMA 下穿长期 EXPMA，出现明显的卖出信号。所以在 A 处，手中还有多单的投资者要及时果断地卖出，手中有融券空单的投资者可以耐心持有，空仓的投资者可以融券做空。

随后价格开始沿着短期 EXPMA 下跌，所以每当价格反弹到短期 EXPMA 附近，都可以介入空单，即 B 处和 C 处。

在 D 处，价格出现窄幅震荡，但始终在长期 EXPMA 下方，即处在明显的空头行情中，所以仍关注做空机会。当价格跌破短期 EXPMA 时，是较好的做空时机。

同理，E 处和 F 处，仍可以继续做空。

总之，当 EXPMA 变成空头行情之后，就可以利用分时图的做空信号大胆地进场融券做空了。

图 6.15 显示的是宁波韵升（600366）2023 年 5 月 29 日的分时走势图。

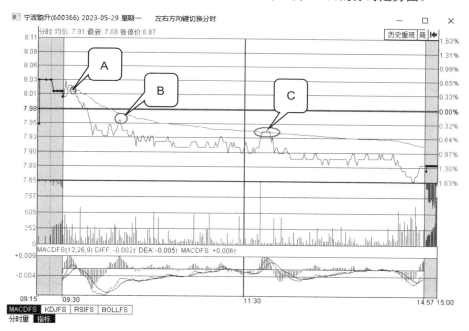

图 6.15　宁波韵升（600366）2023 年 5 月 29 日的分时走势图

2023 年 5 月 29 日，宁波韵升（600366）的股价已处在空头行情中，做单思维是逢高做空。

由于 5 月 29 日，宁波韵升（600366）的股价开盘高开，所以一开盘投资者就可以介入空单。

提醒：明显的下跌行情中，高开就是送钱，要敢于开盘就做融券空单。

这里可以看到，价格高开后略上冲，就开始下跌，先是跌破均价线，即 A 处，所以 A 处是融券做空的位置。

随后价格就开始快速下跌，连续下跌之后，出现了反弹，但反弹没有过均价线，即 B 处。这意味着价格反弹无力，反弹结束后还会下跌，所以 B 处仍是不错的做空位置。

随后价格继续下跌，虽然下跌幅度很小，但总体是低点不断下移，虽有反弹，但反弹都不过均价线。所以，每当价格反弹到均价线附近时，都是较好的做空机会，所以 C 处仍可以介入融券空单。

总之，如果日 K 线图的 EXPMA 处在空头行情中，分时图的每一次上涨或反弹，都是好的介入融券空单的时机。

第 7 章
短线量化交易的 MACD 实战技巧

MACD 技术指标，是指数平滑异同移动平均线，是一个比较常用的趋向类指标。它是利用红、绿柱状表示看多与看空，如果看到红色柱状，就看多；如果看到绿色柱状，就看空。本章首先讲解 MACD 指标的基础知识和设置，然后讲解 MACD 实战做多技巧，最后讲解 MACD 实战做空技巧。

7.1 初识 MACD

MACD 技术指标广泛流行于欧美市场，现在也是我国市场中使用较广泛、较有效的技术分析指标之一，因其直观、形象，倍受投资者的青睐。

▌7.1.1 MACD 概述

MACD 技术指标图形是由 DIFF 线、DEA 线和柱状线组成，其中 DIFF 线是核心，DEA 线是辅助。

DIFF 线是快速移动平均线（12 日移动平均线）和慢速移动平均线（26 日移动平均线）的差。如果其值为正，则称为正差离值；如果其值为负，则称为负差离值。在持续上涨行情中，正差离值会越来越大；在持续下跌行情中，负差离值的绝对值会越来越大。这样经过对移动平均线的特殊处理，虚假信号就会大大减少。

DEA 是 DIFF 的算术平均值。柱状线的值是 DIFF 与 DEA 的差值，即若 DIFF 线在 DEA 线上方，则差值为正，柱状线在 0 轴上方，显示为红柱；若 DIFF 线在 DEA 线下方，则差值为负，柱状线在 0 轴下方，显示为绿柱。

图 7.1 显示的是深证成指（399001）2023 年 2 月 20 日至 7 月 20 日的日 K 线图和 MACD 指标。

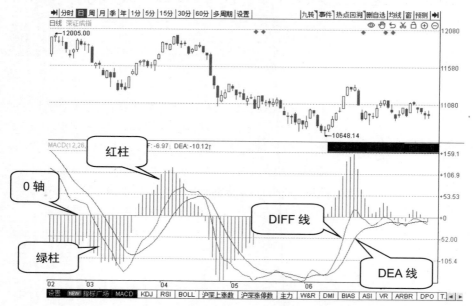

图 7.1 深证成指（399001）2023 年 2 月 20 日至 7 月 20 日的日 K 线图和 MACD 指标

如果 DIFF 线和 DEA 线运行在 0 轴下方，表示现在的市场是空头市场；如果 DIFF 线和 DEA 线运行在 0 轴上方，表示现在的市场是多头市场。

0 轴上方的柱状线为做多信号，当其增多拉长时，说明多方气势旺盛，多方行情将继续；当其减少缩短时，表示多方气势在衰减，价格随时有可能下跌。

0 轴下方的柱状线为做空信号，当其增多拉长时，说明空方气势旺盛，空方行情将继续；当其减少缩短时，表示空方气势在衰减，价格随时有可能止跌或见底回升。

▌ 7.1.2　MACD 的设置

打开同花顺软件，然后按下键盘上的 F3 键，就会显示上证指数（000001）的日 K 线图，然后单击 MACD 指标，就可以看到上证指数（000001）的日 K 线图和 MACD 指标，如图 7.2 所示。

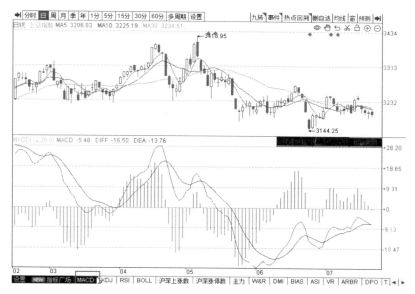

图 7.2　上证指数（000001）的日 K 线图和 MACD 指标

下面来修改 MACD 指标参数。将鼠标指针指向 MACD 指标，然后单击左键，就可以选择 MACD 指标，再单击右键，在弹出的快捷菜单中选择"修改指标参数"命令，弹出"参数设置"对话框，如图 7.3 所示。

在这里可以看到默认参数的设置情况，具体如下。

DIFF：收盘价的 12 天（短期）平滑移动平均值减去 26 天（长期）平滑移动平均值。

DEA：DIFF 的 9 天平滑移动平均值。

MACD：2 倍的（DIFF-DEA）。

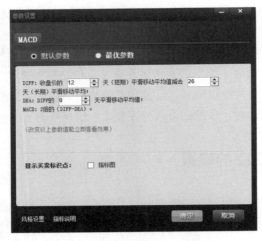

图 7.3　"参数设置"对话框

📶　提醒：MACD 是指红绿柱的长度。

这里可以修改 DIFF 和 DEA 的计算公式，但一般不建议修改。

单击"参数设置"对话框下方的"指标说明"超链接，弹出"指标使用说明"对话框，可以看到 MACD 指标说明及其买卖原则，如图 7.4 所示。

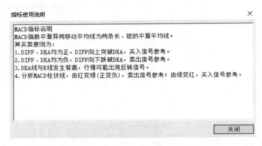

图 7.4　"指标使用说明"对话框

还可以修改 MACD 技术指标。将鼠标指针指向 MACD 指标，然后单击左键，就可以选择 MACD 指标，再单击右键，在弹出的快捷菜单中选择"修改指数平滑异同平均线"命令，弹出"指标编辑器－技术指标"对话框，如图 7.5 所示。

一般不建议修改系统指标参数。但如果投资者对各种指标非常熟悉，并且知道具体算法，则可以修改。

📶　提醒：一般不建议修改系统指标参数。

图 7.5 "指标编辑器 – 技术指标" 对话框

7.2 MACD 实战做多技巧

MACD 实战做多技巧共有四个，分别是 MACD 金叉做多技巧、MACD 指标底背离做多技巧、MACD 指标的绿柱底背离做多技巧和 MACD 指标的二次金叉做多技巧。

7.2.1 MACD 金叉做多技巧

向下移动的 DIFF 线开始调头向上移动，并且向上穿过 DEA 线时产生了 "黄金交叉"，这是一个做多信号，投资者可以积极地进场做多。

MACD 指标出现金叉越接近 0 轴，说明价格刚刚开始上涨，未来价格上涨空间会较大，这时介入多单的风险很小。因此，0 轴附近的金叉是买入多单的最佳时机。

图 7.6 显示的是国光连锁（605188）2023 年 4 月 18 日至 6 月 15 日的日 K 线图和 MACD 指标。

国光连锁（605188）的股价经过较长时间的下跌之后，创出 6.72 元的低点。需要注意的是，价格在创出低点这一天，收了一根带有下影线的小阴线，即 A 处。这表明 A 处已有资金进场做多了，或有人主动减仓多单了。

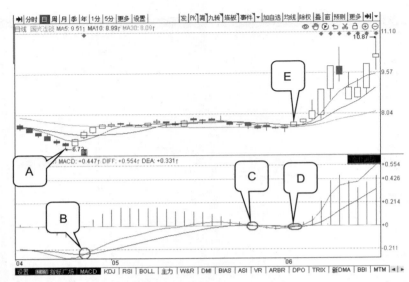

图 7.6　国光连锁（605188）2023 年 4 月 18 日至 6 月 15 日的日 K 线图和 MACD 指标

随后价格开始反弹上涨，一根中阳线站上 5 日均线，然后又是一根中阳线站上 10 日均线，这时 MACD 指标在 0 轴下方出现金叉，即 B 处。MACD 指标出现金叉是做多信号，同时，价格已重新站上 5 日均线和 10 日均线，这也是一个做多信号，所以 B 处可以介入多单。

接着价格就开始沿着 5 日均线上涨，所以投资者可以在 5 日均线附近介入多单。随着价格的不断上涨，价格站上 30 日均线后，就开始了较长时间的震荡。

经过较长时间的震荡之后，价格又开始下跌回调，然后 MACD 指标在 0 轴附近出现死叉，即 C 处。这是一个卖出信号，投资者可以减仓以应对风险。

经过几天小幅下跌之后，股价再度上涨，先是站上 5 日均线，然后又是一根中阳线同时站上 10 日均线和 30 日均线，即 E 处。这时 MACD 指标在 0 轴附近再度出现金叉，即 D 处，所以这又是一个做多信号。需要注意的是，MACD 指标出现金叉越接近 0 轴，说明股价刚刚开始上涨，未来价格上涨空间会较大，这时介入多单的风险很小。

从其后的走势来看，价格沿着 5 日均线和 10 日均线开始了新一波上涨行情。及时介入多单的投资者，会获得丰厚的投资收益。

如果 MACD 指标出现金叉的位置在 0 轴的下方，并且离 0 轴较远，这虽然是一个做多信号，但由于空方力量仍较强，所以只能看作一个小反弹，一旦反弹无力时，多单要第一时间止盈。如果出现见顶 K 线，还可以介入空单，因为大的趋势仍在空头行情之中。

图 7.7 显示的是熊猫乳品（300898）2022 年 12 月 1 日至 2023 年 3 月 20 日的日 K 线图和 MACD 指标。

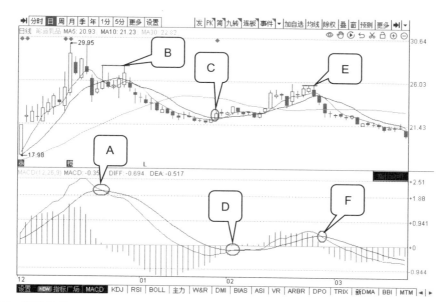

图 7.7　熊猫乳品（300898）2022 年 12 月 1 日至 2023 年 3 月 20 日的日 K 线图和 MACD 指标

熊猫乳品（300898）的股价经过一波明显的上涨后，创出 29.95 元的高点。需要注意的是，价格在创出高点这一天，收了一根带有上影线的大阳线。上影线的出现，表明已有资金开始减仓卖出。

随后价格在高位震荡，在高位震荡的第三个交易日又出现一根见顶 K 线，即射击之星，接着价格就开始快速下跌，并且跌破 10 日均线。随后价格再度震荡，在震荡过程中，MACD 指标在高位出现死叉，这是卖出信号，即 A 处。所以在 A 处，手中还有多单的投资者要注意逢高卖出，当然也可以关注逢高做空的机会。

随后价格开始震荡，并且出现了平顶，即 B 处，所以在这里可以做空，止损位放在平顶的高点即可。

价格经过震荡之后，就开始沿着 5 日均线下跌，先是跌破 30 日均线，然后继续下跌。经过十几个交易日的下跌之后，价格出现了反弹，一根跳空中阳线同时站上 5 日均线和 10 日均线，即 C 处，这表明价格要反弹上涨了，所以手中有空单的投资者，要及时平仓。想抄底做多的投资者，可以以这一波下跌的最低点为止损位。

随后价格继续反弹上涨，MACD 指标在 0 轴附近出现了金叉，即 D 处，这是一个做多信号。所以多单可以继续持有，想继续做多的投资者，仍以这一波下跌的最低点为止损位。

价格经过近二十个交易日反弹上涨之后，在 E 处再度出现平顶，所以抄底多单要及时卖出，想做空的投资者，可以以平顶的最高点为止损位，逢高做空。

随后价格开始下跌，先是跌破 5 日均线，然后又跌破 10 日均线，这时 MACD

指标出现死叉，即 F 处。这是一个卖出信号，所以空单可以继续持有，没有空单的投资者可以继续沿着 5 日均线做空。

从其后的走势可以看出，价格继续下跌，又跌破 30 日均线，然后继续沿着 5 日均线下跌，及时做空的投资者，只要耐心持有，就会有不错的投资收益。

如果 MACD 指标出现金叉的位置在 0 轴的上方，就是一个强势买入信号，这是因为价格本身处在明显的上涨行情中，出现了回调，然后又在 0 轴上方出现 MACD 金叉做多信号，所以此时投资者进场做多，是个好时机。

图 7.8 显示的是中际旭创（300308）2022 年 12 月 14 日至 2023 年 4 月 3 日的日 K 线图和 MACD 指标。

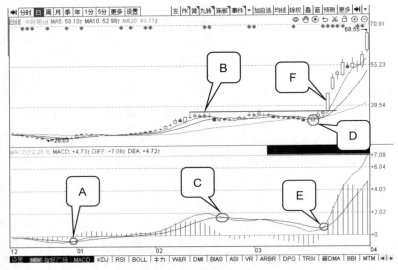

图 7.8　中际旭创（300308）2022 年 12 月 14 日至 2023 年 4 月 3 日的日 K 线图和 MACD 指标

中际旭创（300308）的股价经过一波明显的下跌之后，创出 26.03 元的低点。需要注意的是，价格在创出低点这一天，收了一根十字线，这是一个见底信号，所以手中有融券空单的投资者，要注意减仓。

随后价格开始震荡上涨，先是站上 5 日均线，然后站上 10 日均线，这时 MACD 指标出现金叉，这是一个做多信号，即 A 处。所以在 A 处，手中还有空单的投资者要及时卖出，想做多的投资者，可以以 26.03 元为止损位，逢低做多。

接着价格继续上涨，站上 30 日均线，然后沿着 5 日均线继续上涨，低位多单可以耐心持有，想加仓做多的投资者，可以沿着 5 日均线继续做多。

经过一波明显的上涨之后，价格在 B 处出现了平顶，所以多单要注意减仓。随后价格开始小幅回调，这时 MACD 指标出现死叉，即 C 处，这是一个卖出信号。所以在 C 处，投资者要注意减仓或清仓。

需要注意的是，虽然 MACD 指标在下落，但股价却没有出现明显的下跌，而是在窄幅震荡，但没有突破前期高点，即 B 处的平顶。

经过较长时间的震荡之后，在 D 处，一根中阳线同时站上 5 日均线、10 日均线和 30 日均线，这是一个明显的做多信号，所以手中还有空单的投资者要及时卖出。在 D 处，想做多的投资者，可以以这一波回调的低点为止损位，逢低做多。

随后价格继续上涨，MACD 指标出现金叉，即 E 处，这是一个明显的做多信号，所以手中有多单的投资者，可以继续持有，并且可以继续做多。

接着价格继续上涨，一根大阳线向上突破前期平顶，即 F 处，这表明价格要快速上涨了，所以手中有多单的投资者可以继续持有，并且可以继续做多。

按下键盘上的 → 键，向右移动日 K 线图，如图 7.9 所示。

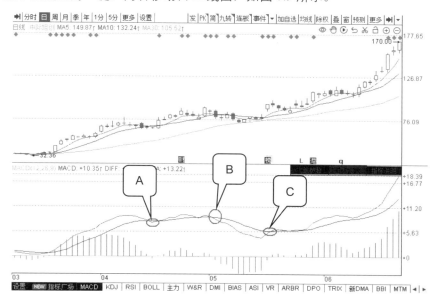

图 7.9　向右移动日 K 线图

价格突破平顶后，就出现一波快速上涨，及时做多的投资者，短时间内就会有相当丰厚的投资回报。

随后价格沿着 5 日均线和 10 日均线震荡上涨，在 A 处，MACD 指标出现一个诱空，即出现死叉后，又马上出现金叉，这是一个诱空，所以这里投资者仍可以做多。

价格在震荡上涨过程中出现了回调，然后在 B 处，MACD 指标出现死叉，这是一个卖出信号，盈利丰厚的多单可以减仓止盈。仓位不重的投资者，也可以继续持有多单，原因是 30 日均线在下方，并且方向是向上的。

随后价格继续回调，回调到 30 日均线附近，价格跌不动了，然后开始震荡上涨，这时 MACD 指标出现金叉，即 C 处。所以 C 处是明显的做多信号，前期减仓或清仓的投资者，在这里要敢于重新买回，甚至可以重仓做多，因为 0 轴上方的金叉做多盈利机会更大。

从其后的走势可以看出，在 C 处重仓做多的投资者，只要耐心持有，就会有相当丰厚的投资回报。

> **提醒：** 随着价格的不断上涨，很多投资者都恐高了，即使出现新的做多信号，也不敢进场做多了，因为他们认为价格这么高，不会上涨了。其实，在投资市场中，只要从技术上看处在多头行情之中，出现新的做多信号，投资者就可以介入多单，参与行情。激进的投资者，可以重仓参与；稳健的投资者，可以轻仓参与。千万不要逆市而行，要做到重势不重价。

7.2.2　MACD 指标底背离做多技巧

MACD 指标底背离的特征是：价格逐波下跌，而 MACD 指标不是同步下降，而是逐波走高。MACD 指标底背离的图形如图 7.10 所示。

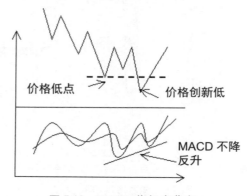

图 7.10　MACD 指标底背离

从技术上讲，MACD 指标底背离预示着一轮价格跌势已完成，短期内很可能见底，特别是价格已有大幅下跌后，此时 MACD 再出现黄金交叉，则见底回升的可能性更大。投资者这时做好准备进场做多，也可以利用少量资金先进场做多。

图 7.11 显示的是海澜之家（600398）2022 年 9 月 9 日至 12 月 8 日的日 K 线图和 MACD 指标。

海澜之家（600398）的股价在 30 日均线上方震荡后，一根阴线同时跌破 5 日均线、10 日均线和 30 日均线，这表明震荡行情结束，要开始一波下跌行情了，所以持有多单的投资者要果断卖出，持有空单的投资者可以耐心持有。想做空的，以 A 处阴线的最高点为止损位，逢高做空。

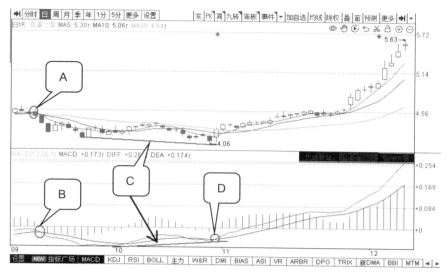

图 7.11　海澜之家（600398）2022 年 9 月 9 日至 12 月 8 日的日 K 线图和 MACD 指标

随后价格继续下跌，这时 MACD 指标在 0 轴下方出现死叉，即 B 处，这意味着空头力量较强，所以手中有空单的投资者可以继续持有，并且可以继续介入空单。

接着价格沿着 5 日均线下跌。经过一波下跌之后，价格出现了反弹，但反弹的力量较弱，仅反弹到 30 日均线附近，价格再度下跌。需要注意的是，在下跌过程中，价格创出新低，但 MACD 指标却不再有新低，即 C 处。这表明在 C 处，MACD 指标出现底背离，这是一个做多信号，想抄底做多的，可以以 4.06 元为止损位，逢低做多。

随后价格开始上涨，一根中阳线同时站上 5 日均线和 10 日均线，这表明价格反弹力量较强，随后价格又站上 30 日均线，这时 MACD 指标出现金叉，即 D 处。这是一个明显的做多信号，所以在 D 处，手中有多单的投资者可以继续持有；手中有空单的投资者要果断卖出；空仓的投资者可以沿着 5 日均线逢低做多。

从其后的走势可以看出，在 D 处敢于重仓做多的投资者，只要耐心地沿着均线持有，就会有丰厚的投资回报。

7.2.3　MACD 指标的绿柱底背离做多技巧

需要注意的是，往往要等到 MACD 指标的绿柱底背离完成后，MACD 指标才会见底反弹，因此 MACD 的绿柱底背离的做多信号更加灵敏。

图 7.12 显示的是昊华科技（600378）2021 年 8 月 23 日至 12 月 31 日的日 K 线图和 MACD 指标。

图 7.12　昊华科技（600378）2021 年 8 月 23 日至 12 月 31 日的日 K 线图和 MACD 指标

昊华科技（600378）的股价经过一波上涨之后，出现了平顶见顶信号，即 A 处，所以多单要注意止盈。

随后价格开始沿着 5 日均线震荡下跌，先是跌破 5 日均线，然后跌破 10 日均线，这时 MACD 指标出现死叉，即 B 处。这是一个看空信号，所以手中还有多单的投资者要及时果断出局。想做空的投资者，可以以平顶为止损位，逢高做空。

随后价格继续下跌，跌破 30 日均线后，价格出现了反弹，反弹到 30 日均线附近再度震荡。需要注意的是，在 C 处，一根中阳线向上突破，是诱多，随后下跌才是真的。所以 C 处是新的做空位置。

价格在 C 处反弹见顶后，继续下跌。需要注意的是，价格不断创新低，但 MACD 指标的绿柱反而没有变长，这就是 MACD 指标的绿柱底背离，即 D 处。

MACD 指标的绿柱底背离，往往意味着价格下跌幅度不会太大，所以手中有空单的投资者，一旦发现有见底 K 线，要第一时间获利了结。

这一波下跌，创出 28.20 元的低点。虽然创出低点这一天，价格收了一根中阴线，但第二个交易日价格却是高开高走，收了一根中阳线，这表明价格下跌空间很小了，所以手中有空单的投资者要注意止盈了。

随后价格在低位震荡，震荡后，价格慢慢站上 5 日均线和 10 日均线，并且 MACD 指标出现金叉，即 E 处。这是一个做多信号，所以手中还有空单的投资者要注意止盈了。想做多的投资者，可以以 28.20 元为止损位，逢低做多。

随着价格的不断震荡上涨，最终价格站上 5 日均线、10 日均线和 30 日均线，这样均线就变成多头行情，低位多单的投资者可以耐心持有，然后继续沿着 5 日均线看多做多。

从其后的走势来看，多单投资者只要耐心持有，就会有相当丰厚的投资回报。

> 📶 提醒：如果 MACD 绿柱与价格底背离的同时，成交量是缩量的，而底背离完成后，成交量又逐渐放大，则后市看涨的信号会更强烈。

▌7.2.4　MACD 指标的二次金叉做多技巧

MACD 指标低位第一次金叉，价格未必不能上涨，但 MACD 指标低位二次金叉，上涨的概率和把握更高一些。因为经过第一次金叉之后，空头虽然再度小幅进攻，造成又一次死叉，但是，空头的进攻在多方的二次金叉面前遭遇溃败，多头力量集中发力。

二次金叉的技术要点如下。

第一，第二次金叉离第一次金叉距离越近越好。

第二，第二次金叉的位置高于第一次金叉为好。

第三，MACD 指标第二次金叉时，如果出现 K 线的做多形态（如两阳夹一阴、平台向上突破等），则成功率更高。

图 7.13 显示的是中远海特（600428）2022 年 6 月 1 日至 8 月 25 日的日 K 线图和 MACD 指标。

中远海特（600428）的股价经过长时间的窄幅震荡后，出现了一个假的向下突破，即跌破震荡平台，创出 4.31 元的低点。

价格跌破震荡平台后，在低位震荡两个交易日后，一根中阳线向上突破，同时站上 5 日均线和 10 日均线，然后继续上涨，站上 30 日均线，同时 MACD 指标出现金叉，即在 B 处出现做多信号，所以空单要及时出局。想做多的投资者，可以以 4.31 元为止损位，介入多单。

随后价格沿着 5 日均线继续上涨，经过几个交易日的上涨之后，在 C 处出现平顶见顶信号，所以多单要注意止盈。想做空的投资者，以 C 处平顶为止损位，融券做空。

接着价格开始下跌，先是跌破 5 日均线，然后跌破 10 日均线，最后跌破 30 日均线，一直跌到前期震荡平台的下边线，即 D 处。

价格在 D 处企稳后，再度上涨，一根中阳线同时站上 5 日均线、10 日均线和 30 日均线，同时 MACD 指标出现金叉，即 E 处。这是一个做多信号，所以空单要及时出局。想做多的投资者，可以以前期震荡平台的下边线为止损位，沿着 5 日均线做多。

从其后的走势来看，这里出现了一波趋势性上涨行情，这一波行情是沿着 5 日均线上涨的，所以只要价格不跌破 5 日均线就可以持有波段多单，从而实现收益最大化。

总之，二次金叉的做多动能是强大的，投资者及时介入多单，会获得较大的投资收益，所以投资者要把握好这样的机会。

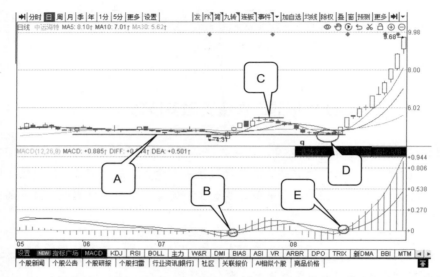

图 7.13　中远海特（600428）2022 年 6 月 1 日至 8 月 25 日的日 K 线图和 MACD 指标

7.3　MACD 实战做空技巧

MACD 实战做空技巧共有三个，分别是 MACD 死叉做空技巧、MACD 指标顶背离做空技巧、MACD 指标的红柱顶背离做空技巧。

7.3.1　MACD 死叉做空技巧

向上移动的 DIFF 线开始调头向下移动，并且向下穿过 DEA 线时产生了"死亡交叉"，这是一个做空信号，投资者可以积极地进场做空。

如果 MACD 指标出现死叉的位置在 0 轴的上方，并且离 0 轴较远，就是一个极佳的做空时机。这种情况的出现，往往意味着价格经过大幅上涨，开始反转向下了，下方空间巨大，及时介入空单，会获利丰厚。

图 7.14 显示的是通威股份（600438）2022 年 5 月 17 日至 8 月 4 日的日 K 线图和 MACD 指标。

通威股份（600438）的股价经过一波明显的上涨行情之后，创出 67.86 元的高点。需要注意的是，在创出高点这一天，价格收了一根带有长长下影线的见顶 K 线——吊颈线，即 A 处。这表明上方压力较大，由于价格已经过大幅拉涨，多单已获利丰厚，所以一旦有不好的 K 线出现，多单最好及时止盈。

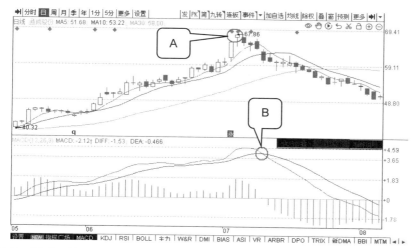

图 7.14　通威股份（600438）2022 年 5 月 17 日至 8 月 4 日的日 K 线图和 MACD 指标

当然，低位多单也可以以价格是否跌破 10 日均线，作为自己是否获利了结的条件，因为这一波行情是沿着 10 日均线上涨的，所以只要价格不跌破 10 日均线，投资者就可以持有。

价格在 A 处出现吊颈线后，就开始下跌，先是跌破 5 日均线，然后跌破 10 日均线，同时 MACD 指标出现死叉，即 B 处。这是一个明显的做空信号，所以手中还有多单的投资者要果断卖出；手中有空单的投资者可以耐心持有；想做空的投资者，可以以 67.86 元为止损位，沿着 5 日均线看空做空。

从其后的走势可以看出，价格沿着 5 日均线一路下跌，最终跌破 30 日均线，并继续沿着 5 日均线下跌。及时做空的投资者，只要耐心持有，就会有不错的投资收益。

如果 MACD 指标出现死叉的位置在 0 轴附近，往往是价格先下跌了一波，然后出现反弹，反弹结束后，MACD 指标在 0 轴附近再出现死叉，这也是不错的做空时机，投资者要敢于大胆进场做空。

图 7.15 显示的是航天晨光（600501）2023 年 1 月 16 日至 5 月 10 日的日 K 线图和 MACD 指标。

航天晨光（600501）的股价经过一波明显的上涨行情之后，创出 19.49 元的高点。但需要注意的是，在创出高点这一天，价格收了一根见顶 K 线——螺旋线，即 A 处。这表明上方压力较大，由于价格经过大幅拉涨，多单已获利丰厚，所以一有不好的 K 线出现，多单最好及时止盈。

当然，低位多单也可以以价格是否跌破 10 日均线，作为自己是否获利了结的条件，因为这一波行情是沿着 10 日均线上涨的，所以只要价格不跌破 10 日均线，投资者就可以持有。

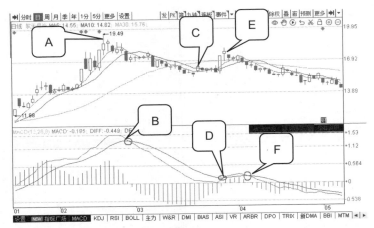

图 7.15　航天晨光（600501）2023 年 1 月 16 日至 5 月 10 日的日 K 线图和 MACD 指标

随后价格在高位震荡，震荡四个交易日后，一根跳空中阴线同时跌破 5 日均线和 10 日均线，同时 MACD 指标出现死叉，即 B 处。这是一个明显的做空信号，所以手中还有多单的投资者要果断卖出；手中有空单的投资者可以耐心持有；想融券做空的投资者，可以以 19.49 元为止损位，沿着 5 日均线或 10 日均线看空做空。

从其后的走势可以看出，价格跌破 10 日均线后，就开始沿着 10 日均线震荡下跌，下跌到 30 日均线附近，又开始震荡，最后跌破 30 日均线，继续下跌。

经过一波明显的下跌之后，价格出现了反弹。在 C 处，一根阳线同时站上 5 日均线和 10 日均线，由于这一波下跌是沿着 10 日均线下跌的，所以手中有空单的投资者要注意止盈了。想做多的投资者，可以以这一波回调的低点为止损位，逢低做多。

随后价格再度震荡，经过四个交易日的震荡之后，拉出一个根中阳线，同时站上 5 日均线、10 日均线和 30 日均线，并且 MACD 指标出现金叉，即 D 处。这是一个看多信号，所以手中还有空单的投资者，要注意先出局了。

接着价格继续上涨，但却收了一根螺旋线，即 E 处，这是一根见顶 K 线。随后价格就开始震荡，并且在震荡过程中，再度跌破 5 日均线、10 日均线和 30 日均线，这表明前面拉出的中阳线是诱多，所以抄底做多的投资者，要及时果断地卖出。

随后价格沿着 5 日均线下跌，这时 MACD 指标在 0 轴附近出现死叉，即 F 处。这是一个看空信号，所以手中持有空单的投资者可以耐心持有，并且可以沿着 5 日均线继续看空做空。

从其后的走势来看，在这里介入空单，只要耐心持有，投资者就会获得丰厚的投资收益。

如果 MACD 指标出现死叉的位置在 0 轴的下方，并且远离 0 轴，这往往是价格已经过较长时间的下跌了，这时再做空，就要谨慎一些。一旦有见底 K 线出现，空单要第一时间离场，并且可以轻仓试多。

图 7.16 显示的是老白干酒（600559）2021 年 12 月 2 日至 2022 年 6 月 7 日的日
K 线图和 MACD 指标。

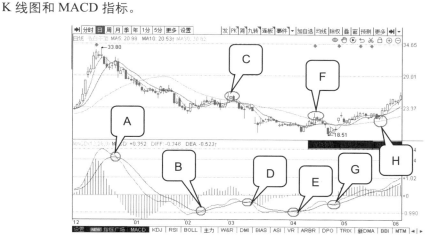

图 7.16　老白干酒（600559）2021 年 12 月 2 日至 2022 年 6 月 7 日的日 K 线图和 MACD 指标

老白干酒（600559）的股价经过一波快速上涨之后，创出 33.80 元的高点。需要
注意的是，在创出高点这一天，价格收了一根带有长长上影线的见顶 K 线，这表明
价格上方已有压力，由于多单已获利丰厚，所以要第一时间止盈。

随后价格开始震荡下跌，先是跌破 5 日均线，然后跌破 10 日均线，同时 MACD
指标在 0 轴上方出现了死叉，即 A 处。这意味价格要开始一波下跌行情了，所以手
中还有多单的投资者，要及时果断出局；手中有空单的投资者，可以持有手中的空
单；没有空单的投资者，仍可以择机介入空单。

从其后的走势来看，价格沿着 5 日均线和 10 日均线震荡下跌，先是跌破 30 日线，
然后继续下跌。经过小三波下跌之后，出现了反弹，首先 MACD 指标在 B 处出现金叉，
这是一个做多信号，同时价格站上 5 日均线和 10 日均线，所以手中有空单的投资者，
要注意止盈。想抄底做多的，可以以 10 日均线为止损位，轻仓抄底做多，但一定要
见好就收，否则就会被套。

随后价格出现了反弹，但反弹力量很弱，在 C 处有一个假的突破 30 日均线，随
后价格就开始下跌，所以 C 处有多单的投资者，要注意及时卖出。随后价格继续下跌，
MACD 指标出现死叉，即 D 处，所以抄底做多的投资者，一定要及时卖出。

需要注意的是，D 处的 MACD 指标出现死叉的位置在 0 轴下方，并且股价已出
现较大幅度的下跌，做空的投资者一定要注意，后期下跌空间已不大，所以做空一
定要谨慎。

从其后的走势可以看出，价格下跌幅度不大。在 E 处，MACD 指标出现金叉，这
是一个做多信号。随后价格继续反弹，反弹到 30 日均线附近，又是一个假突破，即 F 处。

接着价格继续下跌，虽然创出新低，即创出 18.51 元的低点，但 MACD 指标却

不再创新低，即 MACD 指标出现底背离，即 G 处。这是一个做多信号，所以手中有空单的投资者，要注意先止盈。想做多的投资者，可以以 18.51 元为止损位，逢低做多。

随后价格出现上涨，先是站上 5 日均线，然后就是一个跳空上涨，同时站上 10 日均线和 30 日均线，这表明均线要走好了。所以可以以 30 日均线为止损位，沿着 5 日均线和 10 日均线逢低做多。

在 H 处，价格回调到 30 日均线附近，这时 30 日均线是向上走的，这表明对价格有较强的支撑，所以这里是不错的做多位置。

从其后的走势可知，在 H 处介入多单，只要耐心持有，就会有不错的投资收益。

▌ 7.3.2　MACD 指标顶背离做空技巧

MACD 指标顶背离的特征是：价格逐波上涨，而 MACD 技术指标不是同步上升，而是逐波下跌。MACD 指标顶背离的图形如图 7.17 所示。

从技术上来讲，MACD 指标顶背离预示着价格的一轮升势已完成，短期内很可能见顶，特别是价格已有大幅拉升后，此时 MACD 再出现死亡交叉，则见顶大幅回落的可能性更大。这时持有多单的投资者要做好离场的准备或先减仓，一旦价格趋势向下，多单就要果断清仓，并可以反手建立空单。

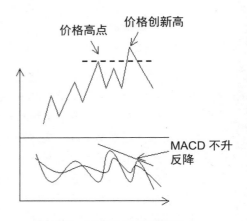

图 7.17　MACD 指标顶背离

图 7.18 显示的是贵航股份（600523）2022 年 5 月 18 日至 10 月 10 日的日 K 线图和 MACD 指标。

贵航股份（600523）的股价经过一波上涨之后，出现了回调，即在 A 处，MACD 指标出现死叉，但从其后的走势来看，价格并没有出现深幅回调，而是回调到 30 日均线附近，价格再度企稳，开始新的一波上涨。

在 B 处，MACD 指标在 0 轴上方再度出现金叉，多单投资者可以继续持有，想做多的投资者，仍可以介入多单。

但需要注意的是，虽然股价在不断创新高，但 MACD 指标并没有创出新高，反而在走低，即 C 处。这是 MACD 指标顶背离，是一个看空信号，所以在上涨过程中，多单要注意保护盈利。最后一波上涨行情是沿着 10 日均线上涨的，只要价格不跌破 10 日均线都可以继续持有。

这一波趋势性上涨创出 27.99 元的高点。随后价格开始下跌，先是跌破 5 日均线，然后在 10 日均线附近震荡四个交易日，再度下跌，这时多单要注意果断出局。想做空的，可以以 27.99 元为止损位，逢高做空。

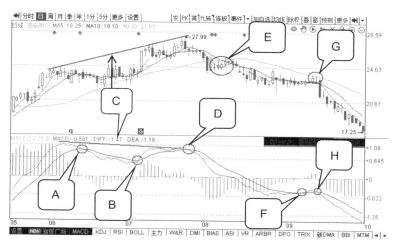

图 7.18　贵航股份（600523）2022 年 5 月 18 日至 2022 年 10 月 10 日的日 K 线图和 MACD 指标

随后一根中阴线跌破 30 日均线，这时 MACD 指标出现死叉，即 D 处。这是一个明显的看空信号，所以手中还有多单的投资者，要果断出局；手中有空单的投资者，耐心持有即可。

价格跌破 30 日均线之后，出现了反弹，但反弹力度很弱，反弹四个交易日也没有站上 30 日均线，即 E 处。反弹无力，表示多头力量弱，也意味着反弹结束后，空头就会发力，所以这时投资者仍可以介入空单，当然这也是多单最后的出局机会。

反弹结束后，价格就开始震荡下跌，虽然跌幅不大，但整体是沿着 30 日均线震荡下跌的。

经过一波震荡下跌后，股价出现了横盘整理式的反弹，即反弹力度很弱。首先在 F 处，MACD 指标出现金叉，但反弹到 30 日均线，就反弹不动了，即 G 处。所以 G 处是一个不错的做空位置。

随后就是一根大阴线杀跌，刚刚金叉的 MACD 指标再度出现死叉，即 H 处。这表明新一波下跌开始了，有抄底多单的投资者，要及时卖出，并且可以反手做空。

从其后的走势可以看出，及时在 H 处做空的投资者，沿着 5 日均线耐心持有，就会有不错的投资收益。

7.3.3　MACD 指标的红柱顶背离做空技巧

需要注意的是，往往要等到 MACD 指标的红柱顶背离完成后，MACD 指标才会见顶下跌，因此，MACD 指标的红柱顶背离的做空信号更加灵敏。

图 7.18 显示的是深高速（600548）2023 年 1 月 30 日至 3 月 29 日的日 K 线图和 MACD 指标。

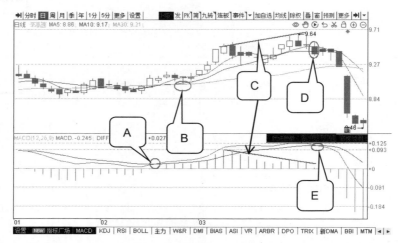

图 7.19　深高速（600548）2023 年 1 月 30 日至 3 月 29 日的日 K 线图和 MACD 指标

在 A 处，MACD 指标出现了金叉，同时，股价站上所有的均线，这意味着深高速（600548）要上涨一波了，所以投资者要及时介入多单。

随后价格沿着 5 日均线和 10 日均线上涨，所以投资者可以以 30 日均线为止损位，沿着 5 日均线或 10 日均线做多，即 B 处就是不错的做多位置。

接着价格继续上涨，经过一波连续拉涨之后，价格出现了回调，回调到 10 日均线附近，又继续上涨。这里需要注意的是，价格在上涨过程中，不断创新高，但 MACD 指标的红柱开始慢慢缩短，即 MACD 指标的红柱顶背离，即 C 处，这意味着价格的上涨空间已不大，所以手中有多单的投资者，一旦出现不好的见顶 K 线，最好及时卖出止盈。

这一波上涨，创出 9.64 元的高点。但需要注意的是，在创出高点这一天，价格收了一根带有上影线的小阴线，这表明上方已有压力。

随后价格又收了一根十字线，这是变盘信号，所以多单要注意保护盈利。随后价格就开始震荡下跌，即在 D 处，价格跌破 10 日均线。由于这一波行情是沿着 10 日均线上涨的，所以跌破 10 日均线，意味着趋势行情结束，所以多单要注意果断卖出，想做空的投资者，可以以 9.64 元为止损位，沿着 5 日均线或 10 日均线做空。

接着价格继续收小阴线，但 MACD 指标出现死叉，即 E 处。这是一个明显的做空信号，所以手中还有多单的投资者一定要果断卖出；手中有空单的投资者可以耐心持有；空仓的投资者可以继续介入空单。

从其后的走势来看，MACD 指标出现死叉，就出现连续快速下跌，空单短时间内就会有不错的投资收益。

第 8 章
短线量化交易的 BOLL 实战技巧

　　BOLL 指标，又称布林线或布带，是由约翰·布林发明的一种包络线分析方法，既可显示支撑、压力位置，又可以显示超买超卖，还可以指示整体趋势，并且具备通道作用。本章首先讲解 BOLL 指标的基础知识和设置，然后讲解 BOLL 实战做多技巧，最后讲解 BOLL 实战做空技巧。

8.1 初识 BOLL

布林通道线 BOLL 是根据统计学中的标准差原理设计出来的一种相对比较实用的技术指标。参考布林线进行买卖，不仅能指示支持位和压力位，显示超买区和超卖区，进而指示运行趋势，还能有效地规避主力惯用的技术陷阱，即诱多或诱空。该技术手段特别适用于波段操作。

8.1.1 BOLL 概述

BOLL 指标是由上轨线、中轨线和下轨线三部分组成，它将价格波动的范围划分为三个区域。其中上轨线是压力线，中轨线是移动平均线，下轨线是支撑线。

图 8.1 显示的是深证成指（399001）2023 年 2 月 22 日至 7 月 24 日的日 K 线图和 BOLL 指标。

图 8.1 深证成指（399001）2023 年 2 月 22 日至 7 月 24 日的日 K 线图和 BOLL 指标

包络线是由移动平均线延伸而来的一种曲线，其构建方法是在移动平均线的上下方相等距离的位置建立两条平行的曲线，其中移动平均线是包络线的价格中心。包络线可以根据规则画出很多种，BOLL 线就是在原有规则上延伸出来的一种画法。

BOLL 指标是根据收盘价高于和低于其平均值的标准差来绘制，其设计思路是：当价格波动剧烈时，BOLL 指标变宽，反之则变窄。

一般来说，BOLL 指标有三大功能，具体如下。

第一，可以显示支撑位置和压力位置。

第二，可以显示整体趋势。

第三，具备通道作用。

> 📶 提醒：BOLL 指标是外汇市场中最常用的技术指标之一，与 MACD、KDJ 等指标相比，BOLL 指标具有方便有效、使用灵活、信号明确、成功率高等特点。

▌ 8.1.2 BOLL 的设置

打开同花顺软件，然后按下键盘上的 F3 键，就会显示上证指数（000001）的日 K 线图，就可以看到上证指数（000001）的日 K 线图和均线指标，如图 8.2 所示。

图 8.2 上证指数（000001）的日 K 线图和均线指标

将鼠标指针指向均线指标，然后单击，就可以选择均线指标，再单击右键，在弹出的快捷菜单中选择"删除均线"命令，就可以删除均线指标，如图 8.3 所示。

右键单击日 K 线的空白位置，在弹出的快捷菜单中选择"常用线型与指标 / 布林带"命令，就可以看到上证指数（000001）的日 K 线图和 BOLL 指标，如图 8.4 所示。

图 8.3　删除均线指标

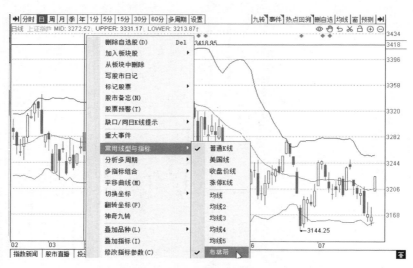

图 8.4　上证指数（000001）的日 K 线图和 BOLL 指标

　　修改参数。将鼠标指针指向 BOLL 指标，然后单击，就可以选择 BOLL 指标，再单击右键，在弹出的快捷菜单中选择"修改指标参数"命令，弹出"技术指标参数设置"对话框，如图 8.5 所示。其中参数 N，是用来设定统计天数的，即设定中轨的 N 日移动平均，一般为 20。注意该值不能小于 5，也不能大于 300。参数 P，是用来设定 BOLL 指标宽度的，一般为 2。注意该值不能小于 1，也不能大于 10。

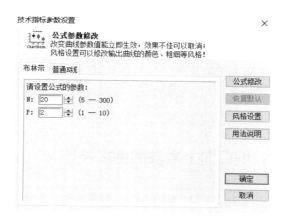

图 8.5 "技术指标参数设置"对话框

修改 BOLL 技术指标。单击"公式修改"按钮，就会弹出"指标编辑器‐技术指标"对话框，如图 8.6 所示。

图 8.6 "指标编辑器‐技术指标"对话框

一般不要随意修改系统指标参数。但如果投资者对各种指标非常熟悉，并且知道具体算法，则可以修改。

> 提醒：一般不建议修改系统指标参数。

8.2　BOLL 实战做多技巧

BOLL 实战做多技巧主要有三个，分别是 BOLL 缩口向上发散的做多技巧、价格站上 BOLL 中轨后的做多技巧、价格处在 BOLL 中轨上方的做多技巧。下面详细讲解一下。

▌8.2.1　BOLL 缩口向上发散的做多技巧 - - - - - - - - - - - - - - - - - - - ●

价格经过较长时间的下跌之后，开始在低位震荡盘整，这时 BOLL 指标开始缩口，这往往意味着机会快要到来，一旦 BOLL 缩口后，轨道线开始向上发散，就是极佳的做多机会。

图 8.7 显示的是有研新材（600206）2022 年 12 月 5 日至 2023 年 4 月 4 日的日 K 线图和 BOLL 指标。

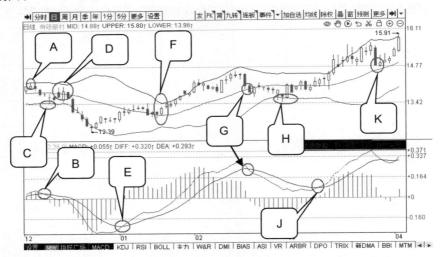

图 8.7　有研新材（600206）2022 年 12 月 5 日至 2023 年 4 月 4 日的日 K 线图和 BOLL 指标

在 A 处，有研新材（600206）的股价收了一根带有上影线的小阳线，正好碰到 BOLL 的上轨。需要注意的是，当前 BOLL 指标是平行的，BOLL 的上轨就是压力线，所以价格到压力线后，就开始震荡下跌，先是跌破 BOLL 的中轨线，然后继续下跌，这时 MACD 指标在 0 轴附近出现死叉，即 B 处。这是一个看空信号，所以投资者后期以看空做空为主。

价格下跌到 BOLL 的下轨附近，收了一根十字线，即 C 处。十字线是变盘信号，同时 BOLL 的下轨有支撑作用，所以在 C 处短线空单可以先止盈。随后价格开始反弹，反弹到 BOLL 的中轨线附近，价格出现了震荡，即 D 处。在 D 处来回诱多诱空，但投资者要明白，当前总体是偏空的，因为 MACD 指标处在空头行情中，所以以逢高做空为主。

随后价格就出现一波明显的下跌行情，BOLL 的轨道线由前期的平行线，变成开口向下线。连续下跌几个交易日后，创出 12.39 元的低点。需要注意的是，创出低点这一天，价格收了一根螺旋线，这是变盘信号，所以融券空单要注意先止盈。

随后价格开始震荡上涨，经过几个交易日的震荡上涨之后，MACD 指标在 0 轴下方出现金叉，即 E 处，这表明价格可能要上涨了。所以手中还有空单的投资者，逢低卖出，抄底多单的投资者可以耐心持有。

随后价格继续震荡上涨，又重新站上 BOLL 的中轨。随后几个交易日，价格出现了回调，但回调没有跌破 BOLL 的中轨，这里投资者会发现 BOLL 指标开始缩口，即 F 处。这表明价格反弹之后，又要开始选择方向了。第一种选择是，价格继续上涨，开始一波趋势性上涨行情；第二种选择是，价格上涨到位，开始一波趋势性下跌行情。

总之，F 处的 BOLL 指标缩口，表明趋势性行情马上就要到来，投资者要保持足够的重视。

到底是向上走一波趋势性上涨行情的机会大，还是向下走一波趋势性下跌行情的机会大呢？其实从当前的技术指标来看，走一波趋势性上涨行情的机会大，具体原因如下。

第一，MACD 指标已处于多头行情之中，并且 MACD 指标的红柱继续放大，这意味着做多动能仍比较强。

第二，价格已站上 BOLL 指标的中轨，并且价格始终在中轨上方，这意味着价格已开始转强，所以继续上涨的概率大。

第三，从 K 线图上看，阳线很多，阴线很少，这意味着多头力量强。

从其后的走势来看，在 F 处缩口后，价格就开始上涨，然后沿着 BOLL 指标的上轨上涨，从而开始一波趋势性上涨行情。

经过近 20 个交易日的上涨之后，价格出现了回调，同时 BOLL 指标又开始缩口。在 G 处，价格跌破 BOLL 的中轨，同时 MACD 指标出现死叉，这表明价格要回调了。

随后价格震荡下降，回调到 BOLL 的下轨，价格得到了支撑，即 H 处，所以在 H 处空单要注意先止盈。

价格在 H 处企稳后，又开始震荡上涨，先是站上 BOLL 的中轨，同时 MACD 指标出现金叉，即 J 处，这表明新的一波趋势性上涨行情又要开始了。所以抄底多单的投资者，可以耐心持有；空仓的投资者，可以以 BOLL 的中轨为止损位，继续做空；手中还有空单的投资者，要果断卖出。

从其后的走势可以看出，价格又出现一波趋势性上涨行情，及时介入多单的投资者会有不错的投资收益。

需要注意的是，在 K 处，一根大阴线杀跌，跌到 BOLL 的中轨附近，但没有跌破 BOLL 的中轨，这时 MACD 指标出现死叉，即 K 处。由于 BOLL 的中轨不跌破不看空，所以投资者可以观望几天。随后价格又开始震荡上涨，MACD 指标由死叉变成了金叉，这表明 K 处的大阴线杀跌是清理浮动筹码，即诱空，所以多单可以耐心持有，投资者仍可以短线介入多单。

从其后的走势可以看出，价格诱空后，再度创出新高。

8.2.2　价格站上 BOLL 中轨后的做多技巧

图 8.8 显示的是青岛啤酒（600600）2021 年 2 月 18 日至 10 月 29 日的日 K 线图和 BOLL 指标。

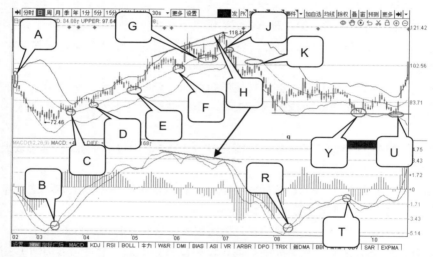

图 8.8　青岛啤酒（600600）2021 年 2 月 18 日至 10 月 29 日的日 K 线图和 BOLL 指标

在 A 处，青岛啤酒（600600）的股价跌破 BOLL 的中轨，同时 MACD 指标出现死叉，这表明空头行情来临。随后价格就开始一波明显的下跌行情，并创出 72.46 元的低点。需要注意的是，在创出低点这一天，价格收了一根带有较长下影线的见底 K 线，这意味着有空单主动减仓了或有抄底资金进场做多了。

随后价格在低位震荡反弹，然后 MACD 指标在 0 轴下方出现金叉，即 B 处，这意味着价格要上涨了。所以在 B 处，手中还有空单的投资者，要果断卖出；有抄底多单的投资者，可以耐心持有；想做多的投资者，可以以 72.46 元为止损位，逢低做多。

随着行情的不断上涨，股价站上 BOLL 的中轨，这意味着价格有走强的可能，所以多单可以继续持有。

价格站上 BOLL 的中轨后，在中轨附近震荡，但始终在中轨上方，并且 BOLL 出现缩口，即 C 处。

C 处的 BOLL 指标缩口，表明趋势性行情马上就要到来，投资者要保持足够的重视。

到底是向上走一波趋势性上涨行情的机会大，还是向下走一波趋势性下跌行情的机会大呢？其实从当前的技术指标来看，走一波趋势性上涨行情的机会大，具体原因如下。

第一，MACD 指标已处于多头行情之中，并且 MACD 指标的红柱继续放大，这意味着做多的动能仍比较强。

第二，价格已站上 BOLL 指标的中轨，并且价格始终在中轨上方，这意味着价格开始转强，所以继续上涨的概率大。

第三，从 K 线上看，阳线很多，阴线很少，这意味着多头力量强。

从其后的走势可以看出，价格站上 BOLL 的中轨后，沿着 BOLL 的中轨出现一波明显的上涨行情。

价格站上 BOLL 的中轨后，每当价格上涨到 BOLL 的上轨，由于上轨是压力线，所以多单要减仓。当价格再度回调到 BOLL 的中轨附近时，就可以把卖出的筹码重新补回来。总之，每当价格回调到 BOLL 的中轨附近，就可以以中轨为止损位，继续介入多单，即在 D 处、E 处、F 处、G 处都可以介入多单。

需要注意的是，在 G 处介入多单要谨慎，仓位轻一些，具体原因如下。

第一，价格已有较大涨幅。涨幅越大，说明多单盈利空间越大，这样多单越容易卖出。

第二，MACD 指标出现顶背离，即价格虽然不断创出新高，但 MACD 指标却不断创出新低，这是见顶信号，即 H 处。

价格这一波上涨，最终创出 118.11 元的高点。需要注意的是，在创出高点这一天，价格收了一根十字线，这是见顶信号。

随后价格开始下跌，一根中阴线跌破 BOLL 的中轨，即 J 处。这表明价格要开始下跌了，所以多单要第一时间果断卖出。

随后价格继续下跌，MACD 指标再度出现死叉，这进一步验证了空头行情已来临。

价格经过一波下跌之后，出现了反弹，总的来说，反弹力度很弱，经过 8 个交易日的反弹，反弹到 BOLL 的中轨附近，即 K 处。

在 K 处，MACD 指标处在空头行情中，价格又处在 BOLL 的中轨之下，所以反弹结束后，价格继续下跌的概率很大。在 K 处，手中有多单的投资者，要及时卖出；有空单的投资者，可以继续持有；想做空的投资者，可以以 BOLL 的中轨为止损位，逢高做空。

从其后的走势可以看到，在 K 处融券做空的投资者，短短几个交易日就会有相当丰厚的投资回报。

这一波下跌结束后，价格就开始长时间的震荡整理。在 R 处，MACD 指标在 0 轴下方出现金叉，这是反弹做多信号，所以空单要先卖出。想做多的投资者，可以以上一波回调的最低点为止损位，逢低做多。

随着价格的震荡上涨，BOLL 指标开始缩口，当价格反弹上涨到 BOLL 指标的上轨时，多单要注意止盈。原因是，当前 BOLL 指标仍是向下走的，所以 BOLL 指标的上轨是明显的压力线。

这一波反弹结束后，价格又开始窄幅震荡，由于当前 BOLL 指标为水平状态，所以上轨就是压力线，下轨就是支撑线。可以在价格到达下轨的做多，价格到达上轨的做空，做短线操作。

价格震荡结束后，再度下跌，MACD 指标出现死叉，即 T 处。这表明价格又要开始下跌，但随后的下跌幅度并不大，下跌到前期下跌的低点附近，价格再度企稳，即 Y 处。

价格在 Y 处企稳后，再度反弹，反弹到 BOLL 指标的上轨附近，价格再度下跌，下跌到前期下跌的低点附近，价格再度企稳，即 U 处。

需要注意的是，MACD 指标在这里已出现底背离，并且 MACD 指标出现死叉后，又马上变成金叉，即 MACD 指标出现诱空，所以 U 处是较好的做多位置。

从其后的走势可以看出，价格在 U 处企稳后，一根中阳线站上 BOLL 指标的中轨，然后就出现连续上涨行情。在 U 处及时做多的投资者，就会有相当丰厚的投资收益。

8.2.3 价格处在 BOLL 中轨上方的做多技巧

图 8.9 显示的是中毅达（600610）2021 年 2 月 4 日至 7 月 16 日的日 K 线图和 BOLL 指标。

中毅达（600610）的股价经过一波下跌后，创出 4.11 元的低点。需要注意的是，在创出低点这一天，价格收了一根带有较长下影线的见底 K 线，空单要注意保护盈利。

随后两个交易日，价格继续在低位震荡，接着就开始中阳线拉涨，先是 MACD 指标出现金叉，即 A 处，这表明价格要开始上涨了，所以手中有空单的投资者，要及时卖出；手中有多单的投资者，可以耐心持有。没有多单的投资者，可以以 4.11 元为止损位，逢低做多。

随后价格继续中阳线拉涨，站上 BOLL 指标的中轨，这意味着价格开始走强，后期要由前期的逢高做空思维，改为逢低做多思维。

价格站上 BOLL 指标的中轨后，多单可以继续持有，如果手中还有空单的投资者，一定要果断坚决地卖出。

价格站上 BOLL 指标的中轨后，继续上涨，上涨到 BOLL 指标的上轨后，就有点涨不动了。随后价格开始回调，回调到 BOLL 指标的中轨附近，即 B 处，价格再度企稳。所以 B 处是极佳的做多位置。

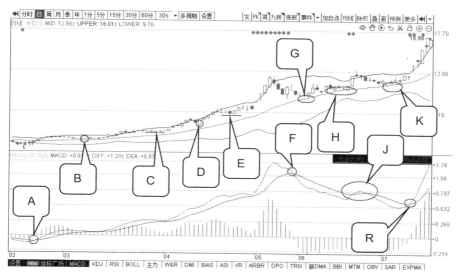

图 8.9　中毅达（600610）2021 年 2 月 4 日至 7 月 16 日的日 K 线图和 BOLL 指标

价格在 B 处企稳后，再度连续上涨，上涨到 BOLL 指标的上轨后，价格再度回调。需要注意的是，这一波回调的幅度很小，几乎是横盘整理，即用时间换空间，即 C 处。但横盘整理出现平底，可以以平底为止损位，继续做多。

价格在 C 处企稳后，继续连续上涨，上涨到 BOLL 指标的上轨后，价格再度回调，这一波回调速度较快，连续收了两根阴线，但第三根是低开高走的中阳线，即 D 处，这表明回调结束，可以以 D 处中阳线的低点为止损位，继续做多。

价格在 D 处企稳后，继续连续上涨，上涨到 BOLL 指标的上轨后，价格再度回调。需要注意的是，这一波回调的幅度很小，几乎是横盘整理，即用时间换空间，即 E 处。但横盘整理出现平底，可以以平底为止损位，继续做多。

价格在 E 处企稳后，先是震荡上涨，然后又是快速上涨，快速上涨三个交易日后，价格再度回调。这一波回调速度也很快，连续收了三根中阴线，这时 MACD 指标也出现死叉，即 F 处。这表明价格要调整了，所以多单要注意先止盈。

需要注意的是，虽然 MACD 指标处在空头行情中，但价格始终在 BOLL 指标的中轨上方，这表明价格不属于空头行情，最多属于震荡行情，甚至可以说仍是多头行情。

从其后的走势可以看出，价格回调到 BOLL 指标的中轨附近，即 G 处、H 处和 K 处，价格都再度企稳，开始上涨。所以只要 BOLL 指标的中轨不破，就继续看多做多。

需要注意的是，价格在 K 处企稳后，再度上涨，MACD 指标再度出现金叉，即 R 处，所以多单可以继续持有，并且可以继续加仓做多。

从其后的走势可以看出，价格在 K 处企稳后，又出现一波趋势性上涨行情。

8.3　BOLL 实战做空技巧

BOLL 实战做空技巧主要有三个，分别是 BOLL 缩口向下发散的做空技巧、价格跌破 BOLL 中轨后的做空技巧、价格处在 BOLL 中轨下方的做空技巧，下面详细讲解一下。

◤ 8.3.1　BOLL 缩口向下发散的做空技巧 ------------------●

价格经过较长时间的上涨之后，开始在高位震荡盘整，这时 BOLL 指标开始缩口，这往往意味着机会快要到来，一旦 BOLL 缩口后，轨道线开始向下发散，就是极佳的做空机会。

图 8.10 显示的是白云机场（600004）2019 年 2 月 21 日至 2020 年 4 月 1 日的日K 线图和 BOLL 指标。

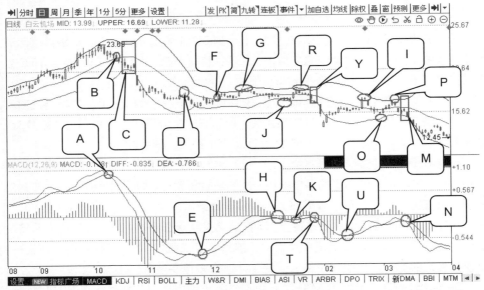

图 8.10　白云机场（600004）2019 年 2 月 21 日至 2020 年 4 月 1 日的日 K 线图和 BOLL 指标

白云机场（600004）的股价经过一波明显的趋势性上涨之后，创出 23.69 元的高点。随后价格开始震荡回调，回调到 BOLL 指标的中轨附近，MACD 指标在 0 轴上方出现死叉，即 A 处，这是一个看空信号，所以多单要注意保护盈利，或逢高先卖出。

随后价格继续震荡下跌，在 B 处，一根中阴线跌破 BOLL 指标的中轨，这意味着价格要开始下跌了，所以多单要果断卖出。做空的投资者，以 23.69 元为止损位持有空单，逢高做空。

接着价格继续下跌，下跌到 BOLL 指标的下轨附近，价格开始震荡，这时 BOLL 指标开始缩口，即 C 处。

> 📶 提醒：上涨行情结束后，一般会有一段时间的震荡行情，这时 BOLL 指标往往会缩口，然后再向下发散，从而开始一波趋势性下跌行情。所以 BOLL 指标缩口的过程，就是方向不断发生变化的过程。所以投资者对于 BOLL 指标的缩口一定要保持足够的重视。因为缩口后的发散，往往是趋势性行情的开始。

BOLL 指标缩口后，到底是向上走一波趋势性上涨行情的机会大，还是向下走一波趋势性下跌行情的机会大呢？其实从当前技术来看，走一波趋势性下跌行情的机会大，具体原因如下。

第一，MACD 指标已处于空头行情之中，并且 MACD 指标的绿柱继续放大，这意味着做空的动能仍比较强。

第二，价格跌破 BOLL 指标的中轨，并且价格始终在中轨下方，这意味着价格开始转空，所以继续下跌的概率大。

第三，从 K 线上看，阴线很多，阳线很少，这意味着空头力量强。

BOLL 指标缩口，接下来就是一波趋势性下跌行情。在明显的下跌行情中，每次价格反弹出现见顶 K 线，都是不错的做空机会，即 D 处。

价格经过三波下跌之后，下跌到 BOLL 指标的下轨附近，这时 BOLL 指标再度缩口，这表明价格在下轨附近已有支撑。随后价格开始震荡反弹，然后在 E 处，MACD 指标出现金叉，这是一个做多信号，所以手中有空单的投资者要注意卖出止盈了。想抄底做多的投资者，可以以 BOLL 指标的下轨为止损位，逢低做多。

随后价格继续反弹上涨，然后在 F 处站上 BOLL 指标的中轨，但这时 BOLL 指标已走平，所以 BOLL 指标的上轨就变成压力了，所以当价格上涨到 BOLL 指标的上轨时，多单要注意止盈了。

接着价格出现了回调，回调到 BOLL 指标的中轨附近，价格再度企稳，随后再度上涨，上涨到 BOLL 指标的上轨附近，价格上涨无力，即 G 处，所以这里多单要先止盈出局。

随后价格开始震荡下跌，价格回调到 BOLL 指标的中轨附近，这时 MACD 指标在 H 处出现死叉，这是一个看空信号。接着价格继续下跌，下跌到 BOLL 指标的下轨附近，由于当前 BOLL 指标是水平的，所以下轨就是支撑线，所以在 J 处，空单要注意止盈，并且可以介入多单，以 BOLL 指标的下轨为止损位。

随后价格开始上涨，MACD 指标在 K 处出现金叉，然后价格又站上中轨，最后上涨到 BOLL 指标的上轨附近，即 R 处。所以在 R 处多单要及时止盈出局。想做空的投资者，可以以 BOLL 指标的上轨为止损位，逢高做空。

📶 **提醒**：BOLL 指标的上轨、中轨和下轨如果是水平的，往往意味着价格没有方向，即价格在震荡。这样上轨附近就会有压力，下轨附近就会有支撑。

接着价格就开始下跌，先是 MACD 指标在 T 处出现死叉，然后价格又跌破 BOLL 指标的中轨。这时 BOLL 指标出现缩口，即 Y 处。Y 处的缩口预示着下跌行情的来临，原因是 MACD 指标在空头行情中，价格在 BOLL 指标的中轨下方。

随后价格出现一波快速下跌行情。快速下跌之后，价格再度震荡反弹，在 0 处，MACD 指标出现金叉，这时 BOLL 指标再度走平，这意味着下轨是支撑线，上轨是压力线。所以在 I 处和 P 处，多单止盈，反手做空。在 0 处，空单止盈，反手做多。

需要注意的是，在 M 处，BOLL 指标再度缩口，这意味着趋势性行情就要来临，投资者要高度关注。由于这时 MACD 指标在 N 处已出现死叉，所以一波趋势性空头行情来临的概率很大，所以空单可以继续持有，并且可以继续关注逢高做空的机会。

从其后的走势可以看出，只要融券空单耐心持有，就会有相当不错的投资收益。

▌ 8.3.2　价格跌破 BOLL 中轨后的做空技巧

图 8.11 显示的是皖维高新（600063）2023 年 1 月 19 日至 6 月 26 日的日 K 线图和 BOLL 指标。

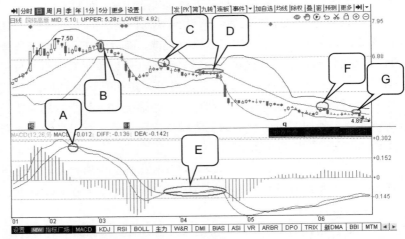

图 8.11　皖维高新（600063）2023 年 1 月 19 日至 6 月 26 日的日 K 线图和 BOLL 指标

皖维高新（600063）的股价经过一波明显的上涨行情之后，创出 7.50 元的高点。

需要注意的是，在创出高点之前，价格已处在震荡行情之中。

从理论上说，创出新高，应该是一波新的上涨行情，但在创出 7.50 元的高点后，价格开始震荡回调，回调到 BOLL 指标的中轨附近时，价格再度震荡反弹。需要注意的是，MACD 指标在震荡过程中出现死叉，即 A 处，这表明价格有变空的可能，投资者要高度重视。

另外，在价格震荡反弹过程中，BOLL 指标开始缩口走平，这样 BOLL 指标的上轨就是压力线了。还要注意，BOLL 指标缩口，意味着新的趋势行情要来临了。

在 B 处，一根中阴线跌破 BOLL 指标的中轨，这意味着价格开始变空了，所以手中还有多单的投资者，一定要果断卖出。想融券做空的投资者，可以以 7.50 元为止损位，也可以以 BOLL 指标的中轨为止损位，逢高做空。

从其后的走势来看，价格跌破 BOLL 指标的中轨后，先是震荡下跌，然后又快速下跌，在 B 处做空的投资者，短时间内就会有丰厚的投资收益。

一波明显的下跌行情结束后，价格开始反弹，虽然 MACD 指标在低位出现金叉，即 E 处，但反弹力度很弱，即价格始终没有站上 BOLL 指标的中轨。

在明显的空头行情中，每当价格反弹到 BOLL 指标的中轨附近，反弹无力时，就是比较好的做空位置，即 C 处和 D 处。

同理，F 处和 G 处也是不错的做空机会。

需要注意的是，随着价格不断下跌，MACD 指标已出现底背离，所以做空一定要控制好仓位。另外，一旦发现价格跌不动了，空单就要及时卖出。

8.3.3 价格处在 BOLL 中轨下方的做空技巧

图 8.12 显示的是大名城（600094）2020 年 9 月 15 日至 2021 年 1 月 7 日的日 K 线图和 BOLL 指标。

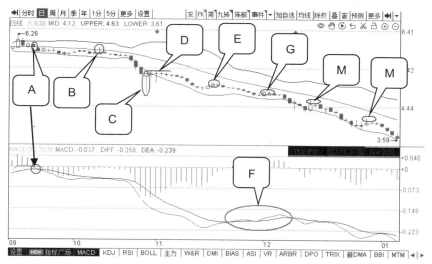

图 8.12 大名城（600094）2020 年 9 月 15 日至 2021 年 1 月 7 日的日 K 线图和 BOLL 指标

大名城（600094）的股价经过一波反弹上涨之后，创出 6.26 元的高点。在创出高点这一天，BOLL 指标是水平的，这表明其上轨是压力线。所以这一天，有大量多单卖出，最终收了一根带有上影线的中阳线。

随后价格没有继续上涨，而是阴线杀跌，杀跌到 BOLL 指标的中轨附近。价格在中轨附近震荡两个交易日，然后跌破 BOLL 指标的中轨，即 A 处，同时 MACD 指标出现死叉。所以在 A 处，手中有多单的投资者，要在第一时间果断卖出；手中有空单的投资者，则可以耐心持有；手中有资金并且空仓的投资者，则可以以 6.26 元或 BOLL 指标的中轨为止损位，逢高做空。

从其后的走势可以看出，随后价格开始震荡下跌，虽然有反弹，但反弹力度都很弱。在 B 处，价格反弹到 BOLL 指标的中轨附近，并且收了一根射击之星见顶 K 线。所以 B 处是较好的新的融券做空位置，当然也是抄底多单出逃的位置。

接着价格继续下跌，先是缓缓下跌，然后出现连续三个交易日的快速下跌。价格快速下跌之后，在 C 处出现一根锤头线见底 K 线，所以空单要注意止盈了。

随后价格开始反弹，但反弹力度太弱了，或者说没有反弹，只是水平震荡。在 D 处出现平顶，所以投资者可以以平顶为止损位，继续关注做空机会。

> 📶 **提醒：** 如果下跌的力量强，反弹的力量弱，反弹之后，仍会下跌。

价格震荡几个交易日后，继续下跌，连续 6 个交易日阴线下跌之后，价格再度反弹，但仅反弹两个交易日，再度出现平顶，即 E 处。所以 E 处仍是不错的做空位置。

随后价格连续阴线下跌 7 个交易日，但需要注意的是，在下跌过程中，MACD 指标是多头行情状态，即 F 处。这里提醒投资者，只要价格不站上 BOLL 指标的中轨，仍以空头行情对待，千万不能盲目以 MACD 指标来做多。当然 MACD 指标显示多头行情，此时投资者做空时一定要谨慎，小心被套。

价格连续下跌之后，再度反弹，但反弹力度很弱。反弹弱，意味着做多力量弱，所以反弹结束后，空头力量仍会发力下跌，所以 G 处仍可以做空。

随后价格继续下跌，MACD 指标再度出现死叉，这意味着 MACD 指标也是空头行情了，所以空单可以继续持有。

从其后的走势来看，价格在下跌过程中仍有反弹，但反弹力度都不强，并且 BOLL 指标和 MACD 指标都是空头行情，所以反弹时仍可以融券做空，即 M 处和 N 处都可以继续做空。

需要注意的是，随着价格的不断下跌，空单的盈利越来越大，投资者就会有平仓的冲动。所以下跌空间越大，下跌时间越长，再做空的风险就越大，即 M 处和 N 处融券做空时一定要控制好仓位。

第 9 章
短线量化交易的 KDJ 实战技巧

　　KDJ 技术指标具有迅速、快捷、直观的特点，其设计中综合了动量观念、相对强弱指数和移动平均线的一些优点，在计算过程中主要研究高低价位与收盘价的关系，即通过计算当日或最近数日的最高价、最低价及收盘价等价格波动的真实波幅，来反映价格走势的强弱和超买超卖现象。本章首先讲解 KDJ 的基础知识和设置，然后讲解 KDJ 实战做多技巧和 KDJ 实战做空技巧，最后讲解 30 分钟和 60 分钟 KDJ 实战应用经验。

9.1 初识 KDJ

KDJ 技术指标，又称为随机指标，是由乔治·蓝恩博士（George Lane）最早提出的，是一种相当新颖、实用的技术分析指标，它最先是用于期货市场的分析，功能颇为显著，后来被广泛地应用于股市的中短期趋势的分析，它也是期货市场和股票市场上最常用的技术分析工具。

▌ 9.1.1 KDJ 概述

KDJ 通过特定公式对当前行情的最高价、最低价及收盘价进行计算，得出 K 值、D 值和 J 值，然后分别在指标坐标上形成点并连成线，于是形成能反映价格波动趋势的 KDJ 技术指标。

在 KDJ 技术指标中，移动速度最快的是 J 线，其次是 K 线，最慢的是 D 线，其中，D 值和 K 值的变化范围都在 0～100。而 J 线的取值可以大于 100，也可以小于 0。

> 🔊 提醒：有些行情分析软件，为了便于图形的绘制，当 J 值大于 100 时，仍按 100 绘制；当 J 值小于 0 时，仍按 0 绘制，所以在 KDJ 指标图形中可以看到 J 值在 0 或 100 处呈"直线"状。

图 9.1 显示的是深证成指（399001）2023 年 3 月 1 日至 7 月 31 日的日 K 线图和 KDJ 指标。

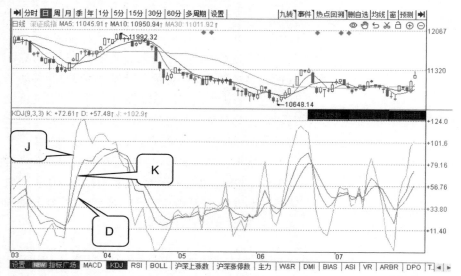

图 9.1 深证成指（399001）2023 年 3 月 1 日至 7 月 31 日的日 K 线图和 KDJ 指标

在 KDJ 技术指标中，就敏感性而言，J 值最强，K 值次之，D 值最弱；就安全性而言，J 值由于反应过于灵敏而最差，K 值居中，D 值由于反应迟钝反而更稳、更准确。

根据 KDJ 的取值，可以将其划分为三个区，分别是超买区、超卖区和整理区。一般来说，当 K 值、D 值和 J 值三值在 50 附近时，表示多空双方力量均衡；当 K 值、D 值和 J 值三值都大于 50 时，表示多方力量占优；当 K 值、D 值和 J 值三值都小于 50 时，表示空方力量占优。

由于 K 线反应速度较快，其数值超过 90 为超买，数值低于 10 为超卖。D 线反应速度最慢，其数值超过 80 为超买，数值低于 20 为超卖。J 值反应速度最快，方向性最敏感，若 J 值高于 100，特别是连续 5 天高于 100，行情至少会形成短期头部，是卖出信号；反之，若 J 值低于 0，特别是连续数天以上低于 0，价格至少会形成短期底部，是买进信号。

9.1.2 KDJ 的设置

打开同花顺软件，然后按下键盘上的 F3 键，就会显示上证指数（000001）的日 K 线图，然后单击 KDJ 选项卡，就可以看到上证指数（000001）的日 K 线图和 KDJ 指标，如图 9.2 所示。

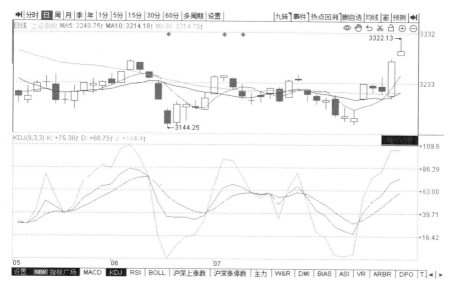

图 9.2　上证指数（000001）的日 K 线图和 KDJ 指标

下面来修改 KDJ 指标的参数。将鼠标指针指向 KDJ 指标，然后单击，就可以选择 KDJ 指标，再单击右键，在弹出的快捷菜单中选择"修改指标参数"命令，弹出"参数设置"对话框，如图 9.3 所示。

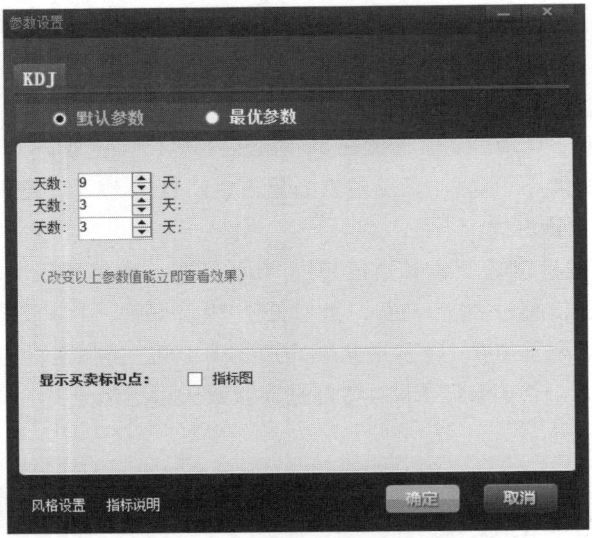

图9.3 "参数设置"对话框

KDJ 默认参数为 9、3、3。其中 9 表示 KDJ 指标计算的天数，3 表示平滑系数。具体来讲，KDJ 指标的计算公式如下。

第一步，计算 RSV 值。RSV = （收盘价 − N 日内最低价）÷（N 日内最高价 − N 日内最低价）× 100。其中，N 为 KDJ 指标的计算天数，一般为 9 天。

第二步，计算 K 值。K 值 = 2 ÷ 3 × 前一日 K 值 + 1 ÷ 3 × 当日 RSV 值。

第三步，计算 D 值。D 值 = 2 ÷ 3 × 前一日 D 值 + 1 ÷ 3 × 当日 K 值。

第四步，计算 J 值。J 值 = 3 × 当日 K 值 − 2 × 当日 D 值。

其中，K 值、D 值和 J 值的初始值均为 50。

KDJ 指标的参数设置为 9、3、3 的原因是，这个参数设置能够较好地反映股票价格的动量和趋势，并且对于短期交易和中期交易都比较适用。

在短线上，如果把 KDJ 指标计算的天数改为 5，则反映更敏感，也更快捷，并可以降低钝化率；如果把 KDJ 指标计算的天数设置为 19，则敏感性降低，但信号的准确率较高。

> 📶 提醒：在实战中，一般常用的 KDJ 参数有日 K 线的 5 日、9 日、18 日、25 日、34 日、46 日、72 日等，周 K 线的 5 周、15 周、25 周、55 周等。在实际操作中，应将不同的周期综合起来分析，短中长趋势便一目了然。

单击"参数设置"对话框下方的"指标说明"超链接，弹出"指标使用说明"对话框，可以看到 KDJ 指标说明及其买卖原则，如图9.4 所示。

还可以修改 KDJ 技术指标。将鼠标指针指向 KDJ 指标，然后单击，就可以选择 KDJ 指标，再单击右键，在弹出的快捷菜单中选择"修改指数平滑异同平均线"命令，弹出"指标编辑器－技术指标"对话框，如图 9.5 所示。

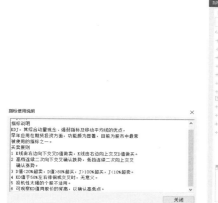

图 9.4　"指标使用说明"对话框

图 9.5　"指标编辑器－技术指标"对话框

一般不要随意修改系统指标参数。但如果投资者对各种指标非常熟悉，并且知道具体算法，则可以修改。

　提醒：一般不建议修改系统指标参数。

9.2　KDJ 实战做多技巧

KDJ 实战做多技巧共有 3 个，分别是 KDJ 指标的 D 值跌破 20 后的做多技巧、KDJ 指标的金叉的做多技巧、KDJ 底背离的做多技巧。

9.2.1　KDJ 指标的 D 值跌破 20 后的做多技巧

图 9.6 显示的是冠成大通（600067）2023 年 4 月 28 日至 7 月 28 日的日 K 线图和 KDJ 指标。

冠成大通（600067）的股价经过一波反弹上涨之后，反弹到 30 日均线附近，出现上涨无力情况，即 A 处。所以在 A 处，投资者可以以 30 日均线为止损位，逢高融券做空。

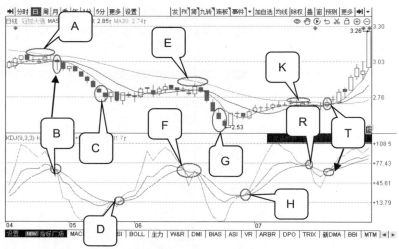

图 9.6　冠成大通（600067）2023 年 4 月 28 日至 7 月 28 日的日 K 线图和 KDJ 指标

价格在 30 日均线附近震荡之后，在 B 处，价格跌破 5 日均线和 10 日均线，同时 KDJ 指标出现死叉，这意味着价格又要开始新的一波下跌行情了。所以在 B 处，手中有空单的投资者，耐心持有即可；手中还有抄底多单的投资者，要果断卖出，否则会越套越深；持有空单的投资者，可以沿着 5 日均线看空做空，止损位放在 30 日均线即可。

价格沿着 5 日均线连续下跌之后，在 C 处，虽然价格仍在下跌，但 KDJ 指标的 K 值已跌到 20 以下，这表明价格已超跌，空单以保护盈利为主，不能再继续加仓做空了。

随后价格开始震荡反弹，先是站上 5 日均线，这时 KDJ 指标出现金叉，即 D 处。所以在 D 处，空单注意先止盈出局，想抄底做多的，以这一波下跌的最低点为止损位，逢低做多。

随后价格震荡上涨，但上涨力量很弱，几乎是横盘整理。随着时间的推移，价格反弹到 30 日均线附近，即 E 处。由于价格在这里上涨无力，反弹时间也比较久了，所以可以以 30 日均线为止损位，继续做空。需要注意的是，当价格在 30 日均线附近震荡时，KDJ 指标先是出现死叉，然后又来一个诱多，即 F 处。诱多失败后，就开始一波真正的下跌行情。

在这里出现连续 5 个交易日的快速下跌，需要注意的是，最后两个交易日的下跌，KDJ 指标的 D 值已跌到 20 以下，即 G 处。所以在 G 处，空单以保护盈利为主，不能再加仓做空了。

随后价格拉出一根中阳线，站上 5 日均线，接着价格沿着 5 日均线震荡上涨，然后在 H 处，KDJ 指标再度出现金叉，这意味着价格又要反弹上涨了，所以空单要注意先止盈。想抄底做多的，可以以 2.53 元为止损位，逢低做多。

接着价格继续沿着 5 日均线上涨，慢慢站上 10 日均线，然后继续反弹上涨，上涨到 30 日均线附近，价格又反弹不动了，即 K 处，这时多单要注意先止盈出局。想做空的投资者，可以以 30 日均线为止损位，逢高做空。

随后价格开始下跌，先是跌破 5 日均线和 10 日均线，这时 KDJ 指标出现死叉，即 R 处。需要注意的是，价格跌破 5 日均线和 10 日均线之后，并没有继续下跌，而是略微震荡之后，又开始上涨，一根阳线同时站上 5 日均线、10 日均线和 30 日均线，同时 KDJ 指标出现金叉，即 T 处。这表明价格下跌为假，上涨为真，所以空单要果断卖出，并且要敢于在 T 处继续做多。

从其后的走势可以看出，随后价格沿着 5 日均线继续上涨，及时做多的投资者，短时间内就会有不错的投资收益。

◤ 9.2.2 KDJ 指标的金叉的做多技巧 - ●

当 K 线、D 线和 J 线三线均小于 50 时，而 J 线和 K 线几乎同时向上突破 D 线时，说明市场将转强，行情下跌趋势有望结束，将止跌反弹，是买入信号，这是第一种形式的"黄金交叉"。

> 🔊 提醒：KDJ 指标金叉出现的位置越低，该指标的看涨信号就越强，20 下方超卖区的金叉看涨信号最强。

图 9.7 显示的是中船科技（600072）2023 年 3 月 3 日至 4 月 27 日的日 K 线图和 KDJ 指标。

中船科技（600072）的股价连续两个交易日涨停收盘后，第三个交易日价格继续高开，但高开低走，最终收了一根大阴线，即出现乌云盖顶见顶信号，同时 KDJ 指标出现死叉，即 A 处。

A 处是明显的看空信号，所以手中有多单的投资者，注意逢高卖出；想做空的投资者，以 A 处阴线的最高点为止损位，逢高做空。

在 A 处价格见顶后，就开始震荡下跌，先是跌破 5 日均线，然后继续下跌到 10 日均线附近。随后价格再度反弹上涨，但很快又跌破 10 日均线，这时 KDJ 指标想出现金叉，但没有成功，变成了死叉，即 B 处。所以 B 处仍可以做空。

同时，在 C 处，KDJ 指标想出现金叉，但没有成功，变成了死叉，所以 C 处也可以做空。

随后价格继续下跌，下跌到 30 日均线附近，价格就跌不动了，即 D 处出现两根十字线，这是转势信号的 K 线，同时这时的 KDJ 指标的 D 值已在 20 以下，这意味着价格已超卖，所以空单要注意保护盈利了。

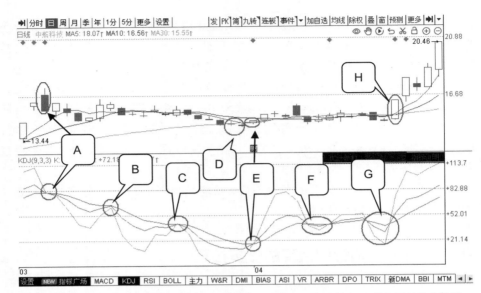

图 9.7　中船科技（600072）2023 年 3 月 3 日至 4 月 27 日的日 K 线图和 KDJ 指标

随后价格就开始上涨，一根阳线同时站上 5 日均线和 10 日均线，同时 KDJ 指标的 D 值在 20 下方的超卖区出现金叉，即 E 处。这是一个明显的看多信号，所以手中持有空单的投资者，要及时卖出；想做多的投资者，可以以 D 处两根十字线的最低点为止损位，逢低做多。

从其后的走势可以看出，价格并没有出现明显的上涨行情，而是继续震荡。但在 F 处和 G 处，连续两次出现死叉后，马上变成金叉，这意味着下跌是假，上涨为真，所以以做多为主。

在 H 处，一根大阳线同时站上 5 日均线、10 日均线和 30 日均线，这是明显的做多信号，所以手中还有空单的投资者，要第一时间卖出，并且在这里可以做多。

从其后的走势可以看出，在这里做多的投资者，短时间内就会有丰厚的投资回报。

当 K 线、D 线和 J 线三线均在 50 附近盘整时，若 J 线和 K 线几乎同时再次向上突破 D 线，说明市场在强势中，行情将继续上涨，是加仓做多的信号，这是第二种形式的"黄金交叉"。

图 9.8 显示的是贵州茅台（600519）2022 年 10 月 10 日至 2023 年 1 月 16 日的日 K 线图和 KDJ 指标。

在 A 处，贵州茅台（600519）的股价收了一根中阴线，该中阴线同时跌破 5 日均线、10 日均线和 30 日均线，即出现断头铡刀看空信号。所以在 A 处，手中还有多单的投资者，要第一时间果断卖出；想做空的投资者，可以以中阴线的最高点为止损位，沿着 5 日均线看空做空。

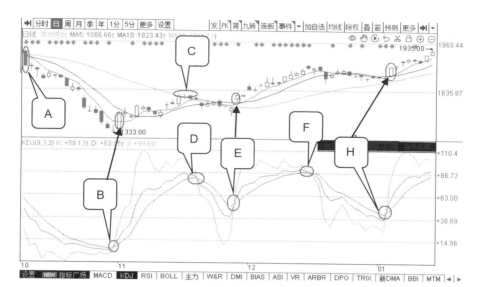

图 9.8　贵州茅台（600519）2022 年 10 月 10 日至 2023 年 1 月 16 日的日 K 线图和 KDJ 指标

从其后的走势可以看出，价格随后是沿着 5 日均线下跌的，先是缓慢下跌，然后是快速下跌，最终创出 1333 元的低点。需要注意的是，在创出低点这一天，股价收了一根十字线，这是转势信号。同时 KDJ 指标的 D 值已在 20 以下，即已出现超卖信号，所以这时空单要注意保护盈利了。

随后一根中阳线拉起，价格站上 5 日均线，同时 KDJ 指标出现金叉，即 B 处。所以在 B 处，手中还有空单的投资者要第一时间果断卖出；想抄底做多的投资者，可以以 1333 元为止损位，逢低做多。

价格站上 5 日均线后，开始震荡上涨，先是站上 10 日均线，然后沿着 5 日均线和 10 日均线继续上涨到 30 日均线附近。

价格上涨到 30 日均线附近后，再度震荡，这表明 30 日均线有压力，所以抄底多单可以先止盈。

在 D 处，KDJ 指标出现死叉，这表明价格要下跌，但随后价格并没有出现较大幅度的下跌，而是横盘震荡，这表明下跌力量不强。

下跌力量不强，即意味着随后的上涨力量会比较强。在 E 处，KDJ 指标的 K 线、D 线和 J 线三线均处于 50 附近盘整时，突然 J 线和 K 线几乎同时再次向上突破 D 线，说明市场在强势中，行情将继续上涨，是加仓做多的信号。同时，价格拉出跳空高开中阳线，同时站上 5 日均线、10 日均线和 30 日均线，这意味着价格要开始新的一波上涨行情了。所以在 E 处，投资者要敢于加仓做多。

随后价格沿着 5 日均线出现一波明显的上涨行情，及时做多的投资者，会有不错的投资收益。

经过十几个交易日的上涨之后，价格再度震荡。在 F 处，KDJ 指标出现死叉，这意味着调整开始了，所以多单要注意减仓。由于价格始终在 30 日均线上方，中线多单可以以 30 日均线为止损位，继续持有。

经过十几个交易日的震荡回调之后，价格回调到 30 日均线附近，就跌不动了。这时可以以 30 日均线为止损位，继续关注做多机会。

在 H 处，KDJ 指标的 K 线、D 线和 J 线三线均处于 50 附近盘整时，突然 J 线和 K 线几乎同时再次向上突破 D 线，说明市场在强势中，行情将继续上涨，是加仓做多信号。同时，价格拉出跳空高开中阳线，同时站上 5 日均线、10 日均线和 30 日均线，这意味着价格要开始新的一波上涨行情了。所以在 H 处，投资者要敢于加仓做多。

随后价格沿着 5 日均线出现一波明显的上涨行情，及时做多的投资者，会有不错的投资收益。

◤ 9.2.3　KDJ 底背离的做多技巧

KDJ 的底背离，是指股票的价格一直在下跌，即 K 线走势是一浪比一浪低，与此相反，KDJ 技术指标的走势却是低位攀升，一浪比一浪高。

图 9.9 显示的是信达地产（600657）2022 年 9 月 5 日至 11 月 29 日的日 K 线图和 KDJ 指标。

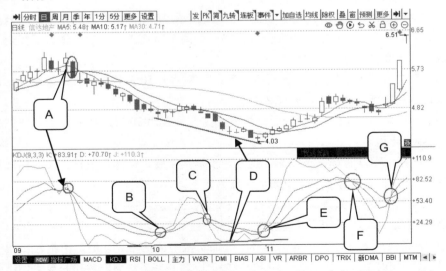

图 9.9　信达地产（600657）2022 年 9 月 5 日至 11 月 29 日的日 K 线图和 KDJ 指标

信达地产（600657）的股价经过一波上涨之后，然后在高位震荡。在 A 处，一根中阴线跌破 5 日均线和 10 日均线，同时 KDJ 指标出现死叉，这意味着反弹结束，后市要震荡下跌了。所以在 A 处，手中还有多单的投资者，要及时卖出；想做空的投资者，可以以 10 日均线为止损位，逢高做空。

从其后的走势可以看出，价格跌破 5 日均线和 10 日均线之后，就开始沿着 5 日均线下跌，在跌破 30 日均线之后，价格开始快速下跌。

价格连续下跌之后，KDJ 指标的 D 值跌到 20 以下，这表明价格已超卖，随时有反弹的要求，所以空单要注意保护盈利。

随后价格开始反弹上涨，先是站上 5 日均线，同时 KDJ 指标出现金叉，即 B 处。由于这一波是沿着 5 日均线下跌的，所以空单可以先止盈。想抄底做多的投资者，可以以 5 日均线为止损位，逢低做多。

需要注意的是，价格反弹力度很弱，仅反弹到 10 日均线附近，价格再度下跌，所以当价格跌破 5 日均线时，抄底多单要及时卖出，并可以反手做空，止损位放在 10 日均线即可。

价格在下跌过程中，KDJ 指标在 C 处出现死叉，这意味着价格还会继续下跌，空单可以继续持有。

需要注意的是，在 D 处，价格虽然继续创出新低，但 KDJ 指标不再创出新低，反而是不断攀升，这就是 KDJ 指标的底背离。KDJ 指标的底背离是一个做多信号，所以空单要注意止盈，并且可以在价格出现见底 K 线时，介入多单。

> 📶 提醒：KDJ 指标底背离时，D 值越低，看涨信号越强。

这一波行情最低跌到 4.03 元。需要注意的是，在创出低点这一天，价格收了一根十字线，这是一个转势信号，所以空单要注意保护盈利。

随后价格开始上涨，先是站上 5 日均线，同时 KDJ 指标出现金叉，即 E 处，这是一个明显的做多信号。所以在 E 处，手中还有空单的投资者，要及时卖出止盈；想做多的投资者，可以以 4.03 元为止损位，沿着 5 日均线看多做多。

接着价格继续上涨，又站上了 10 日均线。随后价格沿着 5 日均线上涨，最终站上了 30 日均线，并继续上涨。

经过十几个交易日的上涨之后，价格再度震荡，然后下跌回调。在 F 处，KDJ 指标出现死叉，然后继续下跌调整。需要注意的是，这一波下跌调整没有跌破 30 日均线，而是在 30 日均线附近企稳，所以这里可以以 30 日均线为止损位，关注逢低做多机会。

价格在 30 日均线附近企稳后，又开始上涨，随后价格站上 5 日均线和 10 日均线，并且 KDJ 指标出现金叉，即 G 处，这是一个明显的做多信号。所以在 G 处，手中有空单的投资者，要及时卖出；手中有多单的投资者，可以继续持有，并且可以继续加仓做多。

从其后的走势可以看出，敢于在 H 处重仓做多的投资者，短短三个交易日，就会有相当不错的投资收益。

9.3 KDJ 实战做空技巧

KDJ 实战做空技巧共有 3 个，分别是 KDJ 指标的 D 值突破 80 后的做空技巧、KDJ 指标的死叉的做空技巧、KDJ 顶背离的做空技巧。

9.3.1 KDJ 指标的 D 值突破 80 后的做空技巧

KDJ 指标的 D 值突破 80，就进入超买区间，这说明多头力量强盛到极致，后续力量有不足的危险，价格继续上涨的空间也不大，这时如果多头力量稍有减弱，空方力量就会加强，从而造成价格下跌。

图 9.10 显示的是上海能源（600508）2022 年 5 月 25 日至 10 月 31 日的日 K 线图和 KDJ 指标。

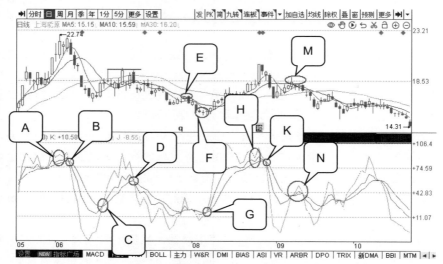

图 9.10　上海能源（600508）2022 年 5 月 25 日至 10 月 31 日的日 K 线图和 KDJ 指标

上海能源（600508）的股价经过一波明显的波段上涨之后，创出 22.74 元的高点。随后两个交易日，价格虽然都收了阳线，但却没有再创出新高。另外，需要注意的是，这时的 KDJ 指标的 D 值已突破 80，即 A 处，这表明价格已超买。所以在 A 处，投资者手中有多单的，要保护好盈利；想做空的投资者，可以轻仓以 22.74 元为止损位，逢高做空。

随后一根中阴线杀跌，跌破了 5 日均线，同时 KDJ 指标出现死叉，即 B 处，这是一个明显的看空信号。所以在 B 处，手中有多单的投资者，要果断卖出；手中有空单的投资者，可以耐心持有；想做空的投资者，可以以 22.74 元为止损位，沿着 5 日均线做空。

接着价格连续大跌，先是跌破 10 日均线，然后又跌破 30 日均线，并接着下跌。一般情况下，价格快速跌破 30 日均线后，往往会有反弹。在这里一根中阳线站上 5 日均线，同时 KDJ 指标出现金叉，即 C 处。这表明价格要反弹了，空单由于获利丰厚，可以先止盈出局。

随后价格震荡反弹，反弹到 30 日均线附近，就开始震荡，并形成平顶。随后价格开始下跌，KDJ 指标再度出现死叉，即 D 处，这表明价格反弹结束，又要开始新的一波下跌行情了。所以在 D 处，投资者可以以平顶为止损位，逢高做空。

由于前一波是快速下跌，所以这一波是缓慢下跌，是沿着 10 日均线震荡下跌。所以每当反弹到 10 日均线附近，都是不错的做空机会，如 E 处。

需要注意的是，随着价格的不断下跌，在 F 处，价格有跌不动的迹象，同时 KDJ 指标的 D 值已跌到 20 以下。所以在 F 处，空单要注意先止盈出局。

随后价格拉出一根中阳线站上 5 日均线，这时 KDJ 指标出现金叉，即 G 处，这是明显的看多信号。所以在 G 处，手中还有空单的投资者，要果断卖出，并且可以沿着 5 日均线看多做多。

接着价格继续上涨，先是站上 10 日均线，然后又站上 30 日均线，略微震荡后，继续沿着 5 日均线上涨。需要注意的是，经过十几个交易日的上涨之后，最后拉出一根涨停大阳线，但这时 KDJ 指标的 D 值已在 80 以下，即价格已超买，即 H 处。所以在 H 处，多单要注意止盈。

大阳线之后，价格开始下跌，先是跌破 5 日均线，这时 KDJ 指标出现死叉，即 K 处，这是一个明显的看空信号。所以在 K 处，手中还有多单的投资者要果断卖出；想做空的投资者，可以以涨停大阳线的最高点为止损位，逢高做空。

随后价格继续下跌，又跌破 10 日均线，跌到 30 日均线附近，价格开始反弹。用了 4 个交易日，价格反弹到 30 日均线附近，就涨不动了，又开始震荡，即 M 处。需要注意的是，KDJ 指标由金叉变死叉，意味着反弹结束，即 N 处。所以在 N 处，空单可以继续持有，多单要果断卖出。

从其后的走势可以看出，价格又开始新的一波震荡下跌行情，并且这一波行情是沿着 30 日均线下跌的，只要价格不有效地站上 30 日均线，仍以看空做空为主。

> 提醒：为了提高行情判断的准确率，投资者可以将不同级别 K 线图中的 KDJ 指标结合起来使用。例如，日线级别中的 KDJ 指标的 D 值进入超买区间的同时，周线级别中的 KDJ 指标的 D 值也进入超买区间，则该形态的看跌信号更可靠。

9.3.2 KDJ 指标的死叉的做空技巧

当 K、D 和 J 三线均大于 50 时，而 J 线和 K 线几乎同时向下跌破 D 线时，说明市场将转弱，行情上涨趋势有望结束，将迎来下跌行情，是做空信号，这是第一种形式的"死亡交叉"。

> 提醒：KDJ 指标的死叉出现的位置越高，该指标的看跌信号就越强，80 上方超买区的死叉看跌信号最强。

图 9.11 显示的是华新水泥（600801）2021 年 7 月 23 日至 10 月 13 日的日 K 线图和 KDJ 指标。

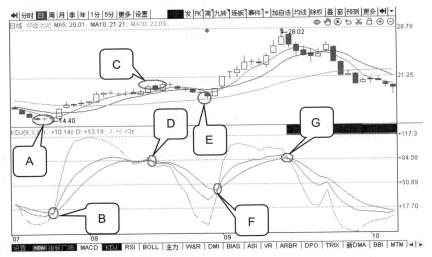

图 9.11　华新水泥（600801）2021 年 7 月 23 日至 10 月 13 日的日 K 线图和 KDJ 指标

华新水泥（600801）的股价经过一波明显的下跌行情之后，创出 14.40 元的低点。需要注意的是，在创出低点这一天，价格收了一根十字线，这是转势 K 线。另外，在 A 处，KDJ 指标的 D 值已在 20 以下，这表明价格已超卖，所以空单要注意保护盈利。

随后一根中阳线拉起，价格同时站上 5 日均线和 10 日均线，这时 KDJ 指标出现金叉，即 B 处，这是一个明显的看多做多信号。所以在 B 处，手中还有空单的投资者要第一时间卖出；手中有抄底多单的投资者可以耐心持有；想做多的投资者，可以以 14.40 元为止损位，逢低介入多单。

随后价格沿着 5 日均线上涨，慢慢地站上 30 日均线，然后继续上涨。经过十几个交易日的上涨之后，虽然价格仍在上涨，但 KDJ 指标的 D 值已超过 80，价格已超买，即 C 处。所以在 C 处，多单要注意保护盈利。

接着价格开始震荡下跌，先是跌破 5 日均线，然后跌破 10 日均线，并且 KDJ 指标出现死叉，即 D 处，这表明价格要开始下跌回调了。

随后价格继续下跌，下跌到 30 日均线，价格就企稳了，即 E 处。所以在 E 处，投资者可以以 30 日均线为止损位，关注逢低做多机会。

接着价格开始上涨，一根中阳线拉起，并站上 5 日均线，同时 KDJ 指标出现金叉，即 F 处，这是一个明显的看多信号。所以在 F 处，手中有空单的投资者，要及时果断卖出；手中有多单的投资者，可以耐心持有；想做多的投资者，可以以 30 日均线为止损位，继续关注做多机会。

随后价格沿着 5 日均线继续上涨，经过近十个交易日的上涨之后，创出 28.02 元的高点。需要注意的是，在创出高点这一天，KDJ 指标的 D 值已超过 80，即当前价格已超买，所以多单要注意保护盈利。

接着价格开始下跌，先是跌破 5 日均线，然后又跌破 10 日均线，这时 KDJ 指标出现死叉，即 G 处，这是一个明显的看空做空信号。所以在 G 处，手中有多单的投资者，要果断卖出；想做空的投资者，可以以 28.02 元为止损位，关注逢高做空的机会。

从其后的走势可以看出，虽然随后股价有所震荡反弹，但最终还是出现一波明显的下跌行情，及时进行做空的投资者，会有不错的投资收益。

当 K、D 和 J 三线均处于 50 附近盘整时，若 J 线和 K 线几乎同时再次向下跌破 D 线，说明市场在弱势中，行情将继续下跌，是加仓做空信号，这是第二种形式的"死亡交叉"。

图 9.12 显示的是市北高新（600604）2023 年 4 月 11 日至 6 月 26 日的日 K 线图和 KDJ 指标。

市北高新（600604）的股价经过一波反弹上涨之后，创出 5.62 元的高点。需要注意的是，在创出高点这一天，价格收了一根十字线，这是一根转势 K 线，所以多单要注意保护盈利。随后价格开始下跌，先是跌破 5 日均线，然后又跌破 10 日均线，这时 KDJ 指标出现死叉，即 A 处，这是一个明显的看空做空信号。所以在 A 处，手中还有多单的投资者，要第一时间果断卖出；想做空的投资者，可以以 5.62 元为止损位，沿着 5 日均线做空。

接着价格继续下跌，又跌破了 30 日均线，然后继续沿着 5 日均线下跌。经过几个交易日的下跌后，在 B 处，一根中阳线拉起，价格站上 5 日均线，同时 KDJ 指标出现金叉，这表明价格要开始反弹上涨了。所以在 B 处，手中有空单的投资者要第一时间卖出；想抄底做多的投资者，可以以这一波下跌的低点为止损位，沿着 5 日均线逢低做多。

随后价格开始沿着 5 日均线上涨，先是站上 10 日均线，然后继续反弹到 30 日均线附近，价格就反弹不动了，即 C 处。所以在 C 处，抄底多单要注意止盈。

接着价格就开始震荡下跌，一根中阴线同时跌破 5 日均线和 10 日均线，同时，

KDJ 指标出现死叉，即 D 处，这是一个明显的看空做空信号。所以在 D 处，手中还有多单的投资者，要第一时间果断卖出；想做空的投资者，可以以 30 日均线为止损位，沿着 5 日均线做空。

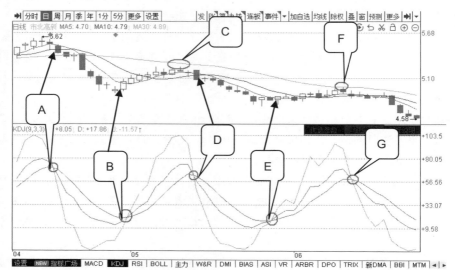

图 9.12　市北高新（600604）2023 年 4 月 11 日至 6 月 26 日的日 K 线图和 KDJ 指标

随后价格就开始沿着 5 日均线连续下跌近十个交易日，这样空单就会有相当丰厚的投资收益。

在 E 处，价格站上 5 日均线，同时 KDJ 指标出现金叉，这是明显的做多信号。所以在这里，空单要注意止盈出局，想抄底做多的投资者，可以以这一波下跌的低点为止损位，逢低做多。

接着价格开始震荡上涨，但上涨的力量很弱，经过近十个交易日的上涨之后，上涨到 30 日均线附近，并且有涨不动的迹象，即 F 处。所以在 F 处，抄底多单要注意止盈；想做空的投资者，可以以 30 日均线为止损位，逢高做空。

随后价格开始震荡下跌，先是跌破 5 日均线和 10 日均线，同时 KDJ 指标出现死叉，即 G 处，这是一个明显的看空做空信号。所以在 G 处，手中还有多单的投资者，要第一时间果断卖出；想做空的投资者，可以以 30 日均线为止损位，沿着 5 日均线做空。

从其后的走势可以看出，在 G 处做空的投资者，只要耐心持有，就会有相当不错的投资收益。

◤ 9.3.3　KDJ 顶背离的做空技巧

KDJ 的顶背离，是指股票的价格一直在上涨，即 K 线走势是一浪比一浪高，与此相反，KDJ 技术指标的走势却是高位震荡下行，一浪比一浪低。

图 9.13 显示的是澳柯玛（600336）2021 年 10 月 8 日至 2022 年 1 月 27 日的日 K 线图和 KDJ 指标。

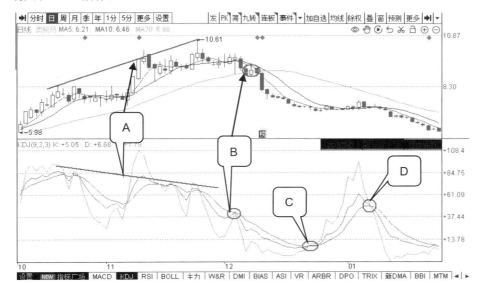

图 9.13　澳柯玛（600336）2021 年 10 月 8 日至 2022 年 1 月 27 日的日 K 线图和 KDJ 指标

在 A 处，澳柯玛（600336）的股价继续创出新高，但 KDJ 指标不再出现新高，反而是不断下降，这就是 KDJ 指标的顶背离。KDJ 指标的顶背离是一个做空信号，所以多单要注意止盈，并且可以在价格出现见顶 K 线时，介入短线空单。

📶　提醒：KDJ 指标顶背离时，D 值越高，看跌信号越强。

在这一波上涨行情中，澳柯玛（600336）的股价创出 10.61 元的高点。需要注意的是，在创出高点这一天，价格收了一根带有长长上影线的见顶 K 线，这表明已有多单主动平仓，所以多单要注意保护盈利。

随后价格开始震荡，经过十几个交易日的震荡之后，价格在 B 处有效跌破 30 日均线，并且 KDJ 指标出现死叉，这是一个明显的看空做空信号。所以在 B 处，手中还有多单的投资者要果断卖出，否则会由盈利变为亏损。

从其后的走势可以看出，价格跌破 30 日均线后，就开始一波下跌，虽有反弹，但反弹力度很弱。在 C 处，KDJ 指标虽然出现金叉，但反弹力度太弱了，连 30 日均线都没有碰到，然后又开始下跌。价格跌破 5 日均线和 10 日均线时，KDJ 指标再度出现死叉，即 D 处。所以 D 处是新的一波下跌的开始，即可以在 D 处继续加仓做空。

9.4 30分钟和60分钟KDJ实战应用经验

在实际操作中，一些做短平快的短线客常用分钟指标来判断后市，决定买卖时机，一般情况下，多使用30分钟和60分钟KDJ来指导，具体如下。

- 如果30分钟KDJ在20以下盘整较长时间，60分钟KDJ也是如此，则一旦30分钟K值上穿D值并越过20，可能引发一轮持续2天以上的反弹行情；若日线KDJ指标也在低位发生金叉，则可能是一轮中级行情。需注意，K值与D值金叉后只有K值大于D值20%以上，这种交叉才有效。

- 如果30分钟KDJ在80以上向下掉头，K值下穿D值并跌破80，而60分钟KDJ才刚刚越过20不到50，则说明行情会出现回档，30分钟KDJ探底后，可能会继续向上。

- 如果30分钟和60分钟KDJ在80以上，盘整较长时间后K值同时向下死叉D值，则表明要开始至少2天的下跌调整行情。

- 如果30分钟KDJ跌至20以下掉头向上，而60分钟KDJ还在50以上，则要观察60分钟K值是否会有效穿过D值（K值大于D值20%），若有效则表明将开始一轮新的上攻；若无效则表明仅是下跌过程中的反弹，反弹过后仍要继续下跌。

- 如果30分钟KDJ在50之前止跌，而60分钟KDJ才刚刚向上交叉，说明行情可能会继续向上，目前仅属于回调。

- 30分钟或60分钟KDJ出现背离现象，也可作为研判大市顶底的依据，详见前面日线背离的论述。

- 在超强市场中，30分钟KDJ可以达到90以上，而且在高位屡次发生无效交叉，此时重点看60分钟KDJ，当60分钟KDJ出现向下交叉时，可能引发短线较深的回调。

- 在暴跌过程中，30分钟KDJ可以接近0值，而大势依然跌势不止，此时也应看60分钟KDJ，当60分钟KDJ向上发生有效交叉时，会引发极强的反弹。

另外，当行情处在极强极弱单边市场中，日KDJ屡屡出现钝化，应改用MACD等中长期指标。

> 提醒：随机指标必须附属于基本的趋势分析，从这个意义上来说，它只是一种第二位的指标。市场的主要趋势是压倒一切的，顺着它的方向交易这一原则具有重要意义。然而，在某些场合，随机指标也有其特长。例如，在一场重要趋势即将来临时，随机指标分析不仅用处不大，甚至可能会使投资者误入歧途。一旦市场运动接近尾声时，随机指标就极有价值了。

第 10 章
短线量化交易的资金管理技巧

投资大师巴菲特曾有一句名言：投资成功的秘诀有三个：第一，尽量避免风险，保住本金；第二，尽量避免风险，保住本金；第三，坚决牢记第一条、第二条。

投资大师心中的那本账，其实我们普通投资者也知道，如果损失了投资资本的 50%，必须等资金再翻倍才能回到最初起点。如果设定年平均投资回报率是 12%，要花 6 年时间才能复原。对于年回报率为 24.7% 的巴菲特来说，也要花 3 年多的时间。所以，从某种意义上讲，资金管理关系到我们要承担的风险，关系到股市操作的生命，它是"股市生存之本"！本章首先讲解资金管理的定义、作用及资金管理的三个方面，然后讲解报酬与风险比及获胜率、获胜率与入市资金、三位一体的盈利策略，接着讲解如何建仓、加仓和减仓，然后讲解资金管理的一致性、知行合一是投资的最高境界，最后讲解国际投资大师的资金管理技巧。

10.1　初识资金管理

资金管理是成为投资高手的必由之路，短线量化交易必须重视资金管理。那么到底什么是资金管理呢？资金管理的作用又是什么呢？

◤ 10.1.1　什么是资金管理

资金管理是指投资者对自己资金在投资方向和投资节奏上的管理，其中包括投资组合的设计、整体账户的风险承受度、每笔交易的初始风险承受度、如何设定交易规模、如何进行仓位调整、账户的整体增长期望值、在顺境或挫折阶段的交易方式等方面。

一般来说，基本面分析主要是针对买卖什么股票的问题；技术分析主要是针对何时买卖股票的问题；而资金管理主要是针对买卖多少的问题。

交易对象、交易时间和交易数量构成了交易行为的整体。而交易行为的成功，取决于这三个要素的整体成功，任何一个要素的失利都有可能导致整个交易行为的失败。

但是很多股民，常常偏重于选股和选时，却忽略了交易资金的使用策略。实际上，这里隐藏着巨大的风险。为什么一个成功率达到80%的股民最终却是亏损的，而一位成功率仅有30%的股民却最终是盈利的？原因就在于他们的资金分配方式和资金管理技巧上。前者总是小赢，只是出现了两次重仓的大亏损，于是便把所有的盈利输完还搭上部分本金；后者则总是在小单上的出错，但一旦看准了时机则会大胆加仓，最终扭转了亏损的结局。

◤ 10.1.2　资金管理的作用

我们常常把相当多的精力用在股市预测上，而不是用在控制自己的行为上，总是力求找到最准确的分析方法，力求找到最值得交易的行情，力求找到交易的绝招……

这样不仅让我们陷入了茫然不可知的窘境，也使我们失去了更多的市场机会。相反，即使我们能够找到最值得交易的行情，也往往无法确信那就是最值得交易的行情。再加上复杂多变的交易心理和短暂的行情反复，看对而做不对的情况时常发生。

既然做对比看对更重要，那么如何才能做对呢？做对不在于对行情趋势的准确把握程度，而在于其对未来趋势的应变能力。这常常涉及对风险的评价、对胜率的判断、对市场机会大小的估算、对未来行情适应能力以及其在建仓、加仓、减仓、平仓等环节中的经验。

简单地说，做对的通用做法是：没有值得进场的机会时，坚决不进；有值得进场一试的机会时，轻仓进场；出现行情判断失误时，及时出场；出现重大盈利机会时，分批加仓；高涨后趋势停滞不前时，立即减仓；高涨后趋势明确掉头时，马上离场。

有无资金管理方法是区别赢家和输家的关键，成功的投资者总是把正确的资金管理方法列为赚钱的头条原则。无论你是什么类型的投资者，也无论你采用什么方式从市场中盈利，如果你不知道如何管理交易资金，是很难在市场中长久生存的。最佳投资者并不是那些偶尔赚最多钱的人，而是那些总是赔得最少的人，他们的风险容忍度通常都是比较低的。

莽撞冲动的驾驶者即使拥有世界上最好的赛车，在长达数月的赛跑中，也不一定能跑赢一辆由稳重的驾驶者所驾驶的普通汽车。同样，如果你不懂得如何有效地管理好资金，最终也会在一次很小的失败概率中以破产而告终。通常来说，越想快的人，越爱想快的方法，往往越容易出事；而越是慢的人，则越看重稳妥的方法，反而能驶到胜利的彼岸。

资金管理方法，是我们应对不确定市场的盔甲，它能增强你抵御市场风险的能力，获得异于常人的生存空间。好的资金管理方法的作用，具体如下。

第一，使你将注意力集中在成功率高的机会上。

第二，使你能够重拳出击具有高回报的机会。

第三，使你了解自己能够承受多大的风险。

第四，使你能够应对最差的状况。

第五，使你能够处理如何实现利润最大化的问题。

第六，使你知道什么方法是最合适的出场方式。

第七，使你能够将亏损降到最低点。

第八，使你能够保住最珍贵的交易资本。

第九，使你能够处理大资金的稳定增值问题。

第十，使你可以避免赌博式的交易心态。

10.2　资金管理的三个方面

资金管理包括三个方面，分别是投资组合（投入方向）、投资仓位（投入多少）和投资时机（如何进出）。

▶ 10.2.1　投资组合：投入方向

对于大资金来说，集中投资于某一只股票所面临的风险比较大，所以必须做分散投资，建立投资组合。

所谓投资组合，就是投资者依据某些市场理论和经验，将资金分别投资到多只不同属性的股票或不同的交易市场中，以避免单一品种、单一市场出现反向运动时的重大亏损，而这些被投资者锁定并介入的多个品种和市场，就称为投资组合。

投资组合的目的不只是为了盈利，更重要的是为了防止大资金的系统性风险。因为相关性越强的股票，趋势同步反向时的风险就越大；而越是重仓的单一股票，趋势反向后的风险就越大。组合投资的原则就是要求投资者最大程度地降低单一品种的投资风险，不要"将鸡蛋放在一个篮子里"，同时也不要对投资对象采取平均主义的做法，而应有侧重、有技术地进行分散投资。

投资组合的三个层面如图 10.1 所示。

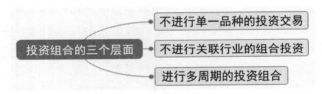

图 10.1　投资组合的三个层面

（1）不进行单一品种的投资交易。交易对象可以包括股票、债券、权证、黄金、白银等品种。

（2）不进行关联行业的组合投资。例如生产制造业和公用事业的关联度较低，可以同时考虑。

（3）进行多周期的投资组合。交易中应包括长线投资品种和短期交易品种。

在运用投资组合时，要注意把握资金分散的度。分散是指对非关联交易品种的分散，但它本身要讲究集中的原则，不能无限制地进行分散，造成开杂货铺现象。

一般来讲，面对 5000 多只股票，我们能有精力管好的股票数量不会超过 10 只，这 10 只股票还有可能涵盖了短、中、长线三类交易品种。要注意，在漫长的熊市中，对于大资金来说，空仓才是明智之举。

▶ 10.2.2　投资仓位：投入多少

仓位是指投资者在个股上的持股数量或资金投入。仓位往往有两种界定方式：一种是额定仓位，即计划在某股上的持股数量或资金投入总额；另一种是流动仓位，即仓位将有一个从零到部分满额直至全额，而后又逐渐减至零的过程，它始终处于一种流动的状态。

对额定仓位的计算比较简单，只需要符合投资者一贯的交易风格，并对报酬／风险比进行评估后即可确认。对于流动仓位的管理比较复杂，它需要投资者严格执行建仓、加仓、减仓、平仓等环节上的管理标准，同时需要投资者具有丰富的交易经验。

对于仓位的管理，最简单的方法就是：风险大且盈利大时，持仓数量减少；风险小且盈利大时，持仓数量增大；做短线量化交易时，持仓数量减少；做长线交易时，持仓数量视报酬／风险比而增加；对于大盘股，持仓数量可以视其他综合条件而增加；对于小盘股，持仓数量应相对地减少，除非是想坐庄。

具体到策略上，有三步，具体如下。

第一步，根据大盘性质来确定入市资金。牛市中使用 90% 的资金；震荡市中使用 50% 的资金；熊市中使用 30% 的资金等。

第二步，根据交易对象的报酬／风险比来确定建仓资金。对于个股来说，当风险小于收益时可以及时介入，甚至加仓；当风险大于收益时不可以介入，甚至考虑减仓；当风险等于收益时，没有必要进场，若有股票可以继续持股。

第三步，根据投资者的交易风格来控制仓位。不同的投资者有不同的交易风格，自然就会看准不同的交易时机进行建仓、增仓、减仓、平仓等动作，于是其流动仓位就可以得到有效控制。

◤ 10.2.3　投资时机：如何进出

在买卖股票时，如果资金量或持股量比较大，投资者往往很难一次性交易完所要买卖的股票数量，于是就应该给自己规定一个交易时间和买卖价格的限制。

例如，在购买股票时，投资者可预先确定好最佳买入区间、次佳买入区间和适合买入区间，并做好每个价格区间上的资金投入准备；而在减仓和平仓时，也必须考虑好适合的价格区间和时间段，避免和主力出货时间相冲突。

事实上，股票市场和股票的运作是有周期的，在什么时间段介入什么品种是投资者应该具备的市场经验；而在什么时间段进行建仓、加仓、减仓、平仓等动作，则是技术分析结合市场经验的结果；而操作数量，则取决于长期进行资金管理后所获得的经验。

组合、仓位和时机，这三个方面常常牵一发而动全身。当市场风险增大时，不仅投资组合应作出调整，品种仓位也会作出调整，调整的时机也会同步考虑。

10.3 报酬与风险比及获胜率

报酬与风险比是预期回报与未来风险的比值。假设某段时间内某股即将上升的空间为 4 元，而可能下跌的空间为 1 元，那么报酬与风险比就是 4∶1。

报酬与风险比是专业投资者每次进场之前都必须深思的问题，因为资金有限，而机会是无穷的，只有专注于大机会，集中资金打歼灭战，才有获取大利润的可能性。

获胜率是买入股票后在某一段时间内最终盈利的可能性，即将来是获利卖出而不是亏损卖出的概率是多少。

报酬与风险比和获胜率之间具有紧密的联系。假设投资者有 10 万元的资金，选择报酬 / 风险比为 3∶1 的行情满仓做 10 次，同时设置止损位为买入价的 − 3%，即盈利目标为买入价的 9%，那么

0 胜时：亏损 3 万元

1 胜 9 负时：亏损 1.8 万元

2 胜 8 负时：亏损 0.5 万元

3 胜 7 负时：盈利 0.6 万元

4 胜 6 负时：盈利 1.8 万元

5 胜 5 负时：盈利 3 万元

6 胜 4 负时：盈利 4.2 万元

7 胜 3 负时：盈利 5.4 万元

8 胜 2 负时：盈利 6.6 万元

9 胜 1 负时：盈利 7.8 万元

10 胜时：盈利 9 万元

可见，只有投资者能在 10 次交易中赢得 3 次，即可小有盈利。如果报酬与风险比为 4∶1 时入场，则 10 次只要赢 2 次就可以保本。10 次实现 2 次或 3 次获胜，是比较容易达到的，关键是报酬与风险比，所以报酬与风险比是职业投资者需要考虑的问题。

一般来说，在能确定报酬与风险比的情况下，交易保本时所需的获胜率 = 1 ÷（报酬与风险比的分子及分母之和）× 100%。

例如，某投资者打算买入一只股票，经过周密分析后，预计买入价为 10 元，止损价为 9.7 元，止盈价为 11.2 元，那么报酬与风险比为 (11.2 − 10)∶(10 − 9.7) = 4∶1，所需获胜率 = 1 ÷ (4+1) × 100% =20%。即在不计算交易成本的情况下，交易者只需要 20% 的获胜率就可以保住本金。

保本时的报酬 / 风险比与所需获胜率的关系如表 10.1 所示。

表 10.1　保本时的报酬 / 风险比与所需获胜率的关系

报酬 / 风险比	所需获胜率
1:1	50%
1.5:1	40%
3:1	25%
4:1	20%
7:1	12.5%

可见，若想交易取得成功，在股票的报酬 / 风险比越小时，对获胜率的要求就越高；而当股票的报酬与风险比越大时，对获胜率的要求就可以低一些。

但是，仅从获胜率的角度来讲，投资者必须长期进入获胜率超过 50% 的交易中，才能在市场中生存下来，因为每次预测的报酬与风险比往往只是一幅静态的画面，它的真实性具有很大的不确定。如果不能经常抓住 50% 以上的获胜率的股票，那么任何资金管理方法都没有用。

总的来讲，投资者长期获利的关键是能正确评估出个股的报酬与风险比和获胜率。这里的报酬，不是指投资者能预测到的个股最高目标收益，而是在正常情况下个股可能达到的合理价位目标；这里的风险，是指投资者能够承受的最大亏损额度，一旦亏损达到这个额度，就必须出局；这里的获胜率，是一个极富有个性的经验判断问题，它需要投资者对个股发展趋势的正确认知和准确判断。

 ## 10.4　获胜率与入市资金

在报酬与风险比固定的情况下，是不是获胜率越高的行情投入的资金越多，其投资回报就越高呢？有研究者在长期获胜率分别是 63%、60%、57% 且报酬与风险比恒定的基础上，以电脑随机的方式进行了 100 次模拟交易，在不计算交易成本的情况下，得出的结果如表 10.2 所示。

表 10.2　长期获胜率与入市资金的关系

获胜率	投入 5%	投入 10%	投入 14%	投入 20%	投入 30%	投入 40%
63%	3.24 倍	10.22 倍	14.50 倍	25.28 倍	27.99 倍	9.95 倍
60%	2.40 倍	4.50 倍	6.23 倍	7.49 倍	4.37 倍	0.78 倍
57%	1.78 倍	2.46 倍	2.67 倍	2.22 倍	0.68 倍	0.06 倍

可见，在长期获胜率为 63% 的情况下，资金收益的增长倍数似乎一直随着入市资金的增加而增大，但当入市资金达到 30% 的比例时，资金收益的递增速度开始变慢，

当入市资金达到 40% 的比例时，资金收益则开始大幅递减。为什么会出现这种现象呢？这是因为大资金所产生的小概率损失会大大影响总资金的收益率，这一点特别应被大资金投资者关注。

10.5 三位一体的盈利策略

为了获取长远的盈利，我们必须进行三位一体的考虑，如图 10.2 所示。

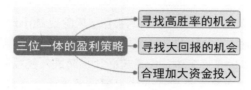

图 10.2 三位一体的盈利策略

◤ 10.5.1 寻找高胜率的机会

寻找高胜率的机会，需要投资者有良好的分析功底和丰富的市场经验，但最重要的是耐心等待。耐心等待比分析更重要，好的交易机会从来不是分析出来的，而是等出来的。

很多投资者之所以屡屡亏损，其实自己也知道原因，那就是每次没有等到较有把握的机会就匆匆地入场。严格来讲，高胜率的机会都不会很确定，往往是投资者一厢情愿的看法；而即使是有 90% 的获胜率，如果行情偏偏走到了剩下的 10% 的概率里，亏损也一样会发生，而且此时的亏损往往会更大，因为投资者会根据高胜率来加大投入资金的比例。

所以，寻找高胜率的机会虽然很重要，但投资者也不要过于指望高胜率，并据此盲目加大资金的投入。

◤ 10.5.2 寻找大回报的机会

对于短线量化交易来说，报酬与风险比必须达到 2 ：1 时才值得进场操作；对于中长线来说，报酬与风险比必须达到 4 ：1 时才值得进场操作。

这样的机会一般不难寻找，问题是既然找到了大回报的机会，也预料到了后期的盈利空间，但投资者无法忍受其后过程中的小亏损或小盈利，而不能等到大盈利的到来。

要知道，用多次小亏损换一次充足的盈利，不仅是投资者必须具备的经验，也是世界级交易大师的成功之道。尽管交易大师都非常看重高胜率这个条件，但他们的交易成功率却往往不会高于 50%，这是他们极其看重止损同时敢于在看准的时机上进行加仓的结果。

所以，对于短线量化交易来说，需要提高自己交易的成功率；而对于中长线交易来讲，则需要适应"用丢掉高成功率的代价来换取大回报"的盈利模式。

▶ 10.5.3　合理加大资金投入 ----------------------●

重仓出击最有信心的品种和重仓出击最有信心的点位，是投资者利润最大化的必然措施。不加大资金投入力度，不集中持有优势股票，投资者就难以真正实现以多次小亏损换一次充足盈利的战术。

但投资者也不要过于相信自己的判断，因为即使是 90% 的获胜率，也不能保证一定就会盈利；而这样的高概率，恰恰是诱使投资者加大投入的陷阱，是使投资者最终翻船的"阴沟"。合理的方法是将个股的资金投入比例控制在 10% ～ 50%，即使在该股上出现了重大的投资亏损，也有机会重新入市博弈。

10.6　如何建仓、加仓和减仓

对于投资者，特别是拥有大量资金的投资者来说，其持股策略不可能是一成不变的。如果一直满仓操作，容易造成因判断失误所带来的巨大亏损；如果一直轻仓操作，又容易失去获取大利润的宝贵机会。

我们不能控制市场，但可以控制自己，即控制自己的仓位。对仓位的管理，其实就是资金管理，这直接影响着投资者的心理和决策，并最终影响投资者的投资收益和投资效率。

▶ 10.6.1　建仓的方法 ----------------------●

建仓是一个比较专业的问题，通常有两种方式，一种是根据自己的交易原则来调配仓位，即先明确资金投入额度，再考虑最大亏损承受额度。

例如，投资者将 9 万元资金进行三等分，计划买三只股票，在购买第一只股票时，无论如何看好该股行情，都只会投入 3 万元。开始购买股票时，按照"小单试场，顺势加仓，势明满仓"的原则，将 3 万元资金分批投入。在资金分批投入的时候，再根据技术止损的方法，设置止损点位并随股价的上涨而抬高止损点位。止损点可以是现今股价的－5%，也可以是－10%，更可以根据个股股性和技术形态来设置止损点。

另一种建仓方式比例死板，是一种先确立止损额度，再考虑资金投入的方法。

例如假设投资者有10万元资金，单次交易能承受的最大亏损额为3%，即3000元，如果股价为100元，则投资者考虑止损点位是90元，那么可购买的股数是3000÷（100－90）=300（股），能投入的资金为100×300 = 3（万元），这样投资者可以一次性将这3万元投入到该股中，也可以分批买入，但当股份下跌到90元时，投资者必须以亏损3000元清仓离场。

一般来说，第一种方法适合有资金管理经验的人，而后一种方法适合按计划执行交易或没有资金管理经验的人，两者最终要达到的结果都是一样的。

> 提醒：投资者首次建仓的资金不应超过可用资金的30%，剩余的70%资金应视个股趋势发展情况而追加。总之，在趋势刚刚启动时或即将终止时，只持有少量的筹码，而在趋势上行的运行空间里持有大量的筹码。

10.6.2 加仓或减仓的方法

对于资金的加仓与减仓，常常有三种方法，如图10.3所示。

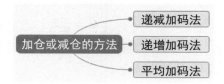

图 10.3　加仓或减仓的方法

1. 递减加码法

当投资者认为未来股价还能上涨但涨幅不大时，即可采用递减加码的方式建仓，这种方式又称金字塔加码法。例如，首次建仓的资金为8万元，第二次加仓的资金为5万元，第三次加仓的资金为3万元。

2. 递增加码法

当投资者认为未来股价还有很大的增长空间时，即可采用递增加码法，这种方式又称倒金字塔法。例如，首次建仓的资金为3万元，第二次加仓的资金为5万元，第三次加仓的资金为8万元。这样操作是比较提倡的一种方法，因为在行情开始，只能用少量资金谨慎测试。

3. 平均加码法

平均加码法是一种简单的加码方式，它只需将备用资金分为 2 ～ 4 等份，在行情看好的时候继续追加即可，每次追加的资金为 1 等份。这种方法介于前面两种方法之间，较为中庸。

上述三种方法同样适用于减仓。当行情不易判断时，投资者可以采用递增减码法，即先少量减仓，等到行势不好时再加大减仓量；当行情犹豫退缩时，交易者则可采用递减减码法，即先大量减仓，保住大部分利润，只留少量仓位在市场中继续承受风险。当然面对上述行情，也可以采用平均法进行减仓。

注意，上述三种方法只适用于市场上升趋势或下降趋势明朗的情况，当行情在震荡盘整时，只适合轻单入场，做快进快出的短线量化交易。

下面通过具体实例讲解一下，当股价已经过长时间的大幅下跌之后，探明底部区域，接着开始震荡盘升，在这个过程中，股价向上突破重要阻力位时的建仓技巧。

难点在于：如果买入股票的时机较早，则风险较大；如果买入股票的时机较晚，则失去交易机会。同时投资者还要考虑股价突破的概率和空间，如果股价突破阻力后涨幅不大，则可以放弃这次机会；如果股价突破阻力后的涨幅较大，且突破的概率在 70% 左右，那么操作方法如下。

（1）20% 的资金在股价即将向上突破阻力位时入场。

（2）30% 的资金在股价向上突破阻力位的过程中入场。

（3）50% 的资金在股价回抽后并再次掉头向上时入场。

西藏药业（600211）的股价经过一波明显的下跌回调之后，创出 35.12 元的低点。随后价格开始反弹上涨，上涨到 37.20 元附近，价格再度回调。需要注意的是，37.20 元附近就是头肩底的颈线。

价格下跌回调到 36 元附近时，就跌不动了，出现平底见底信号，即 A 处，所以在 A 处可以进场操作，但投入资金应在 20% 左右，止损点设在前期低点 35.12 元。

随后股价震荡上行，在 B 处，股价突破了前期整理平台的高点，即头肩底的颈线，所以在这里再加仓 30%。

股价突破了头肩底的颈线之后，没有继续上涨，而是又回落到颈线附近，然后企稳，即 C 处，所以 C 处是最佳入场点，在这里可以加仓 50%，这样就满仓待涨了，从而享受股价上涨带来的快乐，如图 10.4 所示。

如果股价突破阻力后的涨幅较大，且突破的概率在 50% 左右，那么操作方法如下。

（1）20% 的资金在股价向上突破阻力位一定幅度后入场。

（2）30% 的资金在股价回抽并再次掉头向上时入场。

（3）50% 的资金在股价继续上升过程中以递减加码法的方式入场。

图 10.4　西藏药业（600211）的日 K 线图

下面通过具体实例讲解一下，当股价上涨至重要阻力位附近时的减仓技巧。

难点在于：如果卖出股票的时机较早，则损失较大；如果等股价到达阻力区后再卖掉，可能无法顺利出局；同时还要考虑个股当前是上涨趋势还是震荡趋势，如果个股当前处于上涨趋势，且不容易判断股价是否会突破阻力区间时，操作方法如下。

（1）股价接近阻力位时，减掉 20% 的仓位。

（2）股价到达阻力位且出现震荡现象时，减掉 30% 的仓位。

（3）在阻力位下方一定幅度处设置止损点，如果股价回落到止损点，则清除剩余的 50% 的仓位。

（4）如果股价未到止损点，且又突破该阻力区形成有效突破，则投资者可以将已平掉的 50% 仓位分批补回。

中视传媒（600088）的股价从 7.64 元开始上涨，一路震荡上涨到 12.20 元附近，即 A 处，然后开始震荡。在 B 处，股价再次上涨到 12.20 元附近，又出现了回落，为了规避风险，投资者在这里要减仓 20%。

随后股价回落，没有回落多深，又开始上涨，但还是没有突破前期高点，即 C 处，又开始震荡，所以为了规避大幅回调的风险，投资者要再减仓 30%，这样做的目的是落袋为安，把账面利润变成真金白银。

但股价没有回调多深，随后股价在 D 处，一根大阳线又突破了前期整理平台的高点，所以在 D 处，要把减去的 50% 仓位再补回来，如图 10.5 所示。

图 10.5 中视传媒（600088）的日 K 线图

如果个股当前处于震荡趋势，那么阻力区往往会产生很强的阻力，操作方法如下。

（1）股价接近阻力位时，减掉 30% 的仓位。

（2）股价到达阻力位时，减掉 40% 的仓位。

（3）在阻力位下方一定幅度处设置止损点，如果股价回落到止损点，则清除剩余的 30% 的仓位。

（4）如果股价未到止损点，且又突破该阻力区，形成有效突破，则可以将已平掉的 70% 的仓位分批补回。

10.7　资金管理的一致性

在股市实战投资中，很多股民总是在经历几次获利后，喜不自胜，大胆做单；遇到几次亏损后，惊恐懊恼，萎靡不振；今天循序渐进长线不成，明天重仓赌博全线出击。

股市投资不是儿戏，不是随随便便玩玩，不是冒险，不是赌博，不是消磨无谓的时光，这是一项事业，必须站在职业的角度去体味，去奉行其原则和纪律，并且还要加上"始终一贯"四个大字。没有一致性的原则，不能恪守既定纪律的人注定办不成大事。

股市只有赢家和输家，可靠的交易计划结合稳健的资金管理，就是你成为赢家的诀窍。如果你没有办法遵守纪律、自觉地贯彻执行这些道理，那么你仍要经历痛苦，这是因为技术的高低、理论的多寡和稳定盈利之间没有必然的关系。

想知道成功的投资者赚钱的秘诀是什么并不难，想知道自己投资失利的原因也不难，真正的难点在于我们必须约束自己去做应该做的、正确的事情。因此有了可靠的交易计划和稳健的资金管理原则之后，一致性的制定原则和一致性的执行就成为决定我们投资能否成功的关键。

10.8　知行合一是投资的最高境界

资金管理所解决的问题，事关投资者在股市的生死存亡。作为成功的投资者，谁笑到最后，谁就笑得最美，资金管理增加的恰恰就是所谓赢到最后的机会。

很多股民在交易之初，总是试图寻找所谓一劳永逸的万能钥匙，然后其即便输光也没弄明白，把他引入万劫不复迷宫的却正是他这种异想天开的思维。

当然，对行情的研究与把握必不可少，如果你的买卖信号成功率很低，那么再好的资金管理也很难改变你的投资命运，资金管理改变的只是账户资金运行轨迹的幅度，绝不能改变其运行的方向，但这并不是问题的关键所在。很多股民不知道市场是随机和规律的结合，任何想完全、彻底、精确地把握交易的想法，都是狂妄、无知和愚蠢的表现，能够完美地把握每次机会只是高不可攀的梦想。事实上，真正的成功就是在把握市场规律的基础上，严格资金管理，控制风险，扩大盈利，实现复利。

坚守资金管理，做到大赢小亏，稳定地盈利，从小做起，随着岁月的流逝，小流也将汇集成复利的海洋。一个投资高手的表现应该是，能够连续多年获得稳定持续的复利回报，经年累月地赚钱而不是一朝暴富。

成功必然来自于坚持正确的习惯方法和不断完善的性格修炼，坚忍、耐心、信心并顽强执着地积累才是职业的交易态度。利润是风险的产物，而非欲望的产物。风险永远是第一位的，不论在何种情况下，都要严格制订和执行资金管理计划，不让账户资金出现非正常的回落。能否明确、定量而系统地从根本上限制你的单次和总的操作风险，是区分赢家和输家的分界点，随后才是天赋、勤奋、运气以博取更大的成绩。

10.9　国际投资大师的资金管理技巧

我国股票市场才兴起二十多年，而欧美国家的成熟股市已有一百多年的历史，并且出现了不少投资大师，他们的资金管理技巧是值得我们学习的。下面来具体看一下国际投资大师的资金管理技巧。

10.9.1　海龟资金管理法则

海龟资金管理法则具体如下。

（1）决定每一笔交易你愿意承担多大的风险。

说白了，就是你在一笔交易中能亏得起多少钱而不心疼。一般来讲，不超过本金的 2%。具体多少，要根据你投入的资金量和你的习性来定。

（2）搞清楚你将要进行的交易的风险程度，然后确定交易的规模。

也就是说，根据股票交易品种的活跃程度、波动幅度、止损价格的位置，确定第一步的交易金额，得出你最佳的交易手数。不要超过该手数，如果超过，那是过度交易，风险极大。

（3）跟踪你的交易，向前推进。

股票投资者，要根据行情的变化，逐步提高止损价格。

（4）注意你的风险点。

承受小额的损失，不要把它变成不可收拾的巨大损失。止损要坚决，到了止损位一定要走。

（5）回顾你的表现。

股票投资者要不断总结，不断进步，从自己的失败中吸取教训，是进步最快的方法。

10.9.2　江恩资金管理法则

江恩资金管理法则具体如下。

第一，将你的资本分成十等份，每次交易不要冒损失十分之一以上资本的风险。

第二，永远采用止损单来保护你的交易，在建立头寸后立即设定止损单。

第三，永远不要用大头寸（大仓位）来过度交易。这会违反你的资金规则，记住"安全第一"。

第四，不要让利润变为损失。当市场向你预期方向运动，并且利润超过了你所冒风险的 2 倍时，移动你的止损位，这样当市场触发你新设的止损单时，你将不会损失初始的资本金。

第五，心存疑虑时，观望或者出场。

第六，没有好的理由，不要平仓。根据规则，用止损单来跟踪你的顺势仓位，以保护你不断积累的利润。

第七，积累盈利。这条规则很重要，当你取得了一系列交易的成功后，从中取出一些钱，放入盈利账户，这笔钱只在紧急或恐慌的境况下动用。

第八，不要在亏损的头寸上摊低损失，永远不要！这是投资者犯下的最严重的错误之一。

第九，不要因失去耐心而出市，不要因焦虑等待而入市。

第十，避免截断利润，让损失奔跑。

第十一，进入市场并设置止损单后，永远不要取消止损单。

第十二，避免过于频繁的交易，避免过于快速的进出。

第十三，在长时间成功，或做了一系列利润丰厚的交易后，避免增加交易活动。积累你的盈利，并且不要过于快速地增加交易仓位。胜利会冲昏你的头脑，并毁掉其他明智而良好的交易。

◤ 10.9.3　墨菲的资金管理要领

一个优秀的投资交易高手的定义应该是，能够连续多年获得稳定持续的连续复利回报，经年累月地赚钱而不是一朝暴富，常赚而不是大赚。资本市场的高额利润应来源于长期累积低风险下的持续利润的结果，职业投资者只追求最可靠的，只有业余低手才只关注利润最大化和满足于短暂的辉煌。这也是多数人易现辉煌、难有成就的根本原因。

重仓和频繁交易导致成绩巨幅震荡是业余低手的表现，且两者相互作用，互为因果。坚忍、耐心、信心并顽强执着地积累成功才是职业的投资交易态度。是否能明确、定量、系统地、从根本上必然地限制住你的单次和总的操作风险，是区分赢家和输家的分界点，随后才是天赋、勤奋、运气获得尽可能大的成绩，而成绩如何其中相当大地取决于市场，即"成事在天"。至于输家再怎么辉煌都只是震荡而已，最终是逃不脱输光的命运。

从主观情绪型交易者质变到客观系统型交易者是长期积累沉淀升华的结果：无意识——意识到——做到——做好——坚持——习惯——融会贯通——忘记——大成。

小钱靠技术（聪明），大钱靠意志（智慧）。长线（智慧）判方向，短线（聪明）找时机。智慧成大业，聪明只果腹。聪明过了头就会丧失智慧（为自作聪明），所以我要智慧过人而放弃小聪明（为大智若愚）。这里的意志应理解为坚持自己的正确理念和有效的方法不动摇。

止损是以一系列小损失取代更大的致命的损失，它不一定是对行情的"否"判断（即止损完成不一定就会朝反方向继续甚至多数不会，但仅仅为那一次"真的"也有必要坚持，最多只是反止损再介入），而只是首先超过了自己的风险承受能力，所以资金最大损失原则（必须绝对小于等于资产的 5%）必须严格并首要遵守。至于止损太频繁的损失需要从开仓手数和开仓位、止损位的设置合理性及耐心等待和必要的放弃上去改进。

大行情更应轻仓慎加码（因行情大震荡也大，由于贪心盲目加码不仅会在震荡中丧失利润，更会失去方向，从而破坏节奏，导致彻底失败）。

仅就单笔和局部而言，正确的方法不一定会有最好的结果，错误的方法也会有偶然的胜利甚至辉煌，但就长远和全部来看，成功必然来自于坚持正确的习惯方法和不断完善的性格修炼。

大自然本身是由规律性和大部分随机性组成，任何想完全、彻底、精确地把握世界的想法，都是狂妄、无知和愚蠢的表现，追求完美就是表现形式之一，"谋事在人，成事在天"。于人我们讲究缘分而非最好，于事我们讲究适应，能改变的是自己而非寄予外界提供。

利润是风险的产物而非欲望的产物，风险永远是第一位的，是可以自身控制和规避，但不是逃避，因为任何利润的获得都是承担一定风险才能获取的回报，只要交易思想正确，对于应该承担的风险我们要从容不迫。

正确分析预测只是成功投资的第一步，成功投资的基础更需要严格的风险管理（仓位管理和止损管理）、严谨的自我心理和情绪控制（宠辱不惊，处变不惊）。心理控制第一，风险管理第二，分析技能的重要性最次。必须在交易中克服对资产权益的过度关注或掺杂进个人主观需求原因，从而引发贪婪和恐惧情绪放大造成战术混乱、战略走样最终将该做好的事搞得彻底失败。交易在无欲的状态下才能收获更多，做好该做的而不是最想做的。市场不是你寻求刺激的场所，也不是你的取款机器。任何事物，对它的定义越严格，它的内涵越少，实际的操作性才越强。在我们的交易规则和交易计划的构成和制定中，也必须如此从本质和深处理解和执行，才能保证成功率。

盯住止损（止盈），止损（止盈）是自己控制的（谋事在人）；不考虑利润，因为利润是由市场控制的（成事在天）！

第11章
短线量化交易的管理策略技巧

很多投资者只重视市场分析，并花费了大量的时间和精力，而事实上，市场分析只是交易中的一部分。因为市场是"死"的，是被动的，市场的大趋势可以预测，而小的波动是无法预测的。然而人在这个交易中是活跃的，是随时会改变看法和主意的，所以投资者在实战操盘之前一定要了解如何管好自己。本章首先讲解新股民交易的五个阶段，然后讲解计划你的交易和交易计划，最后讲解止损和止盈的方法与技巧。

11.1 新股民交易的五个阶段

新股民虽然形形色色，但其成长过程却都大致分为 5 个阶段，如图 11.1 所示。

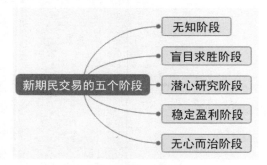

图 11.1　新股民交易的五个阶段

11.1.1　无知阶段

新股民刚刚入市时，往往不是因为对股市有所了解而去股市投资，相反，他们常常是在一无所知的情况下，仅凭一夜暴富的想法就匆匆走进了市场。

在新股民眼中，股市不是赌场而是印钞机，几乎谁进去都能拿到大把大把的钞票回来，何况自己是聪明过人呢？所以，他们进入市场的第一天，不是学习，不是等待时机，而是赶紧交易，唯恐自己账户中的资金闲着，唯恐失去了赚钱的机会。

在这个阶段，股民除了知道 K 线图的涨跌含义外，对基本面分析、技术分析、市场主力一无所知，其买卖操作凭的是热情和期盼，其交易策略靠的是消息和股评。

在无知者无畏的气势下，新股民大多重仓操作，没有止损概念，也没有资金管理、交易规则之说；基本上是买进后就捂住不放，不盈利就是不卖，好像自己是主力，股价会按自己的想法走。

11.1.2　盲目求胜阶段

当新股民向市场交了一部分学费后，如梦方醒或心有不甘者开始研究股市。这时候，他们到处寻找投资秘籍和暴利方法，甚至不惜重金购买各种操盘软件，或到处打听小道消息及所谓的内幕消息。其实，这是违反市场规律的徒劳之举，费钱费力的同时还会使自己的资金雪上加霜。

也有不少股民，开始在图书中找立竿见影的方法，并乐此不疲地试验书中的交易策略和技巧；还有一些股民迷信技术分析和技术指标，认为这样可以解决市场谜团。他们不知道，任何技术分析都是有假设前提的，任何交易方法都是有附加条件的，任何单一的技术指标都不值得深究，因为炒股本身是一门综合学问。所以，尽管他们偶尔能获利，但终究不知其然，而亏损则在盲目的市场试验中继续加大。

在这个阶段，股民处于求人的阶段，他们没有意识到自己身上更深层次的问题，他们总认为问题及问题的解决方案在于市场而不在于他们自己，这样由于态度不正确造成方法不正确，进一步造成市场反馈回来的信息也就失去了价值。

由于所学知识的片面性，此时的股民即使已分成了基本面分析和技术分析两大派，但是对预测市场的探求仍然很旺盛；同时，还有一些股民则在井底之蛙式的学习中，进入了主观意识顽固、过度逆市思维、盲目自我崇拜、穷尽市场研究等误区，且深陷其中难以自拔，直至资金完全亏损掉为止。

◤ 11.1.3　潜心研究阶段

到达这一阶段的股民，往往都是经历过市场大起大落之人。在这个阶段，他们开始潜心研读股市书籍，大量吸取相关知识，以求获得对市场客观公正的认识。他们已经意识到，面对一个有人赢、有人输的市场，肯定是自己出了问题。了解市场、了解问题、了解自己，是他们在该阶段的主要任务。

在这里，要经过三道门槛，具体如下。

第一，熟悉主流的分析体系，包括政策性分析、市场热点分析、品种质地分析、技术分析、主力分析等。

第二，熟悉交易市场及交易品种，包括它们的习性、周期、规律、风格等。

第三，了解自己的性格，控制自己的情绪，制定符合自己性格的交易风格和交易系统。

此时，他们开始慢慢放弃主观猜测，转向顺势而为；开始注重趋势本身的运行规律和特征，进行包括市场交易行为、交易心理在内的多重分析。

注意，这个阶段的股民常常会进入另一个误区，他们常常想将各位投资大师的经验集于一身，长线做，短线也做，套利做，投机也做，短线变中线，中线变长线……

这个阶段的股民经常可以获得一些盈利，但其操作不稳定，在技巧、心态及自信方面还有所欠缺。总之，此时的股民还处在求知的阶段。

◤ 11.1.4　稳定盈利阶段

在这个阶段，股民通常都会形成自己的交易体系。具体来说，就是股民在一种市场认知观的支配下，形成几种交易理念及其配套策略，以应对不同市场的趋势变化；同时也会自发地产生多种战术，辅以资金管理方法，以获得稳定的投资收益。股民的综合素质，在此时起到了减少亏损并把握盈利的重要作用，它是股民在投资战术上举重若轻的"内功"。具有不同"内功"的股民，其盈利水平相差甚大。

此时的股民已经知道，交易真正的难点并不在市场，而是在自己身上。市场本身是中性的，是全面的，只有股民眼中的市场才是残缺而情绪化的。因此，部分股民已完全摒弃了暴利的念头，也不再按预测行事，而是依据市场的力量顺利而为，凭借良好的交易心态和娴熟的资金管理技巧，在市场中游刃有余。

在这一阶段，最重要的是"知行合一"。一些虽"知"但最终不"行"的股民，就会成为市场的输家。

◤ 11.1.5　无为而治阶段

该阶段的股民能够高瞻远瞩，具有领先于市场的投资理念和战略思想，能够以整个市场为假想敌人，进行统筹布局和谋略规划，同时又善于在战术层面上因势利导地进行市场伏击。在这个层面上的股民，多数已不再进行技术水平上的较量，而是在投资哲学、心态控制、情景发挥上进行多层次、多角度的较量。

该阶段的股民已经得"道"，他们不仅在生活中保持着言行一致的作风，同时在工作中也保持着合乎自然规范的纪律性。他们拥有真我的乐趣，也拥有"知行合一"后的豁达与超脱。这种从容的人生境界，往往来自于股民一贯的信仰、勇气和诚实。所谓功夫在课外，内心修为是本阶段的重中之重。

市场经验可以积累，交易知识可以学习，而一个股民的修养和境界，则需要有一个长期追求和领悟的过程。一旦达到这种境界，多数股民将不再局限于狭隘的股市，而是广泛涉足于期货、外汇、债券、黄金、现货等相关的金融投资市场，形成了独特的投资个性和投资理念。

总之，从感性化交易（随意交易、冲动交易、期盼交易等）到理性化交易（有条理、有规则、有纪律、有方法等），是每个股民的必经之路。

11.2　计划你的交易，交易你的计划

在交易之前做好计划，是成功投资者的习惯。这样有助于防止冲动性交易和过度交易。一个交易计划，应包括机会品种的胜算分析、进场计划、随机应对策略、出局的策略、纪律执行保障等。

11.2.1　机会品种的胜算分析

首先要全面地分析当前股票品种的行情类别，是趋势状态，还是横向盘整状态。它的长期趋势是什么，中期趋势是什么，短期趋势又是什么。中期趋势处于长期趋势的什么阶段，短期趋势又处于中期趋势的什么阶段。操作的最低要求是：在中期趋势的发展阶段，注意决不允许冲动操作在趋势的末端，这样就把风险之刀架于颈上。

在此基础上再分析个股，具体如下。

（1）个股的基本面，目前的政策导向、供求关系及市场规律。

（2）个股是否活跃。

（3）短期、中期、长期技术图形在价格趋势上是否一致。

（4）外盘相关股票的走势是否配合。

（5）价格走势的技术位置，目前是否处于短线趋势的起始点，附近是否有一个支撑位或阻力位，可否就近设置止损位。

（6）这笔交易的风险有多大，是否在承受范围之内。

（7）价格的波动幅度有多大，潜在的风险与报酬比是多少。

（8）目前是否是最佳介入时机。

11.2.2　进场计划

介入计划是以交易策略和方法为基础的，进场信号必须基于牢固的、合乎逻辑的理论基础，即必须是清晰的、唯一的，不能模棱两可。具体内容如下。

（1）大体进场的价位区间。

（2）进场的开仓方向。

（3）首次开仓的资金量。

（4）不同品种间计划运用资金的比例和关系。

（5）盘中的紧贴止损位的设置。

（6）走势符合预期，是否需要盘中或尾盘加仓。

（7）尾盘的留仓条件，留仓的仓位控制。

（8）必须保证在符合操作的条件下，按计划进场交易。

▌ 11.2.3　随机应对策略

凡事预则立，不预则废。市场行情的发展具有不确定性，交易过程中千变万化，行情走势参差不齐，投资者要根据行情的变化对未来一天或未来几天的走势进行预测。

（1）明天可能的走势有几种。

（2）针对明天将会出现的这几种走势，你将采取何种策略。

（3）在与预期走势相反的情况下，止损点位将如何调整。

（4）在走势符合预期的情况下，是否做进一步加仓动作。

（5）止盈位的大体设置。

▌ 11.2.4　出局的策略

制订交易计划时，一定要明确在什么情况下退出已经进入的交易，出局的实质就是持仓理由的消失，具体如下。

（1）行情走势没有按预期走，在什么情况下止损出局。

（2）当走势顺应趋势，盈利目标应设在何处，在这个位置是减仓还是全部退出。

（3）当市场出现短暂盘整或回抽时，跟踪止损位怎样设置，应设在何处。

（4）当走势出现阶段性盘整震荡时，是否做减仓或清仓。

▌ 11.2.5　纪律执行保障

交易计划在操作过程中，可以根据市场行情的变化不断地进行完善。但一旦制定，就必须保证其被完美地执行，这是相当重要的一环，具体如下。

（1）不是交易计划中的交易，坚决不做；没有真正的好机会只能等待和忍耐。

（2）当出现计划中的交易时，不能举棋不定，要坚决地按计划进场交易。

（3）在交易过程中，要严格地按计划进行控制。

（4）当出现计划中的出局或减仓条件时，必须不折不扣地执行。

注意，很多投资者认识到交易计划的重要性，也制订了比较客观的交易计划。但是非常遗憾，他费了好大劲制订的计划没有被本人执行，这是缺乏意志和自律的表现。

提醒：在股市中，衡量投资成功与否，不是靠一次或几次的投资成败来评判的，而是要用是否持续严格地执行了自己的计划，是否是在控制了风险的基础上规范而稳定地交易来界定的。

11.3　止损的最佳方法与技巧

越是简单的事实越容易被忽略。在充满变数的股市中，很多人都知道止损的重要性，但最后还是在这个坎上栽了跟头，有的甚至千金散尽，惨不忍睹。所以对这个问题，真正正确地定位、理解和执行是我们的必修之课。

◤ 11.3.1　为什么要止损

无数血的教训表明，在充满风险的股票市场上，一次意外的重大错误足以致命，但唯一能使操作错而不败的方法就是及时止损。关于止损，大家都听说过"鳄鱼法则"。

鳄鱼法则的意思是：假定一只鳄鱼咬住你的脚，如果你用手去试图挣脱你的脚，鳄鱼便会同时咬住你的脚与手。你越挣扎，被咬住的就越多。所以，万一鳄鱼咬住你的脚，你唯一的机会就是牺牲一只脚。

在股市中，鳄鱼法则就是：当你发现自己的交易背离了市场的方向，必须立即止损，不得有任何延误，不得存有任何侥幸。鳄鱼吃人听起来太残酷，但股市其实就是一个更残酷的地方，每天都有人被它吞没或黯然消失。

当你的资金从 10 万元亏成了 9 万元，亏损率是 $1 \div 10 = 10\%$，你要想从 9 万元恢复到 10 万元，需要的盈利率却是 $1 \div 9 = 11.1\%$。

如果你从 10 万元亏成了 7.5 万元，亏损率是 25%，你要想恢复的盈利率将需要 33.3%。

如果你从 10 万元亏成了 5 万元，亏损率是 50%，你要想恢复的盈利率将需要 100%。

在投资市场中，找一只下跌 50% 的个股不难，而要骑上并坐稳一只上涨 100% 的黑马，恐怕只能靠运气了。俗话说得好：留得青山在，不怕没柴烧。止损的意义就是保证你能在市场中长久地生存。甚至有人说：止损＝再生。

◤ 11.3.2　寻求真正合理而恰当的止损

止损的意义重大，它使得以小搏大成为可能，所以一定要从战略高度去把握其真正的内涵。另外，75%以上的大损失均来自于不愿意接受小损失和相对小的损失或不愿意正视损失。

投资者一定要明白，止损本身不是投资目的，它仅仅是保障资金安全的手段，不是说学会止损就学会挣钱了，学会挣钱还依赖其他方法和手段。另外，止损并不是指频繁性、恐惧性地进进出出，更不是毫无章法地乱止损，必须是有计划地寻求正确和恰当的止损。

当然，止损也有错误的时候，但适时而客观地对市场重新定位，重新对行情变化进行理智的分析是必要的。

从理论上讲，止损的最好方法是不需要止损，即提高操作的正确率和准确率。

▌11.3.3 止损的方法

在股市中，资金管理是交易过程中的重中之重，而止损又是资金管理的灵魂所在，只有落实交易策略并严格按规则进行止损，投资者才能在股市中长久地生存下来。

止损是职业投资者的常规动作，但止损又常常是一把难用的"钝刀"，它将一点一点地割去投资者的资金，使投资者难以接受连续亏损的现实，因而容易回到持股期盼的状态。所以，对于立志成为职业投资者的你，合理运用止损是必须具备的交易能力。止损的方法有6种，如图11.2所示。

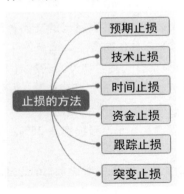

图 11.2 止损的方法

1. 预期止损

预期止损，是指投资者操作的预期目标没有达到，就要考虑退场。这里包含两层意思：一是持有正确的仓位；二是做盘理由消失。

1）持有正确的仓位

持有正确的仓位，即当市场没有告诉你正确的时候出局，而不要等市场告诉你错误的时候再离场。正确的持仓方法是，当仓位被证明是正确时才持有，要让市场告诉你，你的交易是正确的，而永远不要等它提醒你是错误的。

图 11.3 显示的是金花股份（600080）的日 K 线图。该股的股价从 3.70 元一路上涨到 5.75 元，然后开始震荡。

在 A 处，股价回调到上升趋势线附近，出现了止跌信号，所以在这里可以进场操作。但随后几天，股价没有大幅上涨，在 B 处，股价出现滞涨信号，所以在这里要及时止赢出局（止赢也是止损的一种）。出现滞涨信号就出局或减仓，就是预期止损中的一种。

随后股价下跌，但没有下跌多深，又开始震荡上升，在 C 处，股价拉出一根中阳线突破了前期高点，所以在 C 处可以追高加仓做多。

图 11.3　金花股份（600080）的日 K 线图

2）做盘理由消失

当我们进场操作时，一定是有理由的。当这个理由消失时，不论是盈利，还是亏损，都要立即出局观望。

图 11.4 显示的是云天化（600096）的日 K 线图。在 A 处，股价站上了 5 日均线、10 日均线和 30 日均线，所以在这里可以进场做多。在这里给自己设置一个止损条件，就是当股价跌破 5 日均线出局。

在 B 处，股价跌破了 5 均线，所以在 B 处要及时减仓或出局观望。

在 C 处，价格再度站上 5 日均线和 10 日均线。从这一波行情来看，股价是沿着10 日均线上行的，所以只要股价不跌破 10 日均线就可以继续持有。

在 D 处，股价跌破了 10 日均线，所以在这里投资者要果断出局观望。

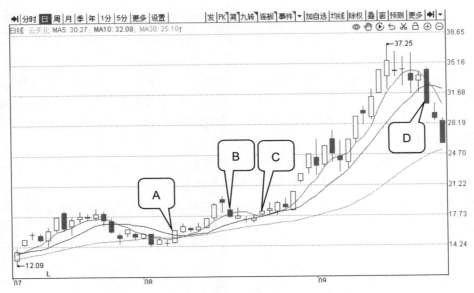

图 11.4　云天化（600096）的日 K 线图

2. 技术止损

技术止损是技术分析者最常用的止损方法。技术分析者认为股价将在某些技术形态的关键点处获得支撑，因为这几乎是所有技术分析者的共识，这道心理上的支撑往往难以破除，所以应该在这根支撑线的附近设置止损点，以防范股票行情出现超出预期的反转情况。

常用的技术止损方法有 5 种，如图 11.5 所示。

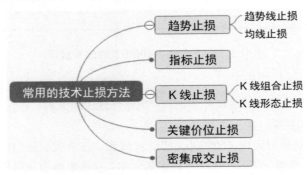

图 11.5　常用的技术止损方法

1）趋势止损

趋势止损是指在趋势运行过程中出现了趋势停顿或趋势转折时的出局行为，其依据是上升趋势线和均线。

下面先来讲解一下如何利用趋势线止损。图 11.6 显示的是重庆路桥（600106）的日 K 线图。该股的股价经过一波明显的上涨行情之后，创出 6.05 元的高点。随后价格开始震荡下跌，经过两个月的下跌，最低跌到 4.63 元，下跌幅度高达 23.47%。

随后股价连续反弹，连续上涨 3 个交易日，并突破了下降趋势线，即 A 处。随后股价虽有回调，但仅回调了两天，第三天就出现了早晨之星见底信号，并且股价还没有跌破下降趋势线，即 B 处，所以在这里可以进场操作。

随后股价开始不断上涨，虽有回调，但只要没有跌破上升趋势线，投资者都可以持有。在 C 处，一根中阴线跌破了上升趋势线，这表明反弹已结束，所以多单要果断卖出，并且在相当长一段时间内最好不要再碰该股。

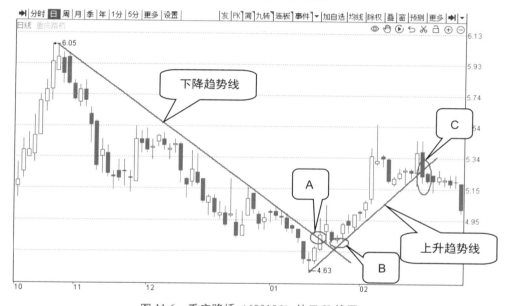

图 11.6　重庆路桥（600106）的日 K 线图

均线止损就是股价跌破某条重要均线（5 日均线、10 日均线、30 日均线），就止损出局。图 11.7 显示的是海信视像（600060）的日 K 线图。

短线投资者可以利用 5 日均线进行高抛低吸，即股价跌破 5 日均线就出局，只要股价不跌破 60 日均线，仍可以在股价再次站上 5 日均线时再入场操作。

中线投资者可以利用 30 日均线来止损，即股价不跌破 30 日均线就持有。长线投资者可以利用 60 日均线来止损，即股价不跌破 60 日均线就持有。

需要注意的是，均线永远是滞后的指标，不可对其期望过高，特别是在横向盘整阶段，大量的虚假信号可能会让投资者频繁止损。

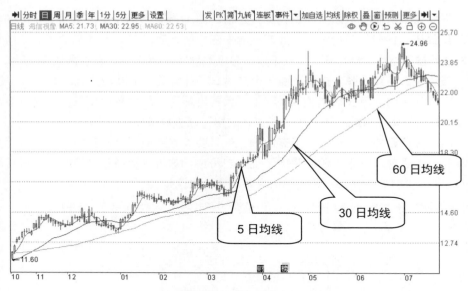

图 11.7　海信视像（600060）的日 K 线图

2）指标止损

指标止损是指根据技术指标所发出的买卖信号进出，当投资者所使用的指标发出出局信号时，一定要及时出局。

在震荡行情中，如果股价上涨到震荡平台的上边压力线，并且这里 KDJ 指标处于高位，然后股价开始下行，KDJ 指标出现死叉，就要及时出局，如图 11.8 所示。

图 11.8　南京高科（600064）的日 K 线图

在明显的趋势行情中，如果股价已上涨了一段时间，并且涨幅较大，这时MACD 指标又出现了高位死叉，投资者一定要及时出局，如图 11.9 所示。

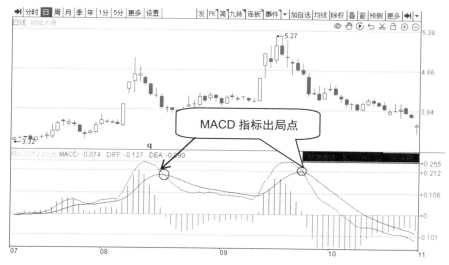

图 11.9　冠城大通（600067）的日 K 线图

3）K 线止损

K 线止损包括 K 线组合止损和 K 线形态止损。K 线组合止损，是指在上涨过程中，出现黄昏之星、倾盆大雨、两阴夹一阳、射击之星、螺旋桨等见顶 K 线，要及时减仓或出局观望，如图 11.10 所示。

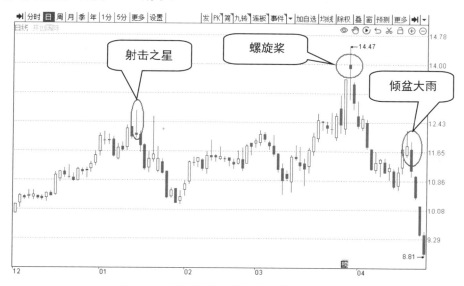

图 11.10　开创国际（600097）的日 K 线图

K 线形态止损，是指在上涨过程中，出现双顶、头肩顶、圆弧顶等形态时，要及时出局观望，如图 11.11 所示。

双顶

图 11.11　亚省集团（600108）的日 K 线图

4）关键价位止损

关键价位止损就是注意一些关键价位的支撑或压力，如黄金分割位、重要的整数关口以及历史最高、最低价等重要位置。

图 11.12 显示的是东睦股份（600114）的日 K 线图。该股的股价上涨到 11.88 元后，开始一路下跌，直到跌到 7.59 元才止跌，下跌幅度高达 36.11%。这时利用这两个高低点绘制黄金分割线，从而可以利用黄金分割位来出局。

在 A 处，股价连续上涨 5 天后，上涨到了 0.5 黄金分割位附近，这时 K 线出现了倾盆大雨见顶信号，所以在这里投资者要及时出局观望。

随后股价下跌，然后开始反弹，反弹到 B 处，即 0.382 黄金分割位附近，并且 K 线出现射击之星见顶信号，所以在 B 处投资者要及时出局观望。

在 C 处，股价上涨到 0.5 黄金分割位附近，K 线出现了黄昏之星见顶信号，所以投资者也要及时出局观望。

在 D 处，股价上涨到 0.618 黄金分割位附近，出现了平顶见顶信号，所以投资者一定要及时出局。

在 E 处，股价上涨到 0.5 黄金分割位附近，出现跳高高开阴线，这表明上涨力量不强，有回调要求，所以投资者也要及时出局观望。

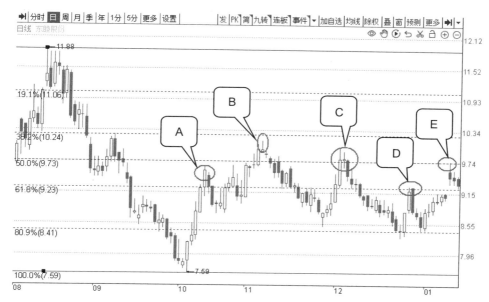

图 11.12　东睦股份（600114）的日 K 线图

5）密集成交止损

密集成交止损的依据，就是在震荡横盘区域或近期巨量大单的位置会对价格的升降起到较强的支撑或压力作用，如图 11.13 所示。

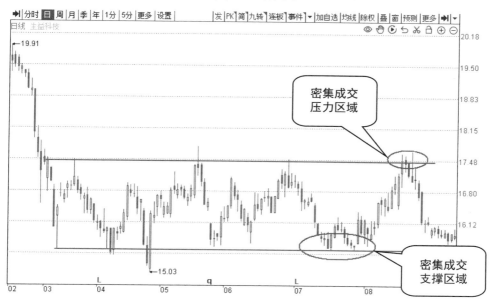

图 11.13　生益科技（600183）的日 K 线图

3. 时间止损

股民常常关注价格的止损，而很少考虑时间因素。价格止损方式的优点在于，可以通过牺牲时间来等待大行情；缺点在于经过了漫长的等待后结局可能仍是止损，钱时两丢，可能还会因资金占用而错过在其他股票上获利的机会。

时间止损是根据交易周期而设计的止损技术。时间止损一方面是出于对资金利用率的考虑，另一方面是出于对预期的怀疑。

例如，我们可以在买入股票后两到三天内没有出现上涨或上涨幅度未达到一定幅度时进行止损。

图 11.14 显示的是东风科技（600081）的日 K 线图。东风科技的股价经过一波明显的上涨行情之后，创出 17.50 元的高点。随后价格开始快速下跌。快速下跌之后出现了一个横向整理平台，出现一个头肩底，在 A 处，股价突破了头肩底的颈线，此时可以进场做多，但要轻仓，因为这里是在搏反弹。

图 11.14　东风科技（600081）的日 K 线图

股价突破了头肩底的颈线之后，应该继续大涨，但股价却出现一个高开低走的中阴线，即在 B 处出现淡友反攻见顶信号，这是一个不好的信号，多单要注意先减仓或清仓出局。

随后价格在头肩底的颈线附近震荡，并最终跌破头肩底的颈线，即 C 处，这表明前期的突破是假的，后面会有一波明显的下跌行情。所以，多单要及时果断地卖出，否则就会越套越深，损失惨重。

4. 资金止损

严格地讲，资金止损并不科学，但是当资金亏损到某种程度，就会影响你的心态，左右你客观而正确的判断，同时也影响了资金的利用效率。

资金止损就是限制了最大亏损幅度，即亏损到一定程度就认亏出局。例如在某股上投入 3 万元，可选择亏损达到 3000 元时止损离场。

当然资金亏损幅度是根据投资者的风险偏好、交易策略和操作周期而定的。例如，如果做短线交易，止损比例在 3% ～ 5%，因为这种交易只追强势趋势，允许行情折返的余地很小；做中线交易，止损比例在 10% ～ 15%，因为这种交易允许行情有较大的折返，以避免在个股调整时自动出局；做长线交易，其止损比例在 20% ～ 50%，允许行情有大的折返，其锁定的是公司长期价值而非短期的市场价格波动。

5. 跟踪止损

跟踪止损，在某种意义上讲就是止盈，就是当价格朝着对自己有利的方向行进，从而根据已经变化了的价格，逐渐调整止损位，也逐步调整出局位置，使得出局价逐渐有利可图。这是趋势交易系统的关键环节。

图 11.15 显示的是海信视像（600060）的日 K 线图，下面利用低点的不断提高来跟踪止损。海信视像（600060）的股价经过一波明显的下跌行情之后，创出 10.82 元的低点。需要注意的是，在创出低点这一天，价格收了一根十字线，这是一个转势信号，所以可以以 10.82 元为止损位，关注逢低做多机会。

图 11.15　海信视像（600060）的日 K 线图

随后股价小幅上涨，虽有回调，但没有创新低，即 B 处，而是在 11.55 元止跌开始上涨，所以可以提高止损价格，即从 10.82 元提高到 11.55 元。

随后股价又是震荡上升，虽有回调，但回调到 13.10 元止跌开始上涨，即 C 处，所以可以提高止损价格，即从 11.55 元提高到 13.10 元。

随后股价又是震荡上升，虽有回调，但回调到 13.24 元止跌开始上涨，即 D 处，所以可以提高止损价格，即从 13.10 元提高到 13.24 元。

随后股价又是震荡上升，虽有回调，但回调到 14.96 元止跌开始上涨，即 E 处，所以可以提高止损价格，即从 13.24 元提高到 14.96 元。

随后股价快速拉升，虽有回调，但回调到 15.49 元止跌开始上涨，即 F 处，所以可以提高止损价格，即从 14.96 元提高到 15.49 元。

随后股价又快速拉升，虽有回调，但回调到 17.40 元止跌开始上涨，即 H 处，所以可以提高止损价格，即从 15.49 元提高到 17.40 元。

随后股价又快速拉升，虽有回调，但回调到 17.80 元止跌开始上涨，即 X 处，所以可以提高止损价格，即从 17.40 元提高到 17.80 元。

随后股价又快速拉升，虽有回调，但回调到 19.40 元止跌开始上涨，即 Y 处，所以可以提高止损价格，即从 17.80 元提高到 19.40 元。

6. 突变止损

突变，即价格发生突然的较大的变化，主要表现就是开盘跳空、尾盘跳水。突变绝大多数是由重大外部因素引起的，当股票的基本面发生了根本性转折，或者突然出现重大事件、消息或政策变动，使得价格大幅迅速逆着投资者的操作而动，投资者应摒弃任何幻想，当机立断，砍仓出局，第一时间止损，以求保存实力，择机再战。

止损的方法很多，但真正的止损一定是有机的、整体的，没有游离于操作者整体操作之外的单独存在的止损方法。投资者要根据自己的操作风格以及每次操作的具体情况，对各种止损方法进行筛选优化、综合运用，从而建立自己的止损方法，这才是最重要的。

▌ 11.3.4　止损的注意事项 ------------------------------●

在具体止损时，投资者还要注意以下问题。

（1）在止损时，投资者要灵活处理。例如在有趋势的市场中，止损幅度可以适当放宽；在震荡盘整行情中，止损的幅度要小一些；另外止损还要考虑个股的主力操盘情况，这是一个个性化问题，投资者要灵活处理。

（2）当投资者被迫止损时，肯定是原有预测出现了重大失误，或市场出现了较大的意外状况，无论是什么原因，投资者都要停下来冷静思考。止损后，投资者最需要做的事情就是等待和反省，每次交易后心态重新归零，且不带主观立场再次入场，才是明智的。

（3）投资者还要明白，主力是不需要止损的，因为他们的筹码太多，在市场不好的时候，抛售行为难以进行，他们要么有资金实力以抵抗股价的跌势；要么做波段交易来获取差价收益；要么加仓以摊低持仓成本并等待大盘趋势好转；要么压低股价以快速出货。

> 提醒：只有以自有资金运作的主力，才会通过波段操作度过熊市，而拿着别人的钱来投资的基金一般不会这么操作。

（4）投资者要明白，止损不一定是明智的做法，明智的做法是选择要投资的股票和时机。在牛市中尽量做长线，在熊市中最好不操作，在震荡行情中利用少量资金短线操作。

> 提醒：融资融券已推出，投资者可以做多或做空，但做空限制太多，如证券商具有的融券股票个数很少，并且不同的证券商具有不同的融券品种。在熊市中，投资者可以在股指期货市场做空。

11.4　止盈的方法与技巧

止盈就是放弃风险日益增高的盈利机会，转而收获已有的获利成果的行为，其本意是为了防止到手的盈利变成损失，因而宁可放弃高风险的继续获利机会。注意：止盈和有利就落袋为安的做法有本质的区别，它放弃的是高风险部分的盈利机会，而且是有技术依据和理性原则的放弃，并非是放弃一切上涨机会，更非是凭想象作自我了断。

如果说止损是对恐惧和侥幸心理的挑战，那么止盈就是对贪婪和期盼心理的挑战，这需要投资者具有前瞻性的眼光和大度的胸怀，敢于舍弃后续的小利润而勇于收获眼前的胜利果实。

实际上，很多投资者对止损相当重视，但对止盈则没有概念，因为投资实战有一条法则：看往你的亏损，让你的盈利奔跑。但是，股价不会涨到天上去的，适时止盈也是投资者必须学会的功课。股票的买卖是有风险的，夜长梦多的现象比比皆是，只有离场才意味着风险的终结，才能彻底回避不确定的价格波动，所以止盈是投资者在市场上持续获利的最后一道关口。

在股市中，买入股票的理由必须是充分的、有把握的、审慎的，而卖出股票的理由则可以是简单的、直觉的、朦胧的。只要趋势发生了变化，投资者就要主动止盈，这样才能最大限度地规避市场风险。

第 12 章
短线量化交易的心理控制策略

　　在风云变幻的股市中，屡屡失败的投资决策让投资者惶惑不安，于是不理性的投资不断重复。是什么造成股市投资屡屡失败呢？是什么造成投资者不断地进行不理性投资呢？是投资者的内心，所以如何克服自己内心的贪婪、恐惧、冲动、骄傲变得至关重要。本章首先讲解短线量化交易要"稳、忍、准、狠"，然后讲解如何克服内心的贪婪、恐惧、冲动和骄傲，最后讲解如何遵守规则和敢于收益。

12.1　短线量化交易要"稳、忍、准、狠"

"稳、忍、准、狠"是成功股民的四字投资心理要诀。这四字诀说起来容易做起来难，只有像庖丁解牛一般反复练习、深刻领会，才会在操作上达到炉火纯青的至高境界。这四字诀并非人人都能做到，但投资者如果能时时以此提醒和要求自己，定能获益匪浅。

12.1.1　稳

四字诀中，"稳"为操作的基础，是四字诀中的精髓。所谓"稳"，就是指不随便跟风入市，而是要对大的趋势做认真的分析，要有自己的独立见解，而非随波逐流。还要将自己的预测，时时刻刻结合市场的走势不断地加以修正，并以此取胜。换句话说，投资者需要把自己的思维建立在客观形势上，才能使自己立于不败之地。

12.1.2　忍

股市的行情升降、涨落并不是一朝一夕就能形成的，而是慢慢形成的。多头市场的形成是这样，空头市场的形成也是这样。因此，势未形成之前绝不动心，免得杀进杀出造成冲动性投资，要学会一个"忍"字。小不忍则乱大谋，退一步海阔天空。

12.1.3　准

四字诀中，"稳"要靠科学、靠理性，"准"则要靠练习、靠天赋、靠敏捷。所谓"准"，就是要当机立断，坚决果断。该买的时候买，该卖的时候卖，绝不能拖拖拉拉。看准的事，就要下定决心，千方百计地去完成。在具体操作中，"准"还表现在挂单的命中率和选股的准确性上，挂单准确要靠练习，熟能生巧；选股准确要靠分析，当机立断。

当然，我们所说的准不是完全绝对的准确，世界上也没有十分有把握的事。如果大势一路看好，就不要逆着大势做空，同时，看准了行情，心目中的价位到了就要进场做多，否则，犹豫太久，失去了好的机会，那就只能望"盘"兴叹了。

▶ 12.1.4　狠 ---●

　　股民还应具备一个"狠"字。所谓"狠"，有两方面含义：一是当方向错误时，要有壮士断腕的勇气认赔出场；二是当方向正确时，可以考虑适量加码，乘胜追击。

　　图 12.1 显示的是中央商场（600280）的日 K 线图。该股的股价在 2.45 元到 2.80 元之间整理了两个月之久。所以在股价没有突破前期整理平台高点之前，一定要多看少动，即要稳和忍。在 A 处，一根放量涨停大阳线突破前期整理平台的高点，这表明新的快速上涨行情开始了。在这一天一定要看准了，并且要够狠，即在这一天要果断重仓做多，并且在证明自己看对行情时，要敢于加仓做多，乘胜追击，十几个交易日就可以获得几乎翻倍的收益。

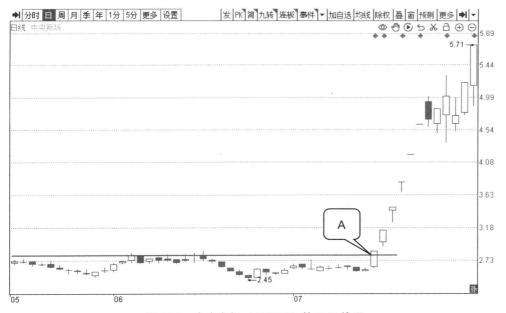

图 12.1　中央商场（600280）的日 K 线图

▌▌ 12.2　克服内心的贪婪

　　在股市中，投资者对财富的贪婪往往表现得淋漓尽致。例如刚入市的股民希望一个月内赚取 50% 的利润甚至更多；还有一些股民希望每天都能抓住涨停板；也有一些股民希望每一笔交易都能赚钱甚至赚大钱。当然希望归希望，正是这种不切实际的欲望（贪婪）使投资者大幅亏损或正在走向亏损。

◤ 12.2.1　欲望与贪婪 --------------------------●

　　欲望是面包,贪婪是魔鬼。人要有欲望,因为欲望可以让人过得更好,让世界进步,例如人想跑得更快,就发明了汽车。贪婪是对欲望的无限放纵,这样会迷失自己甚至毁灭自己。

　　金钱就像做菜的盐巴,生活中少不了它,但是如果贪得无厌,就品尝不到应有的美味。

　　在股市投资中,我们想赚钱是正常的,这是我们投资的欲望,但如果每次都希望赚到钱甚至赚大钱,那就是贪婪。

　　投资者把自己多年挣的血汗钱投入股市,想赚点钱是再正常不过了,如股市投资 10 万元,想一年赚回 2 万元,甚至 3 万元都很正常。

　　但如果希望每笔交易都能赚回 10 万元,甚至 30 万元,即资金成倍增长,那就显示太贪婪了。任何投资大师都不能保证自己每笔交易都赚钱,更不用说每笔资金都翻番了。

　　投资者如果每年都能稳定赚取 30% 左右的利润率,就是很不错的了。另外投资者也要明白,股市是有风险的,你也会赔钱,10 万元可能变成 8 万元,也可能变成 6 万元。

　　总之,欲望可以让我们的投资走向成功的彼岸;贪婪只会让我们在投资中处于无尽的危险之中。因为在股市中,贪婪只会让我们失去理智,让我们孤注一掷,让我们前功尽弃,让我们一败涂地。

◤ 12.2.2　贪婪使人损失惨重 --------------------------●

　　大多数投资者面对巨大利益诱惑时,都会变得失去理智,躁动不安,特别是面对充满无尽诱惑的股票市场。出于对利润的无止境的渴望,大多数投资者在面对瞬息万变、起伏不定的股市时,总是情绪占据上风,即面对有利可图的大好时机时总是变得毫无理智,使自己以愚蠢的价格买入股票而无法脱身。

　　例如,在 2014—2015 年这波大牛市中,很多股票的价格不断拉高,并且不断创下历史新高。面对着巨大利益的诱惑,大多数投资者的情绪已无法保持往常的平静,他们已陷入贪婪之中,他们就像饥饿的野兽,直接扑向股市,把所有的风险都抛在了脑后。原来的风险意识瞬间就烟消云散了,更让人无法理解的是,很多投资者在明明知道自己没有足够的能力控制风险的情况下,仍然抱着一种侥幸的心理贸然闯入,于是股市顿时变得人山人海,如图 12.2 所示。

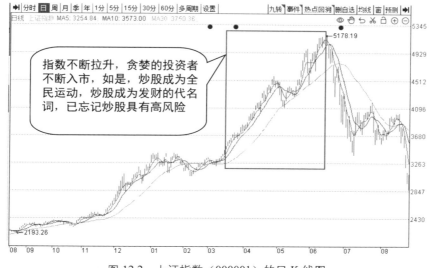

图 12.2   上证指数（000001）的日 K 线图

一小部分能控制自己欲望的投资者虽然已获得巨额收益，但他们却并没有迷失方向，他们已经意识到此时在股市中已经找不到一家值得投资的股票了，出于对安全的考虑，他们离开了繁荣的股市，从而逃过了 2015 年 6 月至 8 月这波大跌。

◤ 12.2.3   克服贪婪才能投资成功 --------------------------●

在股市中，只要我们不贪，严格控制风险，就可以实现稳定的收益。在牛市中赚钱相对容易，只要我们不贪股价波动中的小利润，长时间地持有股票，就可以实现获利。

在熊市中，我们也不要惊慌。只要我们做足功课，精选个股，果断进场，并且努力克服自己的贪婪心，不存侥幸心理，趋势对自己有利时就持股，股票一掉头有利润就跑，无利润甚至被套，也要果断清仓出局。只要我们能把风险控制到最小范围，而每次盈利又有保证，那么在熊市赚钱也不是难事。

为了克服自己的贪婪，投资者一定要管理好自己的资金。例如用 50% 的资金做长线，用 30% 的资金做波段，20% 的资金备用。另外，无谓的试探要少一些，行情明朗后再建仓，并且行情不利时要及时减仓或清仓以保住收益。

> 提醒：试探性建仓不能超过资金的 10%。

在股市中，一定要保证资金的安全，因为资金就是生命。再大的诱惑，也不能拿生命做赌注。生命在，希望就在；安全在，财富就在。

所以投资者一定要树立一个正确的、理性的、健康的、适合自己的投资理念。安全第一，利润第二。一边前进，一边留下退路，坚决克服自己的贪婪心。制定严格的交易规则来确保自己的资金安全，只有这样才有可能成为股市中的真正赢家。

12.3　克服内心的恐惧

股市中的你是不是几次操作失败后，就对股市产生了恐惧。因恐惧开始怀疑股市、怀疑自己，从而使自己的操作举棋不定、犹犹豫豫，从而失去成功的机会。

12.3.1　恐惧及其类型

从心理学的角度来看，恐惧是一种有机体企图摆脱、逃避某种情景而又无能为力的情绪体验。

恐惧远比害怕深刻。害怕是现在的，并且大多是对一个具体的对象，例如一只狼扑过来你会害怕。恐怖是未来的，并且没有具体的对象，是无边无际的。例如，你不知道什么时候会碰到狼，但狼就在你周围。

什么使我们产生了恐惧呢？是未知的情况。未知的情况有两种，具体如下。

第一种，对没有发生的事情心存恐惧，不知道将会发生什么。例如当你行走在漆黑的深夜里，你通常会心生恐惧。因为黑暗的深夜隐藏着未知，你本能地产生一种焦虑的情绪，这种情绪一旦超过你面对现实的勇气，就上升为恐惧。

第二种，对已发生的事情心存恐惧，因为不知道它是怎么发生的、为什么要发生。例如，我们常常因为噩梦而感到恐惧，小孩子看到烧开的水也会产生恐惧，这是因为这种现象超出了小孩子的认知范围。

> 提醒：恐惧是一种情绪，是人类在外界未知无限而自己认知有限的环境下产生的不安全感觉。恐惧是一种预警信号，是出于自我保护的本能意识。

日常生活中，我们该如何战胜恐惧、获得战胜恐惧的力量呢？

尼采曾说："从失败的恐惧中解脱出来——现在我终于输得起了。"这种输得起就是指一开始就把失败考虑进去，并准备好承受一切挫折，这是你成熟的标志。

卡耐基曾提出克服恐惧的方法，具体如下。

（1）问问自己，可能发生的最糟的结果是什么。

（2）详细地写下你的忧虑。

（3）如有必要的话，接受这种最糟的情况。

（4）写下解决这个问题的所有方法。

（5）选择哪种方法最好。

（6）立刻去做。

（7）对你认为最糟的事情，平静地去进行改善。

在这里可以看出，克服恐惧的方法就是做好最坏的打算并且采取最优行动。

▶ 12.3.2 股市中的恐惧

股市中的投资者时时刻刻都在想保护好自己的资金安全，恰恰是这种强烈的自我保护的心理使其产生了恐惧。

股市中的恐惧可以分两种，分别是被动恐惧和主动恐惧。

1. 被动恐惧

被动恐惧是指投资者对未得利益和可能损失的恐惧，即对后续行情不确定的恐惧。由于股市变幻莫测，投资者不能确定股价会不会下跌、能不能上涨。这种未知的恐惧让投资者面对行情时畏缩不前，不敢果断进场。

被动恐惧是一种怯弱的表现，一方面想赚钱，一方面又害怕后续行情下跌。在非理性的情况下，如果赚钱的欲望占上风，即使恐惧也会冒险进场；如果怕亏钱的恐惧占上风，就会按兵不动。

2. 主动恐惧

主动恐惧是对已得利益或已有损失的恐惧。在趋势相当明显的上升行情中，投资者已经进场赚了钱，就会有另一种恐惧心理抬头。这时候恐惧的不是赚不到钱，而是怕自己资金回吐、已赚到的钱缩水，其实是对不知道如何处理已得利润的恐惧。这种恐惧常常造成投资者过早离场，与后面的很多利润失之交臂。

当然，在明显的下跌趋势中，已经亏了一些钱，这时投资者恐惧的是，止损后错过减少损失的机会，其实是对不知道如何处理已有损失的恐惧。这种恐惧造成投资者迟迟不能止损，从而使亏损越来越大。

▶ 12.3.3 如何克服恐惧

在股市中，投资者必须学会克服恐惧，否则输钱的必定是你。那么如何克服恐惧呢？怎样才能做到在任何情况下都能灵活地应对各种突变的行情呢？

克服恐惧的最好方法就是执行规则，即事先制定好遇到各种不同行情的应对策略，这样就不会害怕踏空或入错场。

当然不同投资者可以根据自己的性格制定不同的交易规则，但在股市中有两个很实用的法则可以帮助我们克服恐惧，即"1230"规则和"3210"规则。

1．"1230"规则

"1230"规则可以帮助投资者抓住即将开始或刚开始的行情。当你觉得上涨行情快来了，但又害怕是主力在诱多，这时就可以用"1230"规则，具体操作步骤如下。

（1）判断行情要来了，用三分之一的资金买入。

（2）如果行情上涨或回调不到10%，持有。注意：如果买入后，行情马上回调10%或者上涨后距离高点回调10%，这时要马上出局，即结束本次投资行为。

（3）买入后，如果行情上涨15%，加仓初始资金的三分之一。

（4）第一次加仓后，如果行情上涨或回调不到10%，持有。

（5）第一次加仓后，如果行情再上涨15%，再加仓初始资金的三分之一，注意这里已经满仓。

（6）第二次加仓后，行情马上回调10%或者上涨后距离高点回调10%，清仓出局，结束本次投资行为。

"1230"规则如图12.3所示。

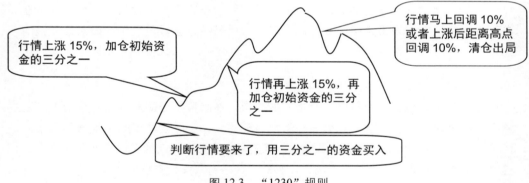

图12.3　"1230"规则

2．"3210"规则

"3210"规则可以帮助投资者抓住已经启动的行情。当投资者觉得上涨行情还会延续，但不知道何时反转时，就可以运用"3210"规则，具体操作步骤如下。

（1）判断行情还会延续，用100%的资金全仓买入。

（2）如果行情上涨或回调不到10%，持有。注意如果买入后，行情马上回调10%或者上涨后距离高点回调10%，这时要马上出局，即结束本次投资行为。

（3）买入后，如果行情上涨15%，减仓三分之一的筹码。

（4）第一次减仓后，如果行情上涨或回调不到10%，持有。

（5）第一次减仓后，如果行情再上涨15%，再减仓初始筹码的三分之一。

（6）第二次减仓后，如果行情马上回调 10% 或者上涨后距离高点回调 10%，这时投资者要马上出局，即结束本次投资行为。

"3210" 规则如图 12.4 所示。

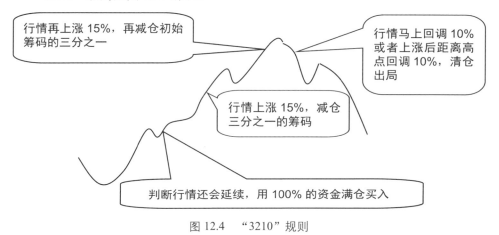

行情再上涨 15%，再减仓初始筹码的三分之一

行情马上回调 10% 或者上涨后距离高点回调 10%，清仓出局

行情上涨 15%，减仓三分之一的筹码

判断行情还会延续，用 100% 的资金满仓买入

图 12.4　"3210" 规则

> 🔊　提醒：投资者可以根据自己的投资周期，灵活地调整资金参与比例。当然不同的投资者会有不同的规则，只要适合自己的就是好规则。

12.4　克服内心的冲动

人在冲动时，思维要么会非常混乱，做事情也就会乱套，没了章法；要么头脑变短路，做事情很容易走偏，从而使眼前的棘手问题变得更加棘手。

12.4.1　冲动是犯错的根本原因

冲动是犯错误的根本原因，也是你有错不改的根源。人一冲动就容易犯错误，如果继续冲动，错误就会越来越严重，从而大到不可收拾为止。

股市中的投资者在冲动的时候，总是管不住自己，从而频繁交易。例如不该买入时却冲动地买入，从而放大了亏损；在不该卖出时却卖出，从而错失了扩大盈利的机会。更有甚者，在一次冲动投资之后，买的股票跌了，结果投资者没有及时止损反而越发冲动，有的还产生这样的心态，即越跌越买，"我不信你涨不起来"。

结果常常是买进后股票还在跌，最后亏损 50% 以上，这时投资者心里实在承受不住了，产生了绝望的心理，一冲动割肉走人了。

◤ 12.4.2　如何克服冲动

冲动并不可怕，可怕的是在冲动发生后，我们控制不了它。如果我们无法克服冲动，那么必定是股市中的输家。如何克服冲动呢？共有三种方法，分别是冷静、容和忍。

1. 冷静

冷静是克服冲动的良药，要学会变"热处理"为"冷处理"，只有这样才能把冲动克服在即将发生之时，最坏的结果也能把冲动解决在已经发生之后。

如何才能做到冷静呢？有两种方法，分别是"不在乎"和"我知道"。

所谓"不在乎"，就是把我们之前很在意的事或认为很重要的事变得不在乎了。但是，投资就是为了赚钱，怎么能在亏损后不在乎呢？所以对正常人来说，想做到"不在乎"很难。

所谓"我知道"，就是我们要找到解决之道，当我们很在乎的事情发生时，知道该怎么做、该如何正确应对，那你就不会冲动了。即使由于一开始的冲动或其他原因做错了，我们只要知道如何挽救、如何解决、如何减少损失、如何杜绝下一次冲动也就可以了。

例如，你的经纪人推荐了一只股票，你相信了，并一冲动全仓买进。这时你不知是买对了，还是买错了。另外，股价涨到什么价位该减仓或清仓，如果被套了，该不该止损呢？

这就是你还没有学会"我知道"，这样你只会越来越冲动，从而造成你的损失越来越大。

那么你怎样做到"我知道"呢？假设你的经纪人推荐了一只股票，你首先要看一看股票的基本资料和技术面。如果认为后市看跌，就不要买了。如果感觉后市看涨，你还要分析一下股票是刚启动、涨了一大段，还是处于跌势中。

如果股票涨势刚启动，说明继续上涨的可能性很大。这时你可以重仓介入，并且以持股为主，即小回调不理会，波段回调可以减仓，小涨不加仓，涨多了回调再加仓。

如果股票已经涨了一大段，存在回调或掉头的可能，甚至存在发消息的人骗你高位接货的可能，这时如果你想介入，只能是小仓位地加码，回调后再出现涨势时再加码介入。

如果股票还处于跌势中，即使你认为它要涨，也要再等等，因为底在没有走出来之前，没有人知道底在哪里。投资者一定要等底部确认之后再进场。

2. 容

容可以让我们冷静下来，以便更好地克服冲动，解决冲动带来的投资问题。

容就是要把我们的心变得更宽大，让它能放下更多的快乐或痛苦的事情，这样你就更容易去理性地分析，更容易达到"我知道"的境界，更容易冷静下来。

例如在熊市中，如果你的资金由 10 万元已缩水到 8 万元，只要你容得下亏损，能保持冷静，并且知道现在及时出局，将来可以以 8 万元买到更多更廉价的股票。假如你用 10 万元买进 1 万股 10 元 / 股的股票，现在股价跌到 8 元了，只要你及时止损，将来股价跌到 5 元时再买进，实际上你拥有的股票资产是更多了，而不是更少了。

总之，来到股市，就要学会容得下失败，容得下成功，容得下盈利，也容得下亏损。当然，更重要的是容得下自己，让自己能真的冷静下来。

3. 忍

忍就是要把我们的心变得更坚强，让我们能受得住骄傲和灰心的打击。这样我们就可以更容易保持自我而不忘乎所以，更容易让"我知道"发挥作用，也更容易冷静下来。

> 📶 提醒：要忍得住成功的自我膨胀，更要忍得住失败后的不知所措。

只有让我们的心更宽大，让我们的心更坚强，我们才能更好地管理"冲动"这匹野马，才能在股市中享受更多的收益和快乐。

12.5　克服内心的骄傲

股市中的你会不会因为获得几次成功操作后，就变得骄傲自满起来呢？当你收益率很高时，会不会看不起或嘲笑那些收益率低甚至亏损的投资者呢？

12.5.1　为什么你会骄傲

内心的骄傲是怎么来的呢？我们来想象一下，当你一个月赚 1 万元，而别人一个月才挣 2000 元时，你会不会心里骄傲？当你的数学考了 98 分，而很多同学都不及格时，你会不会心里骄傲？

相信每个人碰到这种情况，都会潜意识地骄傲。因为你认为自己比别人强得多，所以你内心骄傲了。

一个人在某一方面比别人优秀，并不代表你就比别人强，你应该把眼光放得开阔、深远一些，并寻找比自己更优秀的人。

如果你被骄傲蒙住了心扉，堵住了思维，只看到自己的强处，而看不到自己的不足，那么在股市中必定会失败。

12.5.2　自信与骄傲

自信对一个人很重要，但人不需要骄傲，因为骄傲是过度的自信，是自负。下面具体看一下自信与骄傲的异同。

（1）自信是适当地肯定自己，而骄傲是无限放大自己。

自信的人常常说："根据以往的实战经验和对目前盘面的深入分析，现在进场风险不大或风险较大。"

骄傲的人常常说："股市这东西对我来说就是那么回事，我上个月随意操作获利35%，按现在的行情来看，下个月赚50%不成问题。"

（2）自信的人只会在不经意间展示自己的优势，而骄傲的人总是想方设法显示自己的成绩。

自信的人虽然知道自己的优势，但绝对有自知之明，不会随意炫耀自己的过人之处，不会在技低一筹的投资者面前显摆，而是在该出手时果断出手，该担责时勇于担责。另外，自信的人能看到自己的不足，遇到高人时会虚心学习，让自己更上一层楼。

骄傲的人是有长处，但他们常常过分看高自己的长处，一有机会就会显摆，不该出手时也会主动站起来说："我能！"当遇到问题时，骄傲的人不是主动去学习，而是拉不下面子去请教，结果为了面子把好好的局面弄得一团糟。

（3）自信的人做事情不随便承诺，而骄傲的人做不成的事也常常拍胸脯。

自信的人明明知道自己能把任务完成，也会非常低调，等事情办好后才会露一点声色。骄傲的人总喜欢高估自己的能力，随意拍胸脯答应别人，结果呢？遇到困难无法解决时往往是差强人意甚至一塌糊涂。

（4）自信的人乐意接受别人的意见，而骄傲的人害怕甚至憎恨否定。

自信的人是谦虚的，因为他们知道人无完人，所以他们乐意接受别人的意见，并且虚心地去改正。

骄傲的人是自负的，常常只接受别人的夸耀、赞美之词，而不愿意听到否定的提醒、劝解。因为他们不能接受反面意见，有时甚至憎恨提出意见的人。遇到批评，骄傲的人不是反思，而是气急败坏，甚至会一争到底以证明自己的优秀。

12.5.3　骄傲使你损失惨重

很多投资者凭感觉或听小道消息进行操作，由于在某一段时间运气不错，买进后就盈利，并且买什么都赚钱，什么时候买也都能赚钱。于是乎，心中骄傲起来，暗暗想："炒股很简单。"

其实这时骄傲的你不知道，你的成功是偶然的，与你自己的分析、预测和操作水平无关。那么一旦你的运气用完了，接下来的就是亏损了。

例如 2015 年上半年，刚入市的小李买什么都能赚钱，于是他认为股市赚钱太容易了，只要"凭感觉就行"。他哪里知道，这段时间是大牛市，每个股民都在赚钱。由于他没有清醒地认识自己，结果 2015 年 6 月以后，大盘开始下跌了，他买什么都赔钱，由于没有经验，直到现在他还被套着呢。

骄傲总是让人在过去的成绩面前膨胀自我、忘乎所以。骄傲会让人抱着过去的成功，而不努力去争取下一个成功，于是成功就会变成历史。

例如，股民老王，通过多年的投资心得，总结了一套长短线结合、以月为投资周期的操作模式。由于他按照既定的规则深入地分析计算，并在交易时间严格盯盘，从而成功地抓住一大波行情，资金从 10 万元变成了 20 万元。

由于老王取得了很好的成绩，被其他投资者夸奖了几句，他慢慢地飘了起来，于是不再严格按照规则交易，而是开始凭自己的感觉进场交易，甚至不再盯盘。结果在其后的三个月内，他的资金缩水到了 15 万元。

更严重的是，他没有总结教训，还是自我感觉良好，结果错过了其后一大波行情，如图 12.5 所示。

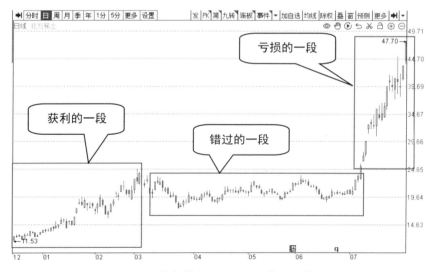

图 12.5　北方稀土（600111）的日 K 线图

▶ 12.5.4　如何克服骄傲

人取得一些成功后，产生自我肯定和自我满足是比较正常的，但如果自己沉浸在过去的成绩中，开始自我膨胀，开始不虚心学习，这时一定要小心了。骄傲可能高估自身的能力，要赶快赶走它，否则你离失败就不远了。

如何克服内心的骄傲呢？方法有两种，具体如下。

（1）在成绩面前不能自满，要继续保证上进。

下面先来看一个小故事。

老师在一个水桶里装满了石块，然后问学生："这个桶满了吗？"

学生回答："满了。"

老师再向桶里装沙子，沙子填满了石块的缝隙，老师又问："现在满了吗？"

学生回答："这次真的满了。"

老师又拿来一盆水，倒进水桶，说："只要你认为满了，就不会再装东西进去，可是只要你认为没满，就能容下更多东西。"

这时，学生无言。

这说明一个人在成绩面前骄傲自满，就容不下新的知识和技能了，就不会再进步了。但如果一直虚心学习，放开胸怀，那就能不断地挑战自我，不断地学到新的知识和技能，不断地成长。

在股市中也一样，不能觉得赚了一些钱就自满起来，如果是这样，那么亏损就在眼前。投资者一定要不断地学习，不断地完善自己的交易系统和规则，力争在没有机会的时候能管得住自己，在大机会来临时能抓得住。

（2）敢于否定自己，乐于接受批评，不断地向比自己强的人学习。

在股市中，虽然你的方法能赚到钱，但如果别人的操盘规则更能赚钱，这时你不要固守自己的方法，而应该去学习和吸收别人的规则。只有虚心地学习，你才能深入地了解他人盈利的秘诀，才能全面理解和应用操盘的技巧，并结合自己的实际情况来完善自己的交易系统。

总之，人外有人，天外有天。只有敢于面对自己的不足，乐于接受别人的指正，才能成为股市中最终的赢家。

12.6　遵守规则

遵守规则是为了放大自身能量，减少自我的错误，从而在保证正确的前提下完善自我、提升自我。如果不遵守规则，虽然可能风光一时，但从长久来看却会放纵自己的欲望，看不到自己的缺点，阻碍自我提高和自我完善，最终也必然会使自己受到损害。

12.6.1　遵守规则才能稳定盈利

股市中的你必须遵守规则，否则必定成为输家。股市中的规则有两种，分别是外部规则和自我规则。

1. 外部规则

外部规则就是监证会和交易所制定的交易规则，如股市交易时间、集合竞价、连续竞价、披露事项、开户限制、交易费用等。投资者如果不遵守外部规则，即便会一时走红，最终也必会受到惩罚。

2. 自我规则

自我规则是指根据自己的实际情况，给自己制定的交易纪律和交易系统。如果不遵守自我规则，当然不会犯罪，却会让你自我放纵、自我损害。即你做事情随心所欲、没有章法，原本是不想被事情羁绊，最终反而是掌控不了事情。

你不想遵守自我规则，就是贪婪在作怪，就是想获得暴利。但结果常常是暴利没有得到，得到的却是惨重的损失。

例如，有一位老股民在自我规则的约束下，每次仓位不超过 80%，并且制定了严格的止损位与止盈位，从而取得了不错的收益。但成功后的他，忘乎所以，自我放纵。在一次投资交易中，他过分相信自己而全仓买进，由于判断失误被深套，结果暴利没有得到，前期获得的利润也全部吐出了。

股市中的投资者一定要明白：严格遵守规则，每交易 10 次只要对上 3 ～ 4 次，你也可以盈利。这是因为在规则下，损失是可以控制的，但收益却是不断成长的，即每次只损失一点，而一旦做对并坚持持有，就会大赚。

投资者不要期望短期的暴利，而要获得稳定的长期收益。如果你严格遵守规则，每年能取得 30% 左右的收益，假设你有 10 万元资金，那么 10 年之后，你的资金就会变成 137.86 万元。

12.6.2　自我规则

要制定盈利的交易规则和交易系统并不难，但要制定适合自己的就难了（交易规则和交易系统在人的操纵下会变形）。所以，制定的自我规则一定要适合自己。

1. 交易规则

每个人的性格、爱好、资金、反应速度、风险偏好都不同，因此每个人制定的交易规则也必然有所不同。

长线投资者应该有长线投资者的规则，激进投资者应该有激进投资者的规则。决不能用短线操作手法制定长线投资规则，也不能用保守买卖手法制定激进投资规则。

不管怎样，每个人都应该把自己的交易规则分类整理出来，以便于自己熟悉规则，并时时提醒自己要遵守规则。根据多年的实战经验，交易规则具体步骤如下。

第一，建仓规则。例如短线看 30 分钟或 60 分钟信号，中线看日 K 线信号，长线看周或月 K 线信号。

第二，减仓和平仓规则。

第三，每次资金的使用比例。例如总资金的 10%。

第四，每次增加资金的使用比例。例如总资金的 20%。

第五，盘前准备。快速浏览大盘及个股的行情信息，然后找到重点关注股票，并制定出具体的操作策略。

第六，盘中不受干扰。例如不聊天、不接电话、不回短信。出现意外的行情时能冷静应对。

第七，严格止损。

第八，严格止盈。

第九，盘后总结。每日回顾交易，若有错误，找出原因，下次坚决不犯同样的错误。

2. 交易系统

每个人的职业不同，花在投资上的时间不同，因此每个人的交易系统也必然不同。

下面讲解这个交易系统适合上班族，即工作繁忙、经常加班、能上网、风险承受能力一般的投资者。

1）交易总规则

（1）只在临近收盘时看盘，其他时间不看盘。

（2）只持有 3～5 只股票，每只股票都属于不同的板块。

（3）只关注流动性好的股票。

（4）决不抄底。

（5）决不在下降趋势中买入。

2）买卖规则

（1）只看收盘价和收盘价附近的价格。

（2）从一个阶段低点上涨 10%，作为进场信号。

（3）只要还在上涨，或回调不到 10%，坚决持有。

（4）从一个阶段高点回调 5%，作为减掉一半筹码的信号。

（5）回调 5% 平仓一半后，若从一个阶段低点上涨 10%，则补回减掉的筹码。

（6）从一个阶段高点回调 8%，作为全部平仓信号。

另外，投资者还要明白，无论是外部规则还是自我规则，都是可变的。例如 2007 年 5 月 30 日之前股市投机气氛严重，所以把印花税从千分之一提高到千分之三。

自我规则也要随着市场的改变、自我资金的改变等进行灵活改变。

 ## 12.7 敢于收益

收益和风险就像孪生兄弟，永远都是结伴而行。风险是收益的成本，不愿意承担风险，就没有收益。

▶ 12.7.1 收益和风险

有人说，投资就是追逐收益，杜绝风险。这听起来很美，但实际上是不可能的，因为风险对投资者来说，只可能减小，不可能杜绝。

正确的理念是：追逐收益，承担风险。因为风险是收益的成本，很多时候，你 5%、10% 的风险承担，就是为了后面有 30%、50%，甚至 100% 以上的投资收益。

例如，股民老张，喜欢做短线，他的正确率较低，只有 40% 左右，有时甚至连续错 8 次、12 次，但最终每个月他要么盈利，要么小亏，平均每年的收益率在 50% 左右，这是为什么呢？

首先老张不怕做错；其次每次做错时都能严格止损，决不让损失放大。每次做对都敢于留单，让收益放大。所以他每一笔错单可以亏损一百元或几百元，但每一笔对单都能赚回上千元或上万元，最终结果就必然是盈利的。

股民老张说得好，做错亏损是我的成本，不承担亏损，就得不到盈利的机会。所以在股市，我们不怕出错（必须严格止损），因为出错给我们收益的机会。

▶ 12.7.2 勇于收益

在股市中，要想成为赢家，必须学会掌控风险，勇于收益。即在股市大跌时要能控制住局面，及时止损出局；而在股市大涨时，要勇于持股。

掌控风险就是主动止损，说到底就是不让亏损放大，不让幻想深套自己。例如，当股价跌破自己的止损位，要敢于一刀砍下去，让血流出来，这样是为了不再流更多的血。

勇于收益，是指对自己的投资回报不要报太大希望，一笔资金投下去，不要老想着 100%、200% 的收益，要想着 20%、30% 的收益就不错了。因为在你投下资金的那一刻是不知道能收益多少的，我们要把高收益看成一种意外，并且勇于接受这种意外。

当收益超过 20%、30% 时，你要告诉自己，这绝不是你自己的本事，这是额外收益，甚至是对你之前及时止损的补偿，这样你才会快乐，才不至于贪婪。

这样，看似只有 20% 收益预期的一笔投资，由于你相信快乐的意外，由于你敢于让收益放大，所以你不需要止盈，只有当你的投资过了最高点回调 8% 时要果断出局，只有这样你的收益率才可能最高。

投资者一定要明白，我们厌恶的是风险，而不是收益。如果把损失的单子留着等待损失变小，以及有了收益之后害怕收益变小而早早平仓都是不对的。做对了就留，做错了就及时出局。

在 2022 年 9 月到 2023 年 2 月之间，三六零（601360）是震荡盘整行情，股民老李在这期间反复买进，止损卖出，损失了 3 万多元。但他抓住了 2 月 7 日之后的大行情，从而获得了较大的收益，即获利 8 万多元。所以在 2022 年 9 月到 2023 年 4 月这段时间，老李的净盈利达到 5 万多元，如图 12.6 所示。

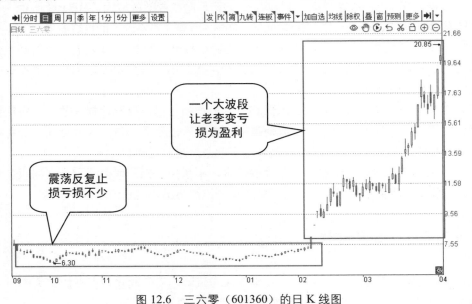

图 12.6　三六零（601360）的日 K 线图

总之，投资者要勇敢止损，更要勇于收益。只有这样，才能成为股市真正的赢家。